国家社科基金项目“美国中产阶级家庭‘在家教育’的人类学研究”资助

在家上学

——美国中产家庭非主流教育的理念与实践

尚文鹏 著

图书在版编目(CIP)数据

在家上学：美国中产家庭非主流教育的理念与实践／尚文鹏著. — 北京：商务印书馆，2021
ISBN 978-7-100-19735-9

Ⅰ. ①在… Ⅱ. ①尚… Ⅲ. ①家庭教育—研究—美国 Ⅳ. ①G789.712

中国版本图书馆CIP数据核字（2021）第054775号

在家上学

——美国中产家庭非主流教育的理念与实践

尚文鹏 著

商 务 印 书 馆 出 版
（北京王府井大街36号 邮政编码 100710）
商 务 印 书 馆 发 行
三河市尚艺印装有限公司印刷
ISBN 978-7-100-19735-9

2021年6月第1版　　开本 880×1230 1/32
2021年6月第1次印刷　　印张 11 1/2 插页 4

定价：68.00元

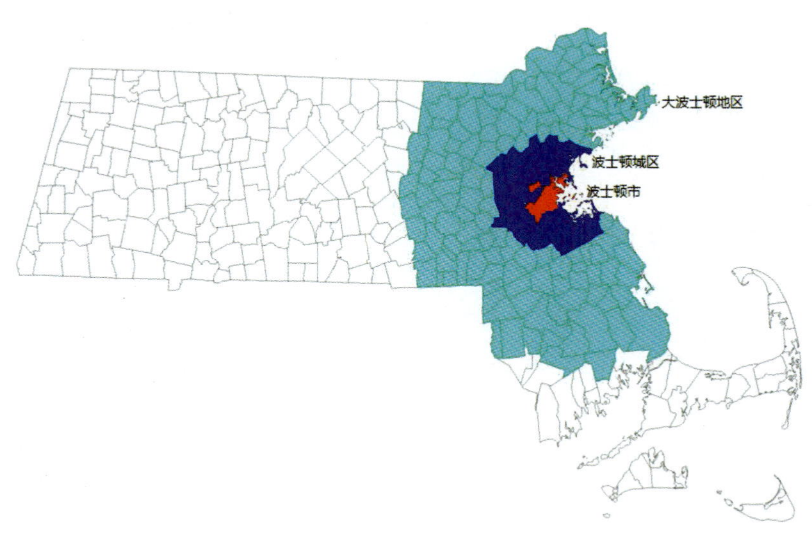

图 1　美国马萨诸塞州地图

【湖蓝色代表大波士顿地区（Greater Boston），深蓝色代表波士顿城区（the Metro-Boston area），红色代表波士顿市（the City of Boston）】

图2 大波士顿地区地图

（红色标记为我在田野中做过访谈的城市）

序

教育，无论大小，始终牵动人心。在中国，教育创新和改革举措层出不穷，大大拓宽了人们的选择范围，与此同时，教育引发的资源争夺和焦虑，尤其是在中产阶级家庭，却大有愈演愈烈之势。究竟什么是好的教育？教育如何使人成长，又如何通向美好生活？这些问题与种种现实境况相互缠绕，使教育这一蕴含哲思的恒久议题，时时体现出当代人们对多种生活方式的理解与实践。

尚文鹏博士在暨南大学外语学院任教多年，教师与母亲的双重身份，使她对教育问题倍加关注。近年来，很多中国家庭送孩子出国留学，且有低龄化的趋势。但同时，在有着“美国教育之都”美誉的波士顿，有相当一部分中产家庭选择让自己的孩子脱离学校体制，在家上学，这些家长大都受过良好教育，并非人们通常印象中的某种教派的基督徒，而主要是出于教育哲学上的考虑。这种非主流教育的理念以及背后反映的社会变迁值得探究，而在家上学在当今中国的部分城市也有出现，对美国这一现象的研究对于当下中国面临的教育问题也具有启发意义。

文鹏在波士顿大学访学期间，在当地展开了为期一年的田野调查，五年后又重回田野，对多个在家上学家庭进行长时间的访谈，将发生在教育领域中的个人、家庭与社会之间的关系做了细致入微的观察和呈现，叙述生动，行文流畅。本书首先对在家上学的理念进行了深入剖析，强调其本质上是以自由为旨归的教育实践。伴随着工业化社会出现的大规模普及学校教育，在以高科技数字化为特征的现代社会，受到了前所未有的质疑和挑战。对一些中产阶级家庭来说，现有的学校体制并不能很好地培养有独立思考能力和创造能力的个体，所以才会出现在家教育，由父母取代老师，家庭替代学校，由家长全权负责孩子的教育。

事实上，在家教育与学校教育在培养目标上并不冲突，差别在于实践路径。这种崭新的教育尝试既体现了对传统教育的反思和批判，也契合美国不断追求教育创新的传统。实施在家教育的家长们通过对“自然天性”、“好奇心”等价值的重视，试图在家庭为主导的环境中实施以孩子为导向的自然教育，以实现自主意义上的自由教育，而这恰恰反映了对美国文化信条的维护。

尚博士进一步指出，在家上学的优势在于身教，父母和孩子有大量相处和互动的时间，从而确保父母的文化资本不间断地在代际间传递。如此看来，在家上学是为了追求一种更精致和更高效的精英教育，是学校教育之外另一种形式的文化再生产。家长们规避了他们认为学校教育中不利或有害的方面，而其中所谓“特立独行”的教育内容，并不与主流文化相悖，反而能够帮助他们在未来获得成功。

通过观察，文鹏发现，尽管在家上学反映了个人的自由选择，但在实际操作上却运用了社群关系，结成各种形式的社会网络。这种教育之所以在美国能够开展，法律层面和社会机构的支持甚为重要，文中提到家庭互助、合作社，还有社区大学和哈佛继续教育学院都可以为脱离中学体制的学生提供课程。所以很多在家上学的学生实际上已经超越了家的边界，灵活地整合波士顿地区优质的教育文化资源，这种教育并不封闭、孤立，反而更加开放且依托于社会。文中讨论了各种形式的共同体，并指出商业资本对在家上学的日趋介入使得在家上学越来越容易实行，但也加速了这一本来就不紧密的圈子的分化。

最后，尚博士着重指出，在家上学深植于美国社会文化之中，具有美国特有的文化基因，因此，本书不仅仅是一本教育民族志，也为美国研究提供了实证案例。对于中国学者和民众而言，传统上的美国研究偏重政治经济等宏大议题，美国流行文化的影响虽然遍布全球，但在微观的社区和日常生活层面，我们对这个国家的了解还有待深入。例如，我们都知道，个人主义是美国文化的内核，结社是美国社会的一个重要特征，但是，个人主义在日常经验层次如何体现？结社在一个极其重视自我依赖的社会又如何运作？普通美国人如何理解两者之间的张力？又如何谋求两者之平衡？文鹏基于长期田野调查，探究美国的在家教育，并将与之相关的行为、观念、情感一并纳入考察，并将之拓展至对美国民众日常实践的观察，以人类学之思，一窥美国社会之斑驳，令人印象深刻。

尚文鹏以波士顿“在家上学”为研究主题的博士学位论文被推荐为2016年广东省优秀博士学位论文和全国百佳优秀博士学位论文，本书在其博士学位论文的基础上经过多次修改而成。目前中国尚没有对美国“在家上学”进行深描的民族志著作，希望本书的出版能够推进我们对美国教育的理解，书中对美国家庭和社会观察细致，材料翔实、丰富，也适合所有对美国文化感兴趣的读者。

是为序。

陈志明

中山大学人类学系特聘教授

2021 年 5 月 1 日

目　　录

图目表

表目表

导　　论

第一节　研究缘起与研究主题

2014年的5月，波士顿终于从漫长的冬天苏醒过来，一年中最美的季节悄然而至。街头和公园里的人明显多了起来，位于波士顿近郊的海狸溪公园（Beaver Brook Reservation）也不例外。绵延广阔的自然保护区内绿意尽染，树叶在微风中摇曳着变幻的光影，不时有人牵着狗悠闲地走过，间或可见长椅上坐着上了年纪的人，望着湛蓝的天空在冥想。公园的小山坡上三三两两地聚集着一些大人，顺着他们的视线望去，不远处的草地上十几个少年在玩飞盘，还有七八个孩子在玩夺旗游戏。谈话混杂着笑声，叫喊声伴随着奔跑的脚步，静谧的公园里洋溢着一派生机勃勃的活力。美则美矣，但这是一个星期三的上午，为什么这些成年人不上班？为什么这些孩子不上学？

对这些家庭来说，这一天是每周聚会的公园日（park day），以上场景是他们日常学习和社会交往的一个缩影。使之结成一个群体的共同之处在于，已届上学年龄的孩子不上学，在家长的指导下参与各项学习与文化的实践。这个规模日益庞大的群体在美国被称为

“homeschoolers”，这一新的现象被称为“homeschooling”[①]：一种伴随着现代性扩张而出现的替代性教育形式，所谓替代性（alternative），指的是相对于国家主导的公立教育和民间出资的私立教育而言。不同于工业化社会以前占支配地位的家庭教育（domestic education），或是现代社会因种种原因造成的被迫辍学，homeschooling 是父母自愿做出的选择：在学校教育成为主流教育范式的今天[②]，使孩子脱离学校，由父母承担起教育的全部责任。

从中我们似乎辨认出一条“教育回家”的路线：教育从家庭到学校，再回到家庭。[③]这里需要廓清两点事实，否则“教育回家”很可能是一个迷思。一是“教育”概念的变迁，工业革命对于教育的一个影响是使“教”从“育”中剥离出来，“教”成为一个专门化的事务，被纳入一套官僚化的等级体系之中。在这一语境下，“教育回家”指的是，家庭不但“育”，还“教”，这是一个值得研究的新议

① 根据教育理念等因素的不同，“homeschooling”又被称为“home-based education”，“home education”，“unschooling”，“home-centered learning”，“home instruction”，“deschooling”，“autonomous learning”，“child-centered learning”。引自 Michael P. Donnelly, “Homeschooling,” in Charles L. Glenn, *Balancing Freedom, Autonomy and Accountability in Education*, Wolf Legal Publishers, 2011, p. 200。

② 如 David Gutterson 写道：“谈到生活中不可避免的事情，除了众所周知的‘生、死、税’之外，我们美国人心中秘而不宣的还有第四个：学校。许多人把学校看作我们这个精英体制社会的根基，实现美好生活的先决条件。”参见 David Gutterson, *Family Matters: Why Homeschooling Makes Sense*, New York, San Diego, London: Harcourt Brace Jovanovich, 1992, p. 1。

③ 此处受费孝通先生的启发。他说，要注意“家庭的职能的演变，譬如，教育以前是家庭的事情，现在有一部分由学校管了，学校是一个超越家庭的社会单位。家庭结构、职能的变化，会带动家庭成员关系的变化，…… 我们研究的对象本身在改变，我们就得从实际出发，既要看到实际情形的改变，又要看到是什么力量促使着它改变”。在家上学恰恰反其道而行之，因此从学理上探讨促成这种教育方式的动因、实践过程和后果，是很有意义的课题。参见费先生为《家与中国社会结构》所作的序言，载麻国庆：《家与中国社会结构》，北京：文物出版社，1999 年。

题；二是划分家庭内外的界限很重要，能够称为“教育”的东西往往不是“家庭”所能生产出来的。比如在古代中国，教育往往是家族性的，在殖民地时期的美国，教会是影响教育的重要力量。在本研究的分析语境中，home 指个体家庭，核心家庭的模式，由父母子构成的三角结构。“教育回家”指父母取代学校成为教育的实施主体。“homeschooling”的字面翻译是“家庭学校”，但我在田野中遇到的大多数人都不喜欢这个标签，原因是它暗含复制学校模式之意，而学校模式恰恰是他们欲与之决裂的。本研究将根据行文需要，笼统地以“在家上学”和“在家教育”作为它对应的中文。

事实上，在家上学是一种世界范围内的教育现象，以美国最为显著。① 现代的在家上学运动发端自 20 世纪六七十年代，1993 年在美国的五十个州全部取得合法地位，此后发展迅速。它不仅是一种教育方式，还是一种“另类的社会运动”（alternative social movement）②，被称为“20 世纪下半叶最重大的社会潮流之一”③。2019 年，美国在家上学的学生人数为 250 万，约占学龄人口的 4%，在过去几年以每

---

① 各个国家对此有不同的法律规定，Donnelly 在文中对其做了详细的分类和介绍，如在德国这是一种违法行为，中国的义务教育法也不允许孩子在家上学，参见 Michael P. Donnelly, “Homeschooling,” in Charles L. Glenn, *Balancing Freedom, Autonomy and Accountability in Education*, p. 219。但事实上，这种非主流教育正在中国的城市地区悄悄萌芽。“21 世纪教育研究院调研显示，‘在家上学’群体规模不断扩大，从 2013 年至 2017 年，以年均 30% 左右的速度在增长。截至 2017 年 2 月，密切关注并有意尝试让孩子‘在家上学’的群体规模约为 5 万人，其中真正实践‘在家上学’的学生数约为 6000 人。”参见 http://www.199it.com/archives/585380.html。

② Ed Collom and Douglas E. Mitchell, “Home Schooling as a Social Movement: Identifying the Determinants of Homeschoolers’ Perceptions,” *Sociological Spectrum* 25, 2005, p. 274.

③ P. M. Lines, “Homeschooling Comes of Age,” *The Public Interest*, July (140), 2000, p. 74.

年 2%—8% 的速度递增[①]，有 6% 到 12% 的美国人在 K-12 基础教育阶段的某段时间在家上学。[②]“在家上学”从边缘化的小众选择走向主流社会，不过短短三四十年时间。1986 年，90% 的大学没有关于在家上学学生的录取政策，但到了 2004 年，多达 75% 的大学已制定明确的相关政策。[③]在美国大学申请中，FAFSA（联邦学生援助）在“高中毕业状况”一栏中，专门有“在家上学”的选项。“每个人都认识一个在家上学的家庭”，弥尔顿 · 盖瑟（Milton Gaither）所言未免有些夸张，但我在田野中确实经常遇到人们告诉我，他 / 她的朋友、邻居或亲戚的孩子在家里上学，显然这已成为许多美国父母在体制化教育之外的一种选择。

① Brian D. Ray, Research Facts on Homeschooling, https://www.nheri.org/research-facts-on-homeschooling/, 2020 年 3 月 23 日。根据麻州教育部的说明，孩子年满 6 岁，家长才需要向学区提交在家上学的教育计划，以供审批。美国的公立基础教育体制被称为 K-12，通常 5 岁开始上幼儿园（kindergarten），6 岁到 17 岁对应一到十二年级。幼儿园可以选择不上，后面的十二年教育是强制性的。5 岁之前可以上私立的托儿所（preschool）。

② Joseph Murphy, *Homeschooling in America: Capturing and Assessing the Movement*, California: Corwin, 2012, p. 11. 需要说明的是，此处与上文中的数据都只是在官方和非官方的调查基础上的大致数据，而且不同渠道的估计值不同。 全国性精确统计数据不易获得，与美国教育体制非集权化的特点有关，教育属地方性事务，权力下达至全国一万五千个不同的学区。各州的教育政策不同，同州的不同学区之间也有差异，在有些地方，在家上学无须政府批准，甚至不需要向政府登记。麻州教育部规定，“在家上学的批准与监督是地方政府的职能，州教育部不会参与相关政策的制定，也不会监管地方学区事务，教育部不负责收集在家上学儿童在各学区的数据”。关于数据来源和在家上学人口数据调查困难之类的讨论，集中可见 Joseph Murphy, *Homeschooling in America*, pp. 11-14。

③ Milton Gaither, “Home Schooling Goes Mainstream,” *Education Next*, 2008, https//www.educationnext.org.

表 0–1　在家上学注册人数增长情况[①]

年份	当前人口及全国“在家上学”调查	美国教育部	全国“在家上学”研究所
1970		10,000—15,000	
1983		60,000—125,000	
1990		250,000—355,000	
1994	356,000（0.8%）	450,000—800,000（1.09%）	
1999	850,000（1.7%）	850,000	
2003	1,096,000（2.2%）		2,000,000
2007	1,508,000（2.9%）		
2010			2,040,000（3.8%）
2016		1,700,000	2,300,000

在家上学人数的快速增长引发了美国学界的关注，已有研究大多从教育学的视角，分析它的课程设置、教学方法和效果。近年来，出现了一些集大成的著作，对这一现象给出全景式的社会学观照，比如从人口统计学角度来看，选择在家教育的家庭绝大多数具有以下特征：受过良好教育的白人，中等收入，父亲工作母亲全职在家，婚姻牢固的双亲家庭，平均每家 3 个孩子（一般美国家庭平均 1.9 个），居住在乡村和小镇，信仰基督教，政治社会观念保守，共和党为多。[②]

① 此表数据主要来源于 Joseph Murphy, *Homeschooling in America*, pp.8-9。2016 年数据来源于美国教育部和全国“在家上学”研究所，参见 M. McQuiggan and M. Megra (2017), Parent and Family Involvement in Education: Results from the National Household Education Surveys Program of 2016 (NCES 2017-102). U.S. Department of Education. Washington, DC: National Center for Education Statistics, https://www.nheri.org/research-facts-on-homeschooling。

② Joseph Murphy, *Homeschooling in America: Capturing and Assessing the Movement*, pp.15-28. 另据 2017 年美国教育部发布的报告显示，2012 年在家上学的人口中，白人占 83%，非洲裔 5%，拉丁裔 7%，亚裔和太平洋岛民 2%。参见 https://nces.ed.gov/pubs2016/2016096rev.pdf。

美国国内有一些以田野调查为基础的民族志作品[①]，大都聚焦美国中西部和南部乡村地区的基督教家庭，其中一个发现是，许多家长之所以让孩子在家上学，是为了摆脱世俗化公立学校的“邪恶”影响。[②]相比之下，波士顿所在的新英格兰地区，即美国东北部，还缺乏系统的研究。东北部在家上学的人数与其他地区相比并不显著[③]；事实上，许多人听我说在麻州越来越多的人出于非宗教动机在家教育，都纷纷表示诧异，“不会吧？不是只有保守的基督教家庭才这样做吗？”

人们的这种刻板印象并非没有来由。波士顿在美国所处的独特的象征地位从根本上决定了这里的“在家上学”具有一些与众不同的特质，波士顿是美国独立战争的发源地，是爱默生、梭罗等超验主义思想家的大本营，它所在的麻州是美国第一个通过立法宣布同性恋婚姻合法的州，自由开明之风盛行。我的研究主要限定在这样的群体：住在城市的中产家庭，非宗教性动机，政治倾向上往往自我描述为左翼人士。[④]

这样一些人究竟出于何种动机选择在家上学呢？考虑到波士顿地区的教育声誉和质量，这个问题尤其令人困惑。波士顿是美国的

---

① 如 Mitchell L. Stevens 研究的侧重点在于伊利诺伊州在家教育社团的组织文化，Jennifer Lois 在华盛顿州的一个县断断续续地做了为期三年的田野工作，研究母亲们如何通过这种另类的教育选择，来满足“好母亲”的文化期待。参见 Mitchell L. Stevens, *Kingdom of Children: Culture and Controversy in the Homeschooling Movement*, Princeton and Oxford: Princeton University Press, 2001；Jennifer Lois, *Home is Where the School is: The Logic of Homeschooling and the Emotional Labor of Mothering*, New York and London: New York University Press, 2013。

② 统计数据表明，在家上学很大程度上是一个基督教现象，绝大多数父母为基督徒（90%），尤以新教徒、原教旨主义者为众。参见 Brian Ray, “A Homeschool Research Story,” In B. S. Cooper (Ed.), *Home Schooling in Full View*, Greenwich, CT: Information Age, 2005, pp. 1-19。

③ Joseph Murphy, *Homeschooling in America*, p. 25.

④ 这并非最初的研究设计，但我在田野中经由不同渠道接触到的家庭大多属于此类。我也曾见过几个出于宗教动机而在家教育的家庭，并且拜访过由基督徒组成的在家教育合作社，但因种种原因，这条线没有深挖下去。

教育之都，被誉为美国雅典，教育文化资源堪称全美之最，既拥有哈佛、麻省理工学院等众多顶尖学府，也是安多福菲利普斯中学等多家知名私立高中的所在地。波士顿还拥有美国最古老的公立学校系统，“先有拉丁，后有哈佛”，波士顿拉丁学校是全美第一所公立学校，也是最优秀的公立高中之一。根据《美国新闻与世界报道》（*U. S. News and World Report*）2019 年 4 月 30 日发布的全美最佳公立高中年度排名，麻州公立高中的平均水平高于其他所有州。在麻州，48.8% 的高中进入了全美前 25%，超过第 2 名马里兰州（43.7%）和第 3 名加州（40%）。2002 年福布斯杂志将波士顿公立学校系统评为美国最好的大城市学校系统，波士顿所在的麻州作为公立教育的典范，常被拿来与美国整体不尽如人意的教育现状作比较。[①]但同时另一个不可忽视的事实是，这一地区在家上学的人数逐年增加，2014 年是十年前的两倍。[②]

虽然缺乏专门以波士顿为对象的民族志记述，有一些试图揭示“在家上学”非宗教动机的研究仍给我带来启发，并提供了进一步探究的基础。目前大致有两种针锋相对的观点，一种以米切尔·史蒂文斯（Mitchell L. Stevens）为代表，“在家上学吻合了以下两种趋势：美国教育界日渐普遍的市场逻辑，以及更大的全球范围内将国家视为服务商，公民视为消费者的新自由主义逻辑”[③]。另一种如奥瑞纳和

① 戴安·拉维奇：《美国学校体制的生与死：论考试和择校对教育的侵蚀》，冯颖译，北京：北京大学出版社，2014 年，第 252 页。

② 《波士顿杂志》（*Boston Magazine*）2015 年 9 月的封面标题为“在家上学让我上了哈佛”（Homeschool got me into Harvard），其中一篇题为“我们的孩子不属于学校”（Our Kids don't Belong in School）的文章指出，2013—2014 学年，波士顿市在家上学的人数为 277 人。但这只是一个大致数字，精确数据难以获取，我在田野中遇到不止一个家庭没有向学区登记却安然无事。

③ Mitchell L. Stevens, “The Normalization of Homeschooling in the USA,” *Evaluation & Research in Education*, May 2003, 17(2-3), pp. 90-100.

戴维斯（Janice Aurini and Scott Davies）在对加拿大多伦多地区的调查基础上指出，“在家上学虽然极力主张选择的权利，但并不支持市场意识形态。……它的支配性逻辑与其说是阶级再生产与人力资本，毋宁说是一种表达性逻辑（expressive logics）”①。

对立的焦点在于如何解读在家上学的内在逻辑，其关注的核心问题包括：究竟为何选择在家上学？它的目标与学校教育有何不同？与私有化教育大潮中的其他形式又有何不同？具体到日常的教育行为，它是如何开展的？本研究正是立足于波士顿的田野工作，对上述问题做出自己的阐释。因此，从微观层面上看，这是一本关于在家上学的区域性研究。但又不止于此，人类学的长处在于见微知著，从具体的田野上升到更高层面的人文关怀，又能反过来烛照特定问题的深层结构。对我而言，这一主题之所以吸引我深入探究，与以下预设及随后产生的疑惑有关：如果说在家教育的父母们是为了挖掘孩子的最大潜力，以取得更大成功，那与那些既把孩子送到学校，又不遗余力地为孩子安排各种课外班的家长有何不同？

从宏观层面上看，在现代性不断扩张的背景下，中产阶级父母的“协作培养”策略，即在孩子身上投入大量的时间和金钱，在许多国家已成为一种令人瞩目的现象②，中国也不例外。尤其近二十年来，有经济实力的中国家庭送孩子去美国等发达国家读大学乃至中学已成

① 在我看来，“表达性逻辑”强调情感的面向。参见 Janice Aurini and Scott Davies, “Choice without Markets: Homeschooling in the Context of Private Education,” *British Journal of Sociology of Education*, Vol. 26, No. 4 (Sep., 2005), pp. 461-474。

② 参见安妮特·拉鲁：《不平等的童年》，张旭译，北京：北京大学出版社，2010 年；Stephen Ball, *Class Strategies and the Education Market: The Middle Classes and Social Advantage*, London: Routledge Falmer, 2003。

为一种潮流，波士顿更是不少家庭趋之若鹜的留学目的地。在此语境下，为何美国的这些家庭放弃优质的教育资源转而在家教育就不仅仅是一个地方性的研究议题，而是与当下中国的现实有了某种连接，对于当下中国面临的教育问题也具有启发意义。

本研究通过民族志记述，意在呈现在第二现代性这一时代背景下，个体家庭如何从学校教育体制中抽离出来，在经过重构的家庭和社区网络中致力于以“自由”为旨归的教育实践。在这里，“第二现代性”是随着资本主义的更高演进，社会所处的一个特定的发展阶段，具体表现为以下特征：全球化和个体化成为结构性的社会动力，流动的生活逻辑，工业社会转变为信息社会，消费美学渗透到社会生活的方方面面。[①] 我将分析父母们如何以一种自然化的话语，践行教育理想。除此之外，在家上学作为一种连接私人领域和公共领域的尝试性文化实践，彰显了吉登斯所说的生活政治，即生活方式的选择和实践。因此，本研究不是单纯意义上的教育民族志，而是试图以在家上学为棱镜，管中窥豹，观察当代美国变化中的个体与国家、个体与社会的关系。

将在家上学放在特定的时空脉络里考察，我试图以人类学的视角对以下议题做出自己的思考和回应：生活在现代民主社会中的公民需要怎样的教育？在这个“一切坚固的东西都烟消云散了”[②] 的时代，什么是好的生活，如何追求好的生活，这些目标又如何嵌入不同形式

① 关于第二现代性和个体化的讨论，可参见贝克和鲍曼的一系列著作，如贝克的《风险社会》、《个体化》，鲍曼的《流动的时代》、《流动的生活》、《共同体》。

② 马歇尔·伯曼：《一切坚固的东西都烟消云散了：现代性体验》，徐大建、张辑译，北京：商务印书馆，2003 年，这本书的书名借用了马克思恩格斯《共产党宣言》中的一句话。

的教育中？我对在家上学家庭关系的重构和社会网络建立的论述，挑战了西方话语中对社会变迁的悲观论调，例如鲍曼等的后现代主义观点认为，现代性的极端发展造成原子化的自我疏离的个人，个体化了的人们，只会龟缩在一个个小圈子里，无法建立真正的共同体。本研究通过揭示在家上学的家庭各种丰富的共同体建设的努力，指出现代性存在着双重性，它通过将人们从传统范畴中解放出来，赋予人们极大的可能性。至少在家庭内部，学习共同体极大地巩固了彼此联系的纽带，而在家庭之外，合作社或可成为当代社会共同体的模型。

接下来，我将本书的若干主题置于人类学、社会学更为广阔的视野中，简要论述我对这些议题的思考怎样受到相关理论的影响，以及本研究对更为动态和全面地理解现代教育的目的、家庭教育与社会文化再生产、美国社会之构成所能做出的进一步贡献。

第二节　文献综述

一、现代语境下的教育之争：家庭 VS 学校

我们应该成为怎样的人？如何成为人？[①] 这些贯穿教育始终的核心问题，在现代性的背景下，变得异常尖锐起来。冲突很大一部分源于两种文化传承方式的斗争，学校教育是作为现代性的一部分而发展起来的，与家庭教育始终处于张力之中。到底是家庭还是学校更能培

① 康德在《论教育学》中有这样两句论断："人只有通过教育才能成为人"，"人只有通过人，通过同样是受过教育的人，才能被教育"。在此基础上，进一步提出的问题则关涉教育的目的、场所和实施者等。参见康德：《论教育学》，赵鹏等译，上海：上海人民出版社，2005 年，第 5 页。

养好的人？换言之，在现代民主社会，哪一个才是更称职的教育代理人？要讨论这个问题，就必须回到教育的目的。

早在18世纪，卢梭就明确地提出两种教育理想：要么教育成一个人，要么教育成一个公民，两者必须选其一，因为“我们不能同时教育成两种人”①，前者发生在家庭之中，是顺从自然的自由教育，后者发生在学校，是根据国家需要而改变自然的公民教育。按照卢梭的教育设计，这是既对立又互补的两端，但他只将家庭教育看作真正的自由教育，他所著作的《爱弥儿》一书就体现了他对人的自然状态、对自由教育的极力推崇和倡导。②

19世纪下半叶，教育被纳入公民身份的框架下重新审视③，受教育不仅是为了服务国家，而且越来越被视为公民应该享有的一项社会权利，公立教育在这一时期得到大力推行。但正如马歇尔联系英国国情所指出的，在推行公立教育的最初阶段，教育被国家过度操控，个人权利受到压制。④

将学校教育与公民塑造联系在一起，是美国公立教育普及以来

---

① 卢梭：《卢梭全集》第6卷，李平沤译，北京：商务印书馆，2012年，第23页。

② 许多学者都曾对两种教育之间的张力加以论述，如在卢梭之前，约翰·洛克（John Locke）就主张最好的教育乃是家庭教育，他在自由教育上所诉求的对象不是政府而是家庭。卢梭之后，同样秉承自由主义思想的马修·阿诺德（Matthew Arnold）和约翰·密尔（John Stuart Mill）表现出不同的见解。阿诺德主张国家应该在公民的塑造中扮演关键角色，密尔则认为，国家主导的学校不可能不对个人施加统一的影响，为了自由不致遭到破坏，应捍卫父母在价值传承上的自主权，由父母选择最适合子女的教育。

③ 在现代语境下，公民身份指的是一系列公民与国家之间的权利义务关系，马歇尔以英国国情为背景著作的《公民身份与社会阶级》对相关的讨论产生了最为重要的影响，他的论述将国家与公民的关系置于一个清晰的权利义务认定框架内。

④ T. H. 马歇尔、安东尼·吉登斯等：《公民身份与社会阶级》，郭忠华、刘训练编，南京：江苏人民出版社，2008年。

民主意识形态的一个显著特征。学校教育的主要功能被标榜为通过提供平等的机会，为共和国培养合格的公民，由此维系和发展现代民主社会。在这种观念下，学校成为教育平等理想的完美化身①，但由于它强调教育的政治功能，无形中淡化了对个体利益的考虑。如“美国公立学校之父”贺拉斯·曼（Horace Mann）积极推行学校教育，主要是出于政治和道德上的考虑，他宣称只有学校才是培养公民的最佳场所。杜威（John Dewey）虽然洞察到当时的学校存在种种弊端，但并没有对其失去信心，他倡导的进步主义教育旨在对学校体制加以改造，他认为教育从根本上是一项公民活动，学校，而不是家庭，才最能胜任这一任务。②

以上的文献梳理向我们揭示了人本主义与民族主义在教育领域的对立，涂尔干的思想则在很大程度上超越了这种对立。他探讨教育的视角，是把教育当成一种社会事实。他对教育做出以下定义，“教育是年长的一代对尚未为社会生活做好准备的一代所施加的影响。教育的目的就是在儿童身上唤起和培养一定数量的身体、知识和道德状态，以便适应整个政治社会的要求，以及他将来注定所处的特定环境的要求。…… 教育是年轻一代的社会化”。教育的根本目的就不再是单纯向学生传授知识和技能，而是培养“对待生活的各种可能的终极态度”，因此，在涂尔干看来，教育本质上是一种道德教育，纯粹世俗的理性主义的教育。他断定，“与道德教育主要属于家庭的管辖范围这种非常

① “在 19 世纪和 20 世纪实施公立教育的大部分时期内，教育机会均等的观念一直含蓄地表现在绝大多数教学实践中。”参见詹姆斯·科尔曼：《教育机会均等的观念》，载张人杰主编：《国外教育社会学基本文选》，上海：华东师范大学出版社，1989 年，第 181 页。

② Bob Pepperman Taylor, *Horace Mann's Troubling Legacy: The Education of Democratic Citizens*, Lawrence, KS: University Press of Kansas, 2010.

流行的观念相反，学校在儿童道德发展中所负有的任务，能够而且应该成为最重要的工作”。为此，初等教育的议题是围绕着三个方面展开的：纪律精神、自制精神与知性精神。涂尔干深知他的观点会引起人本主义的抗议，他说，“纪律似乎是对人类本性的一种侵害。限制人，在他自由的道路上设置障碍，这难道不是在阻止他自我实现吗？但是，我们已经看到，这种限制是我们的幸福与道德健康的一个条件”①。

“自由”似乎是一个引人无限向往的字眼，众多学者将其视为教育的理想，涂尔干也不例外。但对它的阐释又存在太多的分歧，在教育学的语境中，究竟什么是自由的人和自由的教育？一种观念是卢梭所理解的自由，即人的自然，这在《爱弥儿》一书中有集中的描述，字里行间都把人的性情倾向，而不是理性，摆在至高地位。另一种观念则是康德所理解的自由，与卢梭一样，康德认为教育要依照人的自然本性来发展，但是在他看来，卢梭对自然状态的假设与动物性没有本质的差别。康德指出，自由与规范之间并非截然对立，“教育的目的，是使儿童能够找到自己本身支配自己生活的法则和纪律，只有把外来的限制变成内部的法则，才算获得真正的自由”②。在这里我们看到涂尔干与康德的相似之处，他说，“通过道德规范的实践，我们养成了一种能够支配和规定我们自身的能力，这才是自由的全部实在”③。

从“自主”的意义上来理解自由，培养具有理性反思能力和道

---

① 本段四处引文均来自爱弥儿·涂尔干：《道德教育》，陈光金、沈杰、朱谐汉译，上海：世纪出版集团，2006 年，第 208 页，第 2 页，第 1、38 页。

② 渠敬东：《现代社会中的人性及教育：以涂尔干社会理论为视角》，上海：上海三联书店，2006 年，第 59 页。

③ 涂尔干：《道德教育》，第 43 页。

德自觉能力的个体，是现代教育的核心理念。但由以上论述可知，争议的焦点在于，以什么途径达成这种目标？是靠“社会系统的中介搭建起来，还是靠他自身本来就孕育着的潜能，他自身本来就有的属性”？[①] 卢梭极力强调后者，《爱弥儿》前三卷的核心议题就是，通过自然教育，塑造个人品性，进而培育道德理性，而自然教育既“不是一种知识上的累积，也不是出于理性的意识，而是一种卢梭意义上的野蛮状态的保持”[②]。卢梭倾向于家庭教育，理由是家庭最贴近自然状态，孩子的个体性和差异性在这种环境下可以得到最大的尊重。[③] 涂尔干则相信只有学校教育才能使人成为知性主体或德性主体，从而最终为社会生活做好准备。

纵观历史，现代性的发展同时是父母在教育阵地节节败退的过程，学校教育完全压倒家庭教育，成为现代社会支配性的教育形式，生产并塑造了一个社会的集体生存心态。相比其他公共机构，学校可能是最为普通人熟悉，与日常生活联系最紧密的场所了。对于习以为常的事物，我们往往将其视为理性的天经地义的存在，很少提出质疑。但在社会科学领域，一直有学者对学校体制提出反思和批判，这些声音对我们理解在家上学的动机是有启发的。

马歇尔指出，从1944年开始，表面上看个人权利被前所未有地重视，但在实践中教育开始和职业紧密挂钩，通过遴选分类考核，

① 渠敬东：《现代社会中的人性及教育：以涂尔干社会理论为视角》，第6页。

② 渠敬东：《教育的自然基础：解读〈爱弥儿〉前三卷》，《教育与现代社会》，上海：上海三联书店2009年版，第64页。

③ 在《爱弥儿》一书中，卢梭并不是爱弥儿的父亲，而是作为家庭教师来进行家庭教育的。

“公民身份成了实现社会分层的一种手段”[①]。教育似乎越来越来越偏离人的自身。布迪厄的文化再生产理论认为，学校教育貌似中立平等，实际上代表了优势阶层的利益，是一种强加的社会控制。文化专断性（cultural arbitrary）是布迪厄理论中的重要概念，它表明学校教育在内容、形式等方面并没有内在本质的标准，而是通过灌输，强加官方认可的合法性文化。[②]按照这种思路，一个人在成为自主个体过程中所必需的自由探索，在现代学校体制下不可避免地受到限制。对工人阶级和下层阶级而言，学校教育尤其阻碍，而不是帮助他们自我实现，因为社会出身导致文化资本缺乏，这使得他们难以适应与优势阶层利益相一致的学校文化，学业上的成功也随之变得愈发艰难。戴安·雷伊（Diane Reay）在研究中发现，许多工人阶级子弟的学校体验就是一种日常的羞辱。[③]保罗·威利斯（Paul Willis）在《学做工》一书中指出，工人阶级子弟对这一切有清楚的文化洞察，但受到性别分工等视角的局限，这一创造性洞察的结果却是对体力劳动的推崇，从而反讽性地掉入阶级再生产的窠臼。[④]

在福柯看来，学校教育有反自由、非人性的一面，自由主义那一套培养自主个体的话语无法用来解释现代教育。他认为，学校和监狱、医院等机构一样，通过奖励好的行为，惩罚坏的行为来达到支配学生的目的。社会的规训力量，就体现在利用排斥和监控等手段制造

---

① T. H. 马歇尔、安东尼·吉登斯等：《公民身份与社会阶级》，第 49 页。

② Bourdieu, Pierre and Jean-Claude Passeron, *Reproduction in Education, Society and Culture*, London: SAGE Publications, 1990.

③ Diane Reay, “Beyond Consciousness? The Psychic Landscape of Social Class,” *Sociology* 39(5), 2005: 911-928.

④ 保罗·威利斯：《学做工》，秘舒、凌旻华译，南京：译林出版社，2013 年。

威胁震慑的效果，从而生产出听话顺从的人。[①] 如此一来，一个呼之欲出的问题就是，究竟何种形式的教育才能内化“自由”的教育目标？如果学校的设置存在缺陷，什么样的机构或组织才可以呢？可惜，福柯对学校的反思止于批判，他并没有提出进一步的建设性构想。

相比之下，对学校教育进行颠覆性批判而又提出解决之道的是伊万·伊利奇（Ivan Illich）。他在70年代写就的《去学校化社会》（*Deschooling Society*）一书中对学校体制猛烈开火，他的观点不是改革学校，而是我们根本就不应该有学校。他认为学校从根本上说是制造服从的机器，学校的整个目的就是压制个性，消灭革命的可能性，使得消费社会得以再生产并维持现状。学校通过一套隐性的课程来做到这一切，即制造一个又一个迷思，使自身仪式化。在这场仪式里，学校通过将知识打包、考试、评分、授予证书等一系列手段使得本是很自然容易的学习变成与人分离的消费性行为，其两端为生产者（课程的设计制造者，有证书的教师等）和消费者（需要证书的学生），在一个人为封闭的环境里（学校建筑物），不断复制着生产和消费的需求。一旦我们在这个仪式里习惯需要学校，我们的所有活动都变成像与医院、养老院等专门机构的客户关系，自学成才的人被贬值，所有非职业活动都变得可疑，这种将责任从自我向机构的转移导致了社会的退化。

在伊利奇猛烈而激进的批判视角下，学校是一个全然荒谬的存在，对个人和社会都产生极其不利的影响，因此必须要实现去学校化的社会，建立新的关系性结构，从而摆脱操纵，实现真正的自由。他

---

① Nick Stevenson, *Education and Cultural Citizenship*, SAGE Publications Ltd., 2011, p. 104.

主张让学习的责任和主导权回归学习者自身或他最直接的老师，即父母，利用社会广泛的资源建立学习网络，如博物馆、图书馆，以及工厂和农场在非工作时间都可以用于教育，还可以进行技能交换、同辈合作式学习、向社会上有技能的人学习等等。[①]

伊利奇的教育思想问世以来，在西方世界引起巨大反响和争议。J. 库佐尔（J. Kuzuoer）认为，本书“可能是美国自 20 世纪 50 年代以来出版的著作中最重要的一部”，联合国教科文组织的教育季刊《教育展望》（*Education Prospects*）在 1993—1994 年各期连续刊文，介绍世界各国最负盛名的教育思想家，伊利奇也因他的“去学校化社会”思想而当仁不让位列其中。同时，伊利奇的激进思想也招致许多批评，认为他过于片面和偏激。[②]

值得注意的是，伊万·伊利奇的构想并非完全将孩子禁锢在家庭的私人领域，将孩子交给父母随意支配。他强调卢梭意义上的人的自然状态和人性，但又与涂尔干一样强调教育的社会性质。不同之处在于，他的教育设计将家庭视为教育实施的起点和场所，并由此出发，通过社会资源的再配置和整合，在社会生活中培养真正的人。

以上这些学者从不同的方面指出学校教育存在的问题，虽然有些观点读起来有失偏颇，但细思之下，其洞见仍以其深刻和开创性给我们丰富的思想启迪。

尽管学校有这样或那样的缺陷，但一个普遍存在的观念就是，学

① Ivan Illich, *Deschooling Society*, New York: Harper & Row, Publishers, 1971.

② 转引自吴康宁：《破除学校神话，走向学习化社会——〈去学校化社会〉译者导读》，《教育学报》第 13 卷第 5 期，2017 年 10 月，第 121—128 页。

校的政治功能，即塑造公民，是无法被其他人或机构取代的。史蒂文森对这一观念提出了挑战，他通过对“民主”的进一步阐述，指出对于个人而言的美好生活与更大层面上的美好社会，是一体两面的共生关系。民主教育的真谛在于每个公民都可以参与管理社会，为此，公民需要具备批判性的思维，以更好地管理自我和社会。史蒂文森认为，培养独立的、批判性的思考能力是教育的核心目的，是连接自我实现和共同善的桥梁，是避免极权主义社会出现、保障民主体制的关键所在。正是在这个意义上，他认为，“民主语境下的教育主要关涉自由，而不是快乐、阶级流动或者别的什么价值”[①]。由此我们看到，对史蒂文森来说，教育成“人”与教育成“公民”之间并不矛盾，实质是一回事。

他在比较自己和孩子两代人的学校经历后指出，在工业化时代，教育是为工厂培养顺从的工人，到了信息化时代，学校体制日益为经济制度和消费文化所把持，应试教育流行，以迎合知识经济的需要。在此过程中，民主体制所亟须的批判性思维受到压制。被用来保障民主体制的公共教育反而有可能损害民主的活力，对这一悖谬的认识，促使“学校是公民培育的唯一合法途径”的观念受到更多挑战。

查尔斯·格伦（Charles L. Glenn）在回顾德国、法国和美国公立教育的历史后指出，在美国这种多样性异质性极强的社会，应该允许对公民身份有多重可能的阐释，如此才能实现民主的对话。政府不应该垄断教育，而应让公民社会的第三种力量参与进来，如家庭、宗教

---

① Nick Stevenson, *Education and Cultural Citizenship*, p. 9.

组织、志愿团体等社会的“中间结构”（mediating structures）。[①]

正是沿着上述研究脉络，美国的“在家上学”可以被理解为由父母发起的、基于家庭而进行的教育实验：质疑标准化的国民教育，挑战公民培育在学校进行的常规路径，能动地建构一套自己对教育等一系列问题的理解。

如果说从意识形态上看，在家上学是对学校教育的反抗/逃离，那么接下来要讨论的便是这种实践究竟在多大程度、何种意义上实现了反抗/逃离，它表现出怎样的文化逻辑。

二、教育、文化与社会的再生产

我对这一问题的思考主要得到布迪厄理论洞见的启发。在《教育、社会和文化的再生产》（*Reproduction in Education, Society, and Culture*）一书中，布迪厄以四个层层递进的关键词为中心，揭示了教育系统如何以一种隐秘的方式进行社会结构的再生产。它们分别是：教育行动（pedagogic action）、教育权威（pedagogic authority）、教育工作（pedagogic work）和教育系统（educational system）。他强调，“所有的教育行动，客观上都是象征暴力，都是以专断的权力强加某种文化专断性。……专断权力的基础是构成社会形构（social formation）的群体或阶级之间的权力关系，而这一基础是建立教育沟通的先决条件”[②]。依此推论，除了制度化教育，任何有教化企图的教育行动，不管发生于何种场所，以何种形式进行，本质上都是一种权

① Charles L. Glenn, “Can Families be Trusted?” Keynote address at Global Home Education Conference 2012, Berlin, p. 12.

② Pierre Bourdieu and Jean-Claude Passeron, *Reproduction in Education, Society and Culture*, London: SAGE Publications, 1990, pp. 5-6.

力关系，隐含着象征暴力的形式，家庭教育也不例外。布迪厄接着指出，若说教育行动没有使用教育权威，那是逻辑上的矛盾，在社会学意义上是不可能的。“无论是苏格拉底式的非指导性教学神话，卢梭式的自然教育神话，还是伪弗洛伊德式的非压制性教育神话”，都是对教育行动的客观真相的规避。[①]

如我在田野中所见，尽管在家上学的群体内部有巨大的异质性[②]，父母们在访谈中却经常不约而同地提到下述词汇，“遵循你的内心”，“好奇心”，“自然”，“自发”，等等。他们在不同程度上认同约翰·霍特（John Holt）提出的“非学校教育”（unschooling）理念[③]：反对外在的强加，主张按照孩子的本性，在真实的生活中自然而然地学习。但事实上，与学校教育不无相似的是，这种表面上消极的自然教育不可避免地隐含权威的积极运作，在家教育的过程无疑体现了这一悖论。那么，这种权威有怎样的表现形式，父母们如何在运用权威的同时又掩盖这一事实，就成了一个饶有兴味的问题。

在阐述“教”的方式，即微观层面上的教育工作如何开展时，与布迪厄强调的灌输意义上的“教”不同，与卢梭推崇的顺应自然也不同，奥古斯丁提供了另一种路径。他说，“有一种‘教’是通过‘提醒’进行的”。他的论述中有一个关键的“内在人”的意象，即每个人都有一个内在的自我，所谓的教诲是教师通过符号游戏而把学生内在的知识激发出来的过程。这种唤醒式的教育，强调的不是教师的输

① Pierre Bourdieu and Jean-Claude Passeron, *Reproduction in Education, Society and Culture*, p. 13.

② 关于这一主题的阐述，参见本书第二章第三节。

③ 约翰·霍特是美国在家教育运动的主要发起人和倡导者，他发表了一系列相关著作，影响巨大。可参见 John Holt, *Teach Your Own: A Hopeful Path for Education*, New York: Delacorte Press/Seymour Lawrence, 1981。

送，而是把学生“内在的人”照亮，启发他的自然，“学”才是更为根本的目标。[①] 由此，“教”是不可避免的，但“教”的手段不是强行的灌输，而是着眼于如何创造条件，使学生内在的自我一点点显现。

相信并强调有一个真正的自我，这种观念突出地体现在爱默生的超验主义学说中，他谓之为“自发性”、“直觉”，或人的自然天性。自我并非一个静止的状态，而是一个在与外界的互动中不断向内探索和创造的思想过程。[②] 教育的作用就是帮助孩子实现这种探索，如爱默生指出的，“教育的秘密即在于尊重学生”（The secret of education lies in respecting the pupil）[③]。本研究对在家教育理念的分析，正是在这一思想脉络下进行的，显然，对许多父母来说，“每个孩子构成独一无二的自我”，已经成为内化的意识形态。日常教育实践的重心也因而放在“学”，而不是“教”上，这对于父母权威的表现形式以及亲子关系有莫大的影响。

尽管不乏对主流教育模式的反抗及在此基础上的重构，但依据布迪厄的观点，在家教育与学校教育并无本质差别，这是由于权威委任的事实。与一般意义上的家庭教育不同，在家教育已被纳入法律框架。父母作为教育者，得到国家正式的认可和授权，这意味着在家教育受国家委托，在官方划定的框架内运作，其教育的内容和目标同样折射出社会优势阶层的文化专断性，因而，在家教育彰显了学校之外

---

① 李猛：《指向事情本身的教育：奥古斯丁的〈论教师〉》，《教育与现代社会》，上海：上海三联书店，2009 年，第 16 页。

② 拉尔夫·瓦尔多·爱默生：《自立》，蒲隆译，北京：法律出版社，2009 年。

③ Jones, Howard Mumford (Ed.), *Emerson on Education: Selections*, New York: Teachers College Press, 1996, p. 141，引自杨靖：《爱默生教育思想研究》，北京：中央编译出版社，2015 年，第 44 页。

的另一种形式的文化、社会再生产。

以更宏观的视野观之，教育不仅仅是知识技能在代际间的传递，更是整套文化体系在代际间的传承。在家上学以家庭作为文化再生产的主要场所，接下来要探讨的就是，在个体社会化的过程中，家庭占据怎样的位置？发生在家庭的教育，与体制化教育相比，表现出怎样不同的特点？围绕着这些问题，布迪厄通过场域、资本和惯习等概念，建构了一个社会文化再生产的理论框架。他扩充了阶级的概念，强调家庭在惯习形成和传递上的作用，是实现阶层复制和再生产的关键环节。

布迪厄的阶级分析与经济学家或简单马克思主义者只从经济资本定义阶级的路径不同，他认为社会世界由三种资本形式构成：经济资本、文化资本和社会资本，这些资本在不同的社会场域积累，也有可能失去。他的资本理论以经济资本为各种资本转换、扩张、延续的基础，但以文化资本的界定最为详尽。文化资本首先以身体化的形式（embodied form）存在，即布迪厄所说的惯习（habitus），惯习是一套经由家庭代际间传递的审美偏好、性情倾向，类似于人的第二天性，如说话走路的方式、思考感觉的习惯等。文化资本还可以以客观化的形式（objectified form）和制度化的形式（institutionalized form）存在。基于资本的数量和构成之差异，布迪厄将阶级界定为“社会空间中，一群有相似位置，被置于相似条件，并受到相似制约的行动主体之组合，这些行动主体具有相似的禀性和兴趣，因而产生相似的日常生活实际的行为，采取相似的立场”[①]。他区分了三种阶级：资产阶级、

① 邱天助：《布尔迪厄文化再制理论》，台北：桂冠图书有限公司，2004年，第143页。

小资产阶级和大众阶级，每一种阶级都有相似的品味和生活方式。

在布迪厄看来，家庭是文化资本传递的主要场所，是最隐蔽但却是最具有社会决定性的教育投资。他批评经济学家的阶级研究路径忽视了这一点，因而把学业成绩与经济投入简单地画等号，“没有认识到能力或者才华本身是时间和文化资本投入的产物”①。不同阶级的家庭的孩子，在饮食、穿着、艺术等生活世界的细微之处表现出差异，形成不同数量和质量的文化资本，进而影响到未来不同的发展轨迹。

布迪厄的理论给社会科学中的阶层研究带来很多启发，但他并没有从一个实证的角度上对其进行验证。安妮特·拉鲁（Annette Lareau）在布迪厄理论的基础上，对美国三个阶层的家庭抽样调查，它们分别是中产阶级、工人阶级和低收入阶层。她从宏观的视角解释了在美国这样一个人人都有“美国梦”的社会，貌似没有了阶层之分，但是不同的社会出身却使孩子受到不同的家庭教育影响，这些差距又以同样的结构化的方式，影响着孩子对于生活和自我的认知，从而决定其之后的发展和生活。

她区分了两种不同的教养方式：中产阶级家庭的“协作培养”，工人阶级和贫困家庭的“成就自然成长”。影响这两种抚育逻辑的主要是阶级因素，种族因素相比之下不如阶级的作用大。中产阶级“协作培养”的孩子课外有名目繁多的活动，每天辗转于不同的教育机构之间，而“成就自然成长”的孩子上不起什么课外班，常常放养在大街上。中产家庭的孩子被鼓励与权威人士打交道并争取自我权利，日

① Pierre Bourdieu, “The Forms of Capital,” In J. Richardson (Ed.) , *Handbook of Theory and Research for the Sociology of Education*, New York: Greenwood, 1986, pp. 241-258.

常亲子对话充斥着论辩式和专业术语，他们的时间表被塞满，却常觉得无聊，而工人阶级的孩子往往靠简单指令和无语的默契沟通，却不乏自由快乐。由于学校等公共机构推举的标准与优势阶层家庭教养孩子的标准有着密切的兼容性，中产的孩子在家中受到的文化训练在将来就获得了不平等的价值，于是这种优势就被制度化地再生产。①

回到我研究的主题，应该如何理解在家上学家庭的抚育实践呢？一个简单的办法是根据他们的阶级构成，相应地将其对应于拉鲁所描述的教养方式。与传统上关注边缘及弱势群体的人类学研究不同，我在田野中接触的这一群体是受过良好教育的知识群体，基本都具有本科或以上的学历，以硕士学位为多，博士也不少见。他们大都是白人，虽移民背景各异，但大多出生于美国本土，曾经或正在从事教育、艺术、社会服务、法律、计算机、建筑设计等职业，收入水平虽有差异，但基本上“除了生活必要的开支，还有结余追求生活品质”（引用我的一个访谈对象的话）。无论以外部的标准还是他们自我的认定，我所研究的这一群体都属于典型的中产阶层。那是否可以直接给其贴上“协作培养”的标签呢？

我认为拉鲁的二元对立框架似有简单化之嫌，忽视了教养理念可能存在的多样性。例如几乎所有的受访人都表示出对“精英”一词的反感，拒绝认同中产阶级主流社会的“协作培养”逻辑，批判其中蕴含的工具理性和功利主义，但显然这些家庭推崇的自然教育和“自由”文化与工人阶级家庭的“成就自然成长”亦极为不同。

在探究在家上学家庭的抚育逻辑时，布迪厄仍是我重要的理论资

---

① 安妮特·拉鲁：《不平等的童年》。

源。他揭示了品味是一种社会建构的事实，他认为新兴小资产阶级是品味标准的制定者，如教师、艺术家、知识分子，相较于经济资本，他们拥有很高的文化资本，追求高度的文化知识，只花一点金钱的审美享受和日常喜悦，以主张他们在生活风格上的排他性。布迪厄称此生存心态为“禁欲的贵族主义”（ascetic aristocratism），以此与经济资本雄厚的工业资本家相区隔。因此，文化资本往往与某种特定的生活方式有关，如对抽象艺术和古典音乐的喜爱，参观画廊等等。那么这种贵族品味依靠何种教育才得以养成呢？

在布迪厄看来，有两种文化获得方式：家庭教育和学校教育，后者作为现代性的产物，总是以制度化的理性训练为特点，培养贵族品味所要求的与艺术欣赏有关的“直觉”、“创造力”和“好奇心”等品质很难在学校获得。资产阶级事实上表现出对于“学究气”的厌恶，他们认为“真正”的文化无法还原为照此被贬低的“学校教育”知识，甚至连学校也承认这一点。[①] 因此，作为惯习的产物，有“自然”或“自由”特点的文化资本只能在有教养的家庭中以耳濡目染的方式在代际间缓慢传递，即不但言传而且身教。很重要的一点是，这种“自然”是非自然化的，换言之，是在自然化的话语和实践中精心培养出来的。对拥有丰富文化资本的资产阶级家庭来说，在家上学可以让孩子有更多时间浸染于家庭环境之中，更充分地获取家庭的文化资本，这既包括不知不觉地“自然”习得某种惯习（身体化的形式），也包括参加父母安排的各种有教育目的的活动（客观化的形式）。

以个体而论，每个在家上学的家庭都是极为不同的。但是，作

---

① 皮埃尔·布尔迪厄：《区分：判断力的社会批判》，刘晖译，北京：商务印书馆，2015年，第135页。

为一个群体，其精神气质和生活品味有许多共同之处，与布迪厄笔下的“新兴小资产阶级”颇为契合，如持自由左派的政治观点，对素食的偏好，对汽车电视等商业文明的排斥，对有机生活的推崇等等。而这些又很自然地与教育方式（在家里教育）联系在一起，其共同的特征是自己动手，强调直觉和自发性，反对外在强加的规则。如布迪厄所说，“新小资产阶级（艺术家代表了其极限）拥有强大的文化遗产…… 我们就会更好地理解对学校教育陈规的揭露了，这种陈规是大部分新文化中间人（指导者、教育者等）的革新的根源”①。因此，区别于一般中产家庭的“协作培养”策略，在家教育的家庭努力追求一种自由的文化品味，这一选择未尝不体现了优势阶层内部的区隔。

由于本书所研究的在家上学是一种美国现象，因此有必要将其置于美国的语境中考察，以进一步破译其动机和文化逻辑。这一群体所属的中产阶级在美国是一个非常笼统、难以准确定义的术语。赖特·米尔斯（Wright Mills）把后工业社会日益增多的白领阶层定义为新中产阶级，与老式中产阶级的有产相比，新中产阶级没有能够作为生产资料的财产，并且受到科层制度的支配，这决定了它的“无根性”，充满了“地位恐慌和挫折感”②，表现为政治上的淡漠和守成性。罗伯特·贝拉（Robert N. Bellah）指出“中产阶级”与传统的“中等状况”是不同的，“中产阶级的真正含义在于，它不仅仅是有追求物质利益的欲望，而且为了验证成功的阶梯往上爬，而有意识、有盘算地做出努力”③。中产阶级的“无根性”和对人生采取盘算的态度是

① 皮埃尔·布尔迪厄：《区分：判断力的社会批判》，第 153 页。

② 周晓虹：《〈白领〉、中产阶级与中国的误读》，《中国纺织》2007 年第 10 期，第 10 页。

③ 罗伯特·N. 贝拉等：《心灵的习性》，周穗明等译，北京：中国社会科学出版社，2011 年，第 198 页。

相互关联的，这对我们认识许多中产阶级父母将孩子视为一项“工程”（project），不遗余力地进行教育投资有重要意义。斯蒂芬·鲍尔（Stephen Ball）认为当下教育的市场化迎合了中产阶级父母试图延续阶层优势的意图[①]，而在文化趣味上，确实有些学者指出消费主义社会的中产阶级文化有发展成为俗文化的趋势[②]。

本研究正是试图沿着布迪厄和贝拉等阶层研究的脉络，以更好地理解在家上学的内在逻辑。除了分析受访人的话语，我认为还要考察他们的实际行为，尤其是要甄别两者之间可能存在的断裂和矛盾。尽管父母们对学校教育和中产阶级“协作培养”的精英教育形成了深刻的文化洞察和对抗的主体性，但却难以真正超脱中产阶级内化的价值观。进一步说，在家上学的家庭作为优势阶层的一部分，他们所奉行的文化理念与学校并不抵触，学校制度本来就是按支配性文化集团的惯习方式制定的，学校所推崇的技能和知识反映了精英文化的要求，如独立思考能力、创造性思维等等。只是父母们认为，由于学校机构的规训职能和教学范式，这些教育理想难以在学校教育中实现。而父母才是孩子利益的最佳守护者，比起学校这一国家权力的匿名代言人，父母最了解孩子的个体性，更能有效地调动社会资源，帮助孩子自我实现。

作为中产阶级群体的一部分，我所了解的在家上学家庭呈现出非常复杂甚至矛盾的面貌：一方面，他们竭力与统治阶级的其他职业团

---

① Stephen Ball, *Class Strategies and the Education Market: The Middle Classes and Social Advantage*, London: Routledge Falmer, 2003.

② 丹尼尔·贝尔（Daniel Bell）、德怀特·麦克唐纳（Dwight McDonald）、汉娜·阿伦特（Hannah Arendt）都曾讨论过这个问题，见朱世达：《关于美国中产阶级的演变与思考》，《美国研究》1994年第4期，第39—54页。

体在生活风格上区隔开来，试图摆脱文化通俗化的威胁，最明显的地方在于他们反对资本主义社会的过度理性化和消费美学的侵蚀；但另一方面，他们又共享中产阶级父母的道德理性，在培养孩子方面竭尽所能，包括安排各种活动，甚至光顾学习中心等商业机构。

我在本书指出，商业资本的介入及其引起的争议直接导致了在家上学群体的分化，并对这种教育形式未来的发展走向产生持续的影响。

三、个人与集体

在家上学的家庭以培养有独立思考能力、有个体特性（idiosyncratic）的孩子为首要目标，对“顺从”（conformity）抱有极高的警惕。但教育本质上是一种集体行为，无论是代与代之间的传承，还是社会化的要求，都涉及与他人的交往。与一般的美国人相比，这些家庭更强调个体的自由①，但为了保障教育的“自然性”，他们需要更精心地构建不同层次的社会网络。个人与集体之间的剧烈张力始终伴随在家教育的过程。

“个人”与“社群”②一道构成了西方政治哲学中的两极，在美国研究中亦是一个经典议题，它触及到美国文化的核心观念——个人主义。③下面我将梳理个人主义在美国的发展流变，尤其是近几十年

① 梅博丽（Mayberry）等人认为，“也许没有什么运动比在家教育运动更能体现美国的个人主义了”。参见 M. Mayberry, G. Knowles, B. Ray, & S. Marlow, *Home Schooling: Parents as Educators*, Thousand Oaks, CA: Corwin, 1995, p. 102。

② 英文 community 一词包含有“社区”和“共同体”的意义，在政治哲学中，社群主义者所说的 community 除了这两种含义，还包括诸如阶级、民族等含义。本文主要采用它在社会学意义上的阐释，即最早由滕尼斯定义的“共同体”，有时亦可能指一种归属感。

③ 贝拉在《心灵的习性》中强调“个人主义”是中产阶级的典型特质。参见罗伯特·N. 贝拉等：《心灵的习性》，第 198 页。

来出现的个体化的困境；并试图从教育民族志的角度，探讨美国社会构成受什么样的意识形态以及结构性因素影响，生活在其中的人如何进行回应，他们的行为，又是否会影响到社会构成的重塑。

贝拉在对历史的追溯中指出，个人主义是美国的第一语言，植根于美国的四个传统之中：《圣经》，共和主义，功利型个人主义和表现型个人主义，它们共享的部分是“对与生俱来的尊严、甚至人类个体的神圣性的一种信念”[①]。前二者显著地存在于殖民地时期和建国初期的乡镇社会，作为美国社会的“心灵习性”，备受托克维尔的赞赏，被认为是维护自由共和国的关键。这种传统的个人主义不单单是对个人自由的热爱，而且包含着社会责任。一方面，个人自由是如此重要，以至于美利坚革命的首要目标是“捍卫正受到腐败政体威胁的政治自由”，“自由的乡民”（free townsman）成为人们对自我政治身份的基本认定。另一方面，乡镇精神即自由精神，即公共服务精神，这种自由观超越了积极自由和消极自由，既强调个人权利免于权力的无端干预，也认为自由的本质意味着公民对公共事务的积极参与。[②]

表现型个人主义与18、19世纪欧洲的浪漫主义运动和美国文化中的超验主义相通，强调直觉、对独特自我的张扬和实现。在现代社会，它成为心理治疗文化所依据的重要资源。以富兰克林为代表人物的功利型个人主义将“社会看作产生于一份契约，个人只是为了发展他们的自我利益才走进这份契约”[③]。托克维尔在19世纪70年代考察

① 罗伯特·N. 贝拉等：《心灵的习性》，第413页。

② 任军锋：《民德与民治：乡镇与美利坚政治的起源》，上海：上海人民出版社，2011年，第82—87页。

③ 罗伯特·N. 贝拉等：《心灵的习性》，第416页。

美国期间，观察到这种理性的以自我利益为驱动力的经济人形象在美国社会的巨大影响，并在这一意义上最早使用“个人主义”。他不无担忧地写道，“个人主义是一种冷静的、经过思考的情感，它使每个公民孤立于自己的大众同时代人，缩进家庭和朋友的小圈子里；人们有了这种按照自己的趣味组成的小社会，便乐得让大社会去自己照顾自己”[①]。极端的个人主义有可能导致利己主义和对国家的依赖，并反过来对民主制度造成威胁。

贝拉等著作的《心灵的习性》是对美国个人主义的文化分析，它成书于 1986 年，书中延续托克维尔的研究脉络，指出后者所担心的功利型个人主义在当今以个体化为特征的时代正朝着毁灭性的方向下滑，从而使整个社会受到一种分离性文化的困扰。他如此描述现代人的内在困境，“我们极力主张自立和自主的价值。我们深深感到脱离了社会责任关系的生活的空虚。但我们又不愿明确表示我们的相互需要正如我们对独立的需要一样急迫，因为我们害怕话一出口，就会彻底丧失自己的独立”[②]。

在贝拉看来，70 年代以来的新自由主义观点和政策尤其难辞其咎，它强调个人及其权利对于社会的优先性，主张一切交由市场决定，由此导致公民的公共责任意识日渐淡薄。换言之，新自由主义加剧了功利型个人主义的恶性膨胀，抑制了美国文化中的《圣经》与共和传统。与贝拉持类似社群主义立场的学者，如丹尼尔 · 贝尔（Daniel Bell）也对后工业社会进行了诊断性和批判性的分析。他在

① 托克维尔：《论美国的民主》，董果良译，北京：商务印书馆，2003 年，第 506 页。

② 罗伯特 · N. 贝拉等：《心灵的习性》，第 201 页。

《资本主义文化矛盾》一书中指出，现代文化的主要问题是对个人的过度关注，他将此表述为“现代性的双重束缚”。“新资本主义在生产领域——尤其是工作领域——继续着对新教伦理的要求，但在消费领域却在要求着快乐、享受和娱乐原则。”[①] 由此导致的结果是，个人自由反而成为一种难以真正实现的悖论。

社群主义是在批评新自由主义的基础上发展起来的，比较著名的有查尔斯·泰勒对原子主义的批判。[②] 原子主义是一种极端的个人主义自由主义，它的主要特征是把个人放在首位的“权利优先论”。这是一种人性观，但在泰勒看来，它的错误在于把人看作独立于社会的存在，拥有完全自足的自我，而事实上并非如此。个人作为一个自主的主体，只有在社群中才能发展起来，他强调个人的权利和对社会的义务是相应的，没有公民更积极的社会参与，个人自由不可能真正得到落实。

新自由主义和社群主义是当下美国社会主流的意识形态和话语模式，两者的分歧和争论体现了对个人—社群关系的不同阐释路径。值得说明的是，两者并非截然对立，而是呈互补的形态存在，比如无论新自由主义还是社群主义都极其强调个人权利的重要性和个人的自主，但不同之处在于，后者认为个人权利的实现离不开社群。[③]

为什么对许多美国人来说，与他人建立有承诺的联结如此困难呢？不同于上述视角，许烺光从心理人类学的角度做出了精彩分析，他也将矛头对准个人主义，称其为美国文化的“圣牛”，“最基本的

① 丹尼尔·贝尔：《资本主义文化矛盾》，严蓓雯译，南京：江苏人民出版社，2012 年，第 208 页。

② 查尔斯·泰勒：《自我的根源：现代认同的形成》，韩震译，南京：译林出版社，2012 年。

③ 俞可平：《社群主义》，北京：中国社会科学出版社，2005 年。

要件就是自我依赖”[①]。但究其原因，他没有着眼于契约论和资本主义经济制度，而是试图转向更深层面，指出西方社会整体而言具有离心或向外的心理文化倾向，表现为角色与情感分离，其根源在于家庭的抚育模式。这种观点在贝拉那里得到一些印证，“对于高度个性化的美国人来说，父母同子女的关系，总有那么一点异常的味道，因为儿童生理上对成人的正常依赖，被认为在伦理上是不正常的”[②]。在许烺光看来，美国正成为原子化的世界，要改变这种自我孤立的倾向，首先应从家庭入手，建立角色与情感融合的亲子模式。在孩子的社会化过程中，应从培养个人取向的价值观转向以社会为中心。

强调人与人之间的联系，这也是社群主义者为矫正个人主义不良后果而开出的良方。贝拉呼吁改造美国文化，从重新重视传统，回到道德和社会性的框架里进而回到聚合性文化。他提出从《圣经》与共和传统中汲取滋养，构建“忆旧共同体”，其核心要素是相互依赖并且有一个共享的历史。[③]托克维尔对美国民众热爱结社的传统大加赞赏，并将这些公民积极参与的中间结构——家庭、宗教以及各种社团——视为抵御个人主义的有力武器。[④]

就我的田野而言，在家上学与个人主义显示出颇为复杂的关联，它的话语显然有新自由主义的成分，如将个人放在首位，但它又反对新自由主义的市场逻辑。在实际操作上它用的却是社群主义的办法，在家上学可以被理解为一个不断建立人际联系的过程：个人与个人，

---

① 许烺光：《彻底个人主义的省思：心理人类学论文集》，许木柱译，台北：南天书局，2002年，第2页。

② 罗伯特·N. 贝拉等：《心灵的习性》，第107页。

③ 罗伯特·N. 贝拉等：《心灵的习性》，第412页。

④ 罗伯特·N. 贝拉等：《心灵的习性》，第111页。

个人与家庭，家庭与家庭之间的联系。但问题是，传统的道德性语言能在多大程度上嵌入个体化时代的关系网络？这种人际的聚合是否具有新的形态和特征？换言之，这个群体到底有没有构成一个特殊的社会或共同体呢？

“共同体”是今天的美国人使用非常频繁和宽松的一个术语，在家教育的父母们也一样——他们把所处的群体称为“homeschool community”。从其表述来看，这个词在两个层面上被使用，在理想层面上，“community”与外部有明显界线，内部联系紧密，互相依赖，有很强的感情色彩。在现实层面上，“community”可指泛泛的边界不明晰的群体或圈子。社会学意义上的共同体概念最早由滕尼斯提出，被界定为基于原始的或者天然的人类意志而自然形成的统一有机体，里面的成员互相依存互相接纳，拒绝理性的算计，与之相对的概念是“社会”。[①]

无论在学界，还是在实际生活中，我们看到对于什么是真正的共同体，已经有一个大致共识性的认知，那就是它蕴含着利他主义的伦理。那么在今天的美国，这样的组织在多大程度上存在呢？大体上，对于这一问题的回答可分为三派，都是基于对个体化社会的分析做出的。一派持比较悲观的态度，如鲍曼认为，当今人们的生活宛如在流沙之上，从传统制约中抽离出来的个体往往处于被迫个体化的境地，重新嵌入的前景黯淡，个体化了的行动者渴望“寻找他们能拴住个体体验的担心与焦虑的钉子标”[②]。鲍曼冷峻地指出，这

① 斐迪南·滕尼斯：《共同体与社会：纯粹社会学的基本概念》，林荣远译，北京：北京大学出版社，2010 年。

② 鲍曼：《共同体》，欧阳景根译，南京：江苏人民出版社，2007 年，第 14 页。

种“钉子共同体”只是“美学共同体……不需要经历缓慢地、悉心地建设的漫长历史，不需要费力地保证其未来”，它可能是“围绕着‘问题’而形成的，……共同特征是它们的参与者之间联系的草率、敷衍以及短暂”①。由于缺乏道德责任的约束，难以形成那种有机的温馨的共同体。

美国小团体社会运动的研究权威罗伯特·乌斯诺（Robert Wuthnow）也观察到当代社会公共参与程度的下降，但他认为这与人们对公共参与的理解和参与形式发生变化有关，变成了“松散的连接”（loose connections），其特征是，“流动性更强，更关心个人情绪……他们建立的社区一般并不脆弱，人们感到了关心……但从另一角度而言，小团体并不像很多支持者所希望的那样，能够很有效地培植社区。……把成员连接在一起的社会契约只包含了最低限度的义务：想来就来；想说就说；尊重所有人的观点；不要批评；不满意就悄悄走”②。在乌斯诺看来，这种社区是为了适应流动的生活而出现的新的组织形式。

与鲍曼的悲观、乌斯诺的审慎相比，贝克对个体化社会持乐观态度。他认为，个体化的文化同样可以孕育出利他主义伦理，“新的伦理将会形成一种‘我们’感……类似于某种合作个体主义或利他个体主义。既为自己打算又为他人而活”。但他同时承认，对于这种“爱和自由之间的两难困境，没有人知道如何才能形成这种伦理”，

---

① 鲍曼：《共同体》，第 86 页。

② Robert Wuthnow, *Loose Connections: Joining Together in America's Fragmented Communities*, Harvard University Press, 1998. 中文译文转引自罗伯特·帕特南：《独自打保龄》，刘波译，北京：北京大学出版社，2011 年，第 171 页。

也许要依靠人们的“道德冲动”。[①]

本书延续上述的研究脉络，对在家上学不同形式和层次上的人际联系进行分析。我首先提出“家庭学习共同体”的概念，认为在家庭内部，“学习”作为一种新的组织原则，重塑了家庭关系，大大增强了亲子之间的活力。家庭之外的学习网络和人际支持网络则表现为一种“松散共同体”的形式，它本质上以自我利益为取向，在合作社内部则表现出认真的利他精神。传统的公私两个领域的划分依旧存在，但为了迎合学习和社交的需要，两者之间的界线已变得相当有穿透性。

本研究没有把在家上学的社会网络置于二元对立、非此即彼的分析框架中，我所观察到的是一个连续统一体的组织形态，即从松散共同体到紧密联系的共同体。后者以合作社为代表，其运作建立在人与人完全平等的基础上，遵守共同协商的章程规则。虽然利他精神并未延伸至合作社边界以外，形成贝拉期望的公共责任感，但也许它作为一种个体化时代的共同体模型，能够满足人们对于自由和确定性的双重需求。而这似乎并不能寄希望于某种缥缈的道德冲动，而需依靠经平等协商和共同参与产生的自治组织。

第三节　田野工作与方法

为完成博士学位论文，我 2013 年 8 月到 2014 年 8 月在波士顿地

① 乌尔里希·贝克、伊丽莎白·贝克-格恩斯海姆：《个体化》，李荣山、范環、张惠强译，北京：北京大学出版社，2011 年，第 246—247 页。

区进行了为期一年的田野工作，2019年夏天又在波士顿回访两个月，也曾到新英格兰地区的其他州和纽约、华盛顿、佛罗里达州短暂造访。我在波士顿大学人类学系访问学者的身份给我的研究带来多重便利，最值得一提的有两点：一是我在波士顿大学和哈佛大学的图书馆里查阅了大量与我研究主题相关的资料；二是我发现这是我得以进入田野，被在家上学家庭接纳的重要原因。说来有趣，虽然我的许多研究对象对制度性权力报以高度的警惕，但我体制内的身份往往让他们对我这个陌生人快速消除戒心。

人们常说的“波士顿”实际上有三种指涉含义，大波士顿地区（Greater Boston）是指麻州东北部的一片区域，2015年麻州人口670多万，其中大波士顿地区470多万，占了绝大部分。全州最好的公立学校，几乎全集中在这个地区。波士顿城区（the Metro-Boston area）是以波士顿市（the City of Boston）为中心的周边地区，三者由外向内呈一个同心圆的形状。波士顿是世界名城，有许多顶尖的大学、研究机构、医院和高科技公司。但是，这个大名鼎鼎的地方其实又很小，波士顿市60万人口，由于许多街道曲折狭窄，被视为最适合行走和骑行的城市之一。[①] 所以，波士顿文化之悠久灿烂包罗万象，与伦敦、巴黎那种世界大都市几无二致，而与这些城市不同的是，在波士顿，这样的文化距离近得能够触摸得到。

我所研究的是波士顿城区的在家上学家庭，按行政区划，他们分布于麻州东北部不同的城镇，但基本都在MBTA（Massachusettes

---

① 关于麻州及波士顿的区域划分和人口统计数据，参见https://en.wikipedia.org/wiki/Massachusetts，https://en.wikipedia.org/wiki/Greater_Boston。

Bay Transportation Authority 马萨诸塞湾交通局，旗下管理的交通方式包括：地铁、轻轨、通勤铁路、巴士及轮渡）可以到达的区域，距离波士顿市的车程在几分钟到一小时之内。波士顿城区的这一特点对在家上学者学习网络和社交网络的构建影响重大，简言之，丰富的教育文化资源聚集在一个相对紧凑的物理空间内，为他们打破行政区划的界线，频繁地与外界往来并获取社会资本提供了便利条件。

对于我这个初来乍到的人来说，在家上学的孩子是隐匿于公共空间之外的，如何找到他们呢？一方面我积极出现在各种场合，如当地教会、我孩子所在的学校、公共图书馆等等，向遇到的所有人表明自己的研究身份，希望有人能向我引荐他们认识的在家上学家庭；另一方面，互联网是我收集资料的重要渠道，我在谷歌上搜索到好几个在家上学支持小组（support group），于是发邮件请求加入，并征集访谈对象。刚加入就欣喜地发现这一地区最大的在家上学草根组织“麻州在家教育”（HEIM）①将于10月5日召开成立十周年庆祝大会，我在那里认识了对我整个田野经历有重大影响的安迪，一位曾经在家教育的家长。②

通过线上线下多种渠道，这一年当中，我参与观察了数十场大大小小的活动，深度采访了36位家长，时间从一小时到五六个小时不等，与这些家庭中的孩子也有一些有限的交流。孩子是在家上学的主体，但由于我关注的是在家上学的动机、理念和实践，因此研究对象主要是做出这一教育抉择并设计和实施在家教育的父母，再加上美国

① HEIM 全称为 Home Education in Massachusetts，此处为化名。它是由两个妈妈创立的非营利草根组织，主要活跃在麻州的大波士顿地区。

② 出于学术伦理，书中受访者个人信息全部匿名或模糊处理。

对未成年人的严格保护和孩子年龄等因素，对孩子进行深度访谈在现实上不太可行。

经受访者同意，访谈采用录音与笔记相结合的非结构性方法，大多在受访人的家里、咖啡馆，或者孩子参加活动的地方进行。我与其中的五个家长逐渐成为朋友，私下里有多次联系，2019 年田野回访，在两家人的热情相邀下，在各家分别住了一个月。我的受访人主要居住在波士顿城区的以下城市：波士顿、布鲁克兰（Brookline）、剑桥（Cambridge）、萨摩维尔（Somerville）、阿灵顿（Arlington）、牛顿（Newton）、贝尔蒙特（Belmont）、沃特敦（Watertown）和麦德福德（Medford）。另外我还以邮件的形式采访了五个人。通过参加这个圈子里的各种活动，我与很多人交谈过，以至于我每次在活动中出现，都会发现打过交道的人。这些人来自大波士顿地区的各个城镇，还有些是新罕布什尔州、康涅狄格州、纽约和加拿大魁北克地区的在家上学家庭。

除此之外，我还与社会经济背景各异的美国人展开过不计其数的非正式交谈，如牧师、学校老师、学区总监、童子军教练、街头艺人等等，尽可能地获取多个领域的信息。为了解美国公立学校的运作，我曾经以家长的身份去孩子的班上听课，参加学校的家长联谊会，帮忙在图书馆卖书、联欢会上卖墨西哥烤饼等等。我还加入数个交友社团（meetups），去教堂做义工，为无家可归者做饭，参与观察孩子所在的童子军组织等等。我不会开车，除了利用波士顿便捷的公共交通，我还经常搭别人的车去参加同一个活动，有时访谈结束时间太晚，或者遇到大雪天气，也会接受陌生人的善意，让他们送我一程。请求帮助是建立互惠关系的开始，由此处于萌芽状态的友谊得以进一步稳固，而与陌生人的互动，则可以获得对美国人更直接和更感性的认识。

总之，有别于传统的田野工作，我的研究是专题民族志，而非对一个封闭社区的整体性民族志。研究方法服务于主题，而非以特定时空边界为基础，这就决定了它有以下特殊性：首先，我是在城市里做研究，必然面临散居的问题，这些人住处各异，甚至相当一部分人只是活跃于网上的虚拟空间。他们自身不构成一个自然的、确定的社区，而是通过共同的目标联系在一起。因此，对我来说，这是一个关系性的共同体，要求我通过不同个体之关联来理解在家上学。其次，就每一个个体而言，日常生活体验具有流动、混杂的特点，作为调查者的我也随之在不同的地点和场景之间切换，通过追踪人和活动，尽可能地建构每个研究对象的教育图景和生活世界。第三，考虑到田野工作的时限性和美国社会的复杂性，就整个研究所遵循的方法而言，它不局限于对在家上学群体的关注，而是不拘常规广泛收集资料。我相信在家上学绝不是一个孤立的教育现象，而是深植于它所在的社会结构之中。所有建立社交网络和参与观察的努力都指向一个目标：必须能够加强深入探究之后所得的结论，尤其是对美国这个人们已相当熟悉的国家，用我所受的人类学训练检验人们视之为理所当然的事实和观念。

之所以克服自身的内向性格，多方出击，还有一个重要原因，我发现调查常用的滚雪球方法在我的田野中难以应用。由于美国人自我依赖的心理文化取向，人与人之间明显可见的界限感，再加上在家上学的家庭都超级忙碌，之前设想的通过一个受访人进一步采访到他/她所在的社交网络里的其他人的方式，往往难以实现。虽然在不同场合结识的人大都愿意留下电子邮件地址，表示可以约时间接受访谈，但数次邮件往来之后常常不了了之。

与传统上关注边缘及弱势人群的人类学研究有很大不同，中国人类学在发达国家的海外民族志田野工作常被视为“向上”研究，如周星指出的，“他们所在的不同社会或国家间的关系，在现实当中往往是处于不尽相等的状态，这意味着发展中国家的人类学者被发达国家的社会拒斥而难以‘进入’的可能性较高”①。接下来，我将以具体事例讲述我进入田野的方法以及经验教训，并反思如何在美国社会开展人类学研究。

田野工作之初，我给五个支持小组发了电子邮件，只收到一个回复，同意我到她家里采访。她就是住在贝尔蒙特的艾丽莎·王（Elsa Wong），看名字我猜她有华人背景，果不其然，她是从未到过中国的华裔美国人，后来成为我的关键报道人，不仅热情地为我介绍其他家庭，还慷慨地敞开她的家，与我分享她的生活。一年当中，我们几乎两三个星期就见一次面，一起看戏，一起吃饭。但不是每个人都愿意贡献出一两个小时的时间给一个好奇的人类学学生，在艾丽莎的个案中，恰恰是我的中国身份成为我被接纳的关键。她把我看作她的中国姐妹，把对未曾谋面的“中国”的情感“位移”到了我的身上。事实上，我后来发现好几个答应接受采访的人都与中国有着这样或那样的渊源，如罗杰及薇妮两家的孩子都是从中国收养的，南希有个妹妹也是很小的时候从中国被她父母收养，康妮的弟弟在上海工作并已在当

---

① 此处及下面的引文来自：周星：《沉思放谈人类学》，载高丙中、龚浩群主编：《中国人类学的定位与规范》，北京：北京大学出版社，2015 年，第 129—141 页。

地娶妻生子。丹尼尔和安迪则是对中国的文化很感兴趣，尤其是安迪，我们的邮件往来从田野延续到现在，来自他的邮件已有几百封，广泛涉及教育和社会文化等各方面的话题。

另外，我的女性身份和母亲身份也是艾丽莎和其他在家教育母亲愿意接纳我的一个原因。如周星进一步指出的，“发达国家的公共生活空间相对较为开放，但其日常的私人生活空间却较难进入”，而我所关注的恰恰主要在于受访人的私领域。每次有采访机会，我都询问是否可以把地点安排到对方家里，为的是观察家的空间布局，因为家不仅是物理空间，也是进行教育的社会空间，而且，在家这一最自在的场合，关于抚育、母职等情感性的话题更容易自然地展开。

对卡米尔的访谈就是这样一个例子。一个周五的傍晚，我来到她位于波士顿市郊的家，那是一个四周环绕着森林和农田的庄园，孩子们去爸爸那边过周末了，家里只有她一个人。正当我整理好录音笔和笔记本，准备按部就班地把问题一个个抛出来时，戏剧性的一幕出现了，骤然打乱了原本的计划和正襟危坐的气氛。一只小小的扁虱（tick）从她的脖子上滑落下来，她把它捏在手里，脸色凝重地向我解释道，麻州的草地上有很多扁虱，她家地处森林地带，自然更多，她和孩子每天都要检查身上有没有扁虱。正当我听得入神，那只扁虱一下子不知掉到什么地方了，她赶紧开始找，她说一定要找到，这个东西若在人身上会导致莱姆病（Lyme disease），后果很严重。于是我也顾不上访谈了，慌忙跟她一起找，东翻西翻了半天，所幸最后终于找到了。她再三叮嘱我回家后要仔细检查身上，有时人是感觉不到的，想通过洗澡冲或热水烫也是不行的，这下子搞得我提心吊胆，一时不知道问什么问题好。人类学的魅力有时就在于你无法对田野做出准确的预判，也许由于刚才到处翻找的狼狈滑稽，“扁虱事件”使房间里的气氛变得随意甚至亲密起来，我们之间访谈者和被访谈者的身份差异似乎悄然隐去，此时坐在这里的只是两个年龄相仿、孩子也差不多大的母亲。访谈变成了聊天，话题也延伸到在家上学之外的方方面面，在长达三个半小时的“采访”之后，她又驱车把我送回公寓。

“向上”研究的一个困难之处在于研究者与被研究者在关系上的不对等，对我而言，这主要体现在个人知识储备上的不对等。在家教育的家长基本都是高学历知识分子，哈佛、耶鲁、麻省理工等顶尖大学毕业的也不少，他们不仅有普通美国人的健谈，还有缜密的思考和表达能力。许多人对社科类书籍有广泛的涉猎，再加上他们在寻求在家教育的过程中，阅读了大量与教育和社会有关的文献，访谈中时常让我有种在听老师上课的错觉，相比传统的人类学学者，毫无面对调查对象时在知识上的心理优势，我常常需要在家恶补，并做好心理建设以克服心虚感。另外，我在田野中不期然地遇到了一些同行，对人类学学术规范非常熟悉，其中有一位妈妈是在某大学人类学系任教的老师，还有一位妈妈是人类学博士，她直截了当地问我有没有考虑过如何回馈受访人。

事实上，如何回馈是我思考很久的问题，尽管访谈对我造成了一定的心理压力，但与这些家庭相处的感觉如沐春风，总体上是非常愉快的。每个人都表现出极大的善意和尊重，尤其是家长们都非常忙，常常是趁孩子上课或参加活动的时间来见面。若是有比较小的孩子，妈妈们得一边跟我说话，一边照顾孩子，孩子的声音往往是访谈的“背景音乐”。所以，整个过程于我并不轻松，时间的局促常常引起我的歉疚感。在田野开始后不久，我就在支持小组的邮件组里看到一些研究团队的广告，如协助波士顿儿童医院完成某项调查，哈佛博士生征集访谈对象等等，都明确标出每小时的酬金是多少。我应该以怎样的形式表示感谢呢？在我看来，礼物才是最富有人类学情怀的回馈，简单的金钱交换似乎玷污了人们的善意。于是，有中国特色的丝巾茶叶，或者鲜花巧克力，成了我最常送的礼物，除此之外，还邀请受访人来家里吃饭，人们似乎并不介意我的陋室，和并不精湛的厨艺，席间常常相谈甚欢。我至今还记得有一次我包了素馅的包子准备送给安迪和其他几个素食家庭时，坐在地铁上忐忑的心情：“在美国干这种事是不是太傻了？你以为是在中国农村走亲戚啊。”虽然已事先告知，但每个人拿到包子时的神情仍让我记忆深刻，阿什莉捧在手里连声道谢，安迪赞叹之余，立马用餐刀把包子一分为四，我看着胡萝卜鸡蛋馅洒落下来笑着告诉他包子不能这样吃。

事实上，这种访谈之外的非正式联系拉近了我和这些家庭的关系，使得田野研究的延续性得以保障。在我离开田野回到中国之后，我与他们中的几个人仍保持着密切的联系，他们对我在论文写作中提出的许多问题以邮件的方式给出解答，而波士顿在家上学的圈子里发生了什么新鲜事或者与此相关的新闻报道，他们也会转发给我。我相信人类情感的普遍性，也相信对真善美的共同诉求是超越不同种族和文化的。因此，在所谓的“向上”研究中，寻求与研究对象的同理心和共鸣仍是田野工作的不二法门。调查者应该与被调查者建立真正人性的关系，“是建立在情感上，（而）不是由较不人性化的角色扮演或角色功能来建立的关系”[①]。就我的感受而言，很多时候需要从研究者的角色中跳脱出来，回归到真实生活的交往中来。

不仅如此，非正式联系摒除了访谈中可能出现的掩饰和信息的单向性，向我展现了这些家庭多维度的真实生活，这一点对我尤为重要，因为我的研究不仅仅是单纯的教育民族志，对这一阶层生活风格的观察亦很重要，而这些很难在访谈中获得。我曾受邀参加在他们的家中举行的朋友聚会，并共进晚餐，还经常一起出行，以人类学的眼光，观察他们谈论的话题，对事物的看法，对食物的偏好，倾向于什么艺术风格的画作等等，所有这些观察对我关于品味与阶层区分的思考都有相当大的助益。

第四节　章节结构

本研究的章节安排出于以下两方面的考虑：一是按照从宏观到微观、从生成到实践的逻辑顺序，展现“在家上学”在国家、社会和市场等多重力量下的个体能动实践过程；二是以个体家庭观之，我将“在家上学”想象成一个类似同心圆的动态统一体，它是由父母发起的，以家庭为核心，向更大的社区和社会扩展的结构。按照这样的思路，本书共分为七章：

最前面是导论，第一章将“在家上学”置于美国历史的宏观视野

① 参见许烺光对马林诺夫斯基的田野调查做出的相关评论，许烺光：《宗族、种姓与社团》，黄光国译，台北：南天书局，2002 年，第 209 页。

之中，阐述家庭和国家在教育领域的持续张力，以及“在家上学”作为一种新的教育类别是如何在国家法律和制度层面上“自我制造和被制造”出来的。[①] 第二章继续沿用这种双向过程的观点，探讨在波士顿特定的文化环境中，在家上学作为一个群体的认同是如何在与社会的互动中产生出来的。被建构为他者的过程，体现了不同的主流规范对这一现象的话语生产，凸显了美国文化中多重价值规范的并存和张力，而这一群体“内部的他者”的自我建构，则体现了反文化（亚文化）群体对于文化空间的争夺。

从第三章开始，我将进入波士顿在家上学的家庭文化实践的过程，包括为什么以及怎么做两部分。第三章讲述了随着现代性的扩张，国家主导的教育如何越来越深地卷入到标准化体系的大潮之中，进而造成了对“自由”教育理想的日渐背离，这是一部分中产阶级父母选择出走学校的主要动机。第四和第五章记录了在家教育的父母们如何在家庭营造学习共同体，并将学习网络扩展到社会空间的其他场域，整合包括图书馆、博物馆、社区大学等社会机构和网络、社区等多种资源。

第六章从性别的视角继续讨论在家上学的设计者和推动者，在这里我将聚焦在家教育的妈妈们，尤其是全职妈妈，是如何协商母职与

---

① 王爱华（Ong Aihwa）在对美国旧金山湾区柬埔寨移民和华人移民的研究中，着眼于公民的主体经验，将公民身份视为主体化的文化过程，她认为在像美国这样的西方民主国家，公民身份的建构不可能逃脱国家和其他社会规训机构的管制和标准化形塑，公民的形成是一个“自我制造和被制造”的双向过程，是一个动态的、与国家权力不断博弈协商的过程。因而，公民身份在日常经验的文化政治中往往呈现出含糊不清的状态。Ong Aihwa, “Cultural Citizenship as Subject- Making: Immigrants Negotiate Racial and Cultural Boundaries in the United States,” *Current Anthropology*, Vol. 37, No. 5 (Dec., 1996), pp. 737-762.

女权的结构性困境的。第七章考察在家上学以家庭为单位的互动和联系，论述了家庭联合以连续统一体呈现的两种形式以及它们的共同体特质。

结论部分探讨了在家上学的阈限性质，指出在家上学作为“自由”实践的本质，以及这一实践又如何因其特殊的形态而被再度嵌入社会与阶层的再生产中。同时分析了它与新自由主义和社群主义的关联，这一群体内部的关系网络特征，尤其关注市场力量介入之后，在家上学未来将会出现怎样的走向。

第一章

在家上学：家与国的“对抗”*

出了地铁，走过长长的枫树大街（Maple Street），我来到莫妮卡的家。像萨摩维尔的许多房子一样，这是一座二层独栋房屋。莫妮卡下来迎接我，她比我想象的要年轻，有点混血的样子，性格非常爽朗，访谈过程中不时爆发出大笑。她有三个孩子，分别两岁半、五岁和七岁，当天还有一个邻居的孩子跑过来一起玩，家里很热闹。她一边准备点心一边向我介绍，“现在有不少孩子在家上学呢，我们小的时候上幼儿园之前都是妈妈在家里带，没人会想到‘在家上学’这个词，但现在，如果孩子两岁了还没送去托儿所（preschool），别人就会觉得很奇怪，哪怕孩子没有在家学什么，也被归入‘在家上学’的行列了”。

莫妮卡的话揭示了美国教育中两种并存且对立的趋势：教育外包（outsourcing）越来越低龄化，以及在家上学越来越常态化。事实上，在一个人的教育中，家庭从来就是不可忽视的力量，即便外包也是如此，但“在家上学”的概念及其附属的政治、文化意义却是从工业社

---

* 此处“对抗”之所以加上引号，是因为国与家虽然表面上有对抗的成分，如修改国家立法，争夺对教育的主导权，但实质上未必是对抗的关系。随着叙述的展开，我们将看到，在家教育与国家宗旨之间非但不矛盾，反而是美利坚信条的真正维护者。

会进入后工业时代的美国所特有的。作为一种新的教育现象，它是如何被发明出来的？为何在标准的国家教育框架下还会有其他的教育形式产生？公民主体是如何在既有的权利义务框架内与国家博弈以实现其自主教育选择的？本章将在美国历史的脉络中审视上述问题，焦点是国家法律和制度层面上的公民实践。正如其他社会领域一样，教育可以被放在权力和控制的框架内理解，一方面，民族国家为了建立共同民族身份而试图垄断教育，另一方面，作为社会能动者，公民主体有其自身的意识形态背景和诉求，因而会有自己的选择。在经过自下而上的斗争、最终被纳入国家合法教育框架之后，“在家上学”又极力避免成为国家管制的目标，试图在被体制接受的同时游离其外，以维持其与国家之间模糊而又有弹性的边界。

本章前半部分追溯了美国的公立教育制度如何在“家庭教育”（domestic education）为规范的大背景下产生，“在家上学”如何作为一种新的分类与“家庭教育”相区别，重点在于彰显家庭和国家在教育领域的持续角力甚至对抗。恰恰是教育的双重性质——既是个体应享有的社会权利也是其对国家应尽的义务——使得教育成为家庭和国家建设共同关注的焦点和权力争夺的场域。“在家上学”在20世纪90年代的合法化，既是草根行动主义的胜利，也是新自由主义国家治理术的产物，换言之，它体现了“自我制造和被制造”的双向过程。本章的第二部分考察了在这种教育形式合法化之后，这些家长如何与政府主导的学校体制协商，以争取自己的权益，重点在于彰显父母们策略性的划界工作。

第一节　从家庭教育到公立教育

历史学家约翰·迪莫斯（John Demos）曾经说过：“美国家庭的历史是一部不断退缩的历史（contraction and withdrawal），家庭的功能不断丧失，让位于专门的机构。”① 这句话可以用来形容教育职能由家庭变迁到学校的历程。美国公立学校的诞生不过短短的一百多年，1839年，第一所公立学校在麻州的莱克星顿（Lexington）成立，而如今，约90%的美国人接受的都是公立教育。② 很多家长喜欢在访谈中提起历史上一些著名的人物，如华盛顿、杰斐逊、爱迪生、爱因斯坦等等，他们都没有上过学或很长一段时间在家上学。从殖民地时期到19世纪中叶，“家庭教育”（domestic education）是教育的常态，其后政府强力推行公立学校（common school）运动，教育的场所从家庭转移到学校，国家权力的触角开始逐渐深入民众的生活。但这并非国家完全操控的单向进程，作为民众一方，从一开始将学校视为国家暴力到对这一结构性变化的接受，有其自己的不同于官方的逻辑。

一、公立学校制度的推行与接纳

纵观美国的历史，最早清教徒从英国来到北美新大陆是为了建立一个圣洁的神的国度，但他们据以建立这一“山上的城市”的材料是一个个家庭。弥尔顿·盖瑟把1600—1776年间的美国描述为家庭

① John Demos, *A Little Commonwealth: Family Life in Plymouth Colony*, New York: Oxford University Press, 1970, p.183，转引自 Milton Gaither, *Homeschool: An American History*, New York: Palgrave MacMillan, 2008, p.4。

② http://www.capenet.org/facts.html and National Center for Education Statistics.

之邦（family state）。[1]独立革命前的美国是一个典型的农业社会，社会组织和政治控制的基本单位是地方乡镇，移民们虽然承认英国这一宗主国的权威，但由于远离欧洲大陆，他们的现实生活更多地维系在家庭、邻居、乡镇等具体的生活单位上，而不是“国家”这一多少显得模糊的概念。这种由个体及其家庭组成，以自治社区为结社单位的殖民地社会运行了一百多年才有国家的诞生，个体权利或者说家庭权利高于国家权利，可谓美国一个根深蒂固的文化传统。对于殖民者来说，家庭与国家均由上帝创造，以父权权威的自然法为基础，是两种不同但统一相容的制度。政府承认父母的权利和权威，法律规定父母或监护人必须履行教导孩子读写、学习技能的职责，否则处以罚款。家庭既是一个自给自足的经济单位，也是一个学校，不过没有自治权，而是处于政府严格管理之下。因此“家庭教育”（domestic education）体现的是一套自然而为，也是有意为之的政治理念。[2]

随着独立战争的胜利，美国建立了现代意义上的民族国家，但在文化和心理上还没有脱离对欧洲大陆的依附，年轻的共和国面临多方面的严峻挑战，首先是政治上的认同，如何把来自不同背景不同阶层的美国人凝聚到一起，使他们对这个新诞生的国家产生强烈的认同，尤其是在新移民络绎不绝到来的情况下？[3]其次是民主体制和经济发展带来的道德滑坡，即所谓“民主的困境”和“自由之病”，民主带给美国巨大的活力和潜力，但如何使美国人在道德上也具备民主的能

---

① Milton Gaither, *Homeschool: An American History*, p. 7.

② Milton Gaither, *Homeschool: An American History*, p. 9.

③ 例如 1840—1850 年十年间，移民人口增加了 240%，其中许多是逃离爱尔兰大饥荒的天主教教徒。参见 Milton Gaither, *Homeschool: An American History*, p. 38。

力，而不致陷入虚无主义和无政府主义？另外，美国的工业化肇始于19世纪20年代，伴随着经济从农业到工业的转向，家庭活动和经济生产相分离，市场价值观日益主导政治和工作的公共世界，这也使得许多美国人担心维持共和政府所必需的道德岌岌可危。

这些人当中就有被称为“美国公立学校之父”的贺拉斯·曼（Horace Mann）。曼认为在他那个时代，共和国正面临危机，而免费的公立学校（common school）[①]是解决时弊、挽救美国的唯一办法。曼于1837年就任麻州教育部部长，1852年在麻州创立美国最早的公立学校教育体系，后逐渐为其他州所效仿采纳。他主张应该用纳税人的钱兴办学校，所有美国公民都有平等接受教育的权利。他曾说过“建立共和国易，塑造共和国的公民却不易”。他认为民主共和国的缔造者所创立的权力制衡制度无法从根本上解决这个问题，应该从对儿童的教育着手，通过普遍的平等的学校教育，使来自不同背景的美国人享有某种共同的体验，建立公民间的情感，以获得民主所需要的共识。同时，通过课程设置和传授，使儿童获取关于政治民主和公民社会的知识。因此，他把公立学校的普及视为保障美国民主的头等大事，认为教育的目的就是培养共和国的公民，亦即强调教育的政治整合功能。[②]

贺拉斯·曼的思想奠定了美国国民教育的框架和方向，在美国一代代延续下来，成为这个国家的基本信念。这一信念的核心就是学校与民主的关系：学校是儿童习得民主能力的必要场所。杜威在1916

① common school也可翻译为“平民学校”，也就是我们现在说的公立学校（public school）。

② Bob Pepperman Taylor, *Horace Mann's Troubling Legacy: The Education of Democratic Citizens*.

年发表的《民主主义与教育》中对此有充分的阐述，“学校环境的职责在于平衡社会环境中的各种成分，保证每个人都有机会避免他所在群体的限制，并和更广阔的环境建立充满生气的联系”[①]。

考察公共教育在美国的发展轨迹，不难发现，尽管公民受教育的权利开始受到尊重，但国家利益是其中主导性的因素。从国家视角看待教育并非建国初期的美国所独有，远至柏拉图在《理想国》里对儿童教育的构想，就完全没有父母出场的机会，他主张孩子一出生就从父母身边抱走，孩子的成长完全以国家宗旨为导向。最极端的例子莫过于“二战”时期的德国，1938年，埃里克·曼（Erica Mann）曾悲哀地指出，“今天的德国孩子已经成了纳粹孩子，而不是别的什么了”[②]。孩子作为有潜力的人力资本，被视为国家的财产，尤其在国家政治经济转型时期更是如此。

在贺拉斯·曼的设想中，公立教育是国家治愈一切痼疾的灵丹妙药，是实现社会平等的关键所在。他秉持进步主义立场，教育理念中充满了“杰斐逊的共和主义、基督教的道德主义以及爱默生的理想主义”[③]。但最为人诟病的是，他主张孩子的教育只能在学校进行[④]，从而排除了其他个体和机构发挥作用的余地。

应该说明的是，在贺拉斯·曼的时代，学校并不是新兴事物，欧洲人在美洲建立殖民地的同时，也把欧洲的教育带到了殖民地。早

---

① 约翰·杜威：《民主主义与教育》，王承绪译，北京：人民教育出版社，1990年，第27页。

② Charles L. Glenn, “Can Families be Trusted?” Keynote address at Global Home Education Conference 2012, Berlin, p. 4.

③ 刘云杉：《平等与卓越的张力——美国社会变迁中的教育》，《清华社会科学》第2卷第1辑，北京：商务印书馆，2020年，第145页。

④ 克里斯托弗·拉希：《精英的反叛》，李丹莉、刘爽译，北京：中信出版社，2010年。

在16世纪就出现了天主教传教士开办的学校，另外还有免费的贫民学校，年长女士在家里办的小学，拉丁文法学校等等。[①] 本杰明・富兰克林对“有用知识”的倡导也促成了私立学校的兴办。各种形式，不一而足，但在这一时期，公立私立之间的界线很模糊，有些学校有多种经费来源，有些纯粹靠学费，即使是政府出资的学校，在财政和管理上也并非完全依赖政府。一直以来，教育在殖民地都被视为个人或私人事务，属于家庭和教会关注的范围，“不管学校有着怎样的资金来源和形式，对孩子的父母而言，教育还只是一项自愿的事情，还是一项受到阶级、宗教和性别影响的事情”[②]。而公立学校（common school）的设计超越这些因素，旨在向所有人免费开放。它是美国东北部的精英阶层出于强烈的政治意图而推行的新事物，“民主”、“平等”这些由启蒙运动而来的价值观是这场运动背后的主要诉求。那对这一强制性的政府措施，普通民众是如何反应的呢？公立学校是如何在19世纪末最终得到普及，逐渐成为美国人生活中根深蒂固的一部分的呢？

在最早推行公立教育的新英格兰地区，公立学校遭到大众普遍的敌对和反感，他们抱守教育是家庭和地方社区事务、政府不应该干预的信念。富人不愿意交税支持穷人的教育，教会对贺拉斯・曼的学校世俗化构想深感恐惧，而很多下层民众宁愿将子女留在家里或送往工厂。其中尤以普通百姓的抵制最为激烈，据报道，直到19世纪80年

---

① 波士顿拉丁学校成立于1635年，由波士顿市政府出资兴办，是美国现存最古老的学校。它专门招收波士顿精英家庭的子弟，将古希腊古罗马经典著作奉行为教育的根基，所有学生必须进行三到四年的拉丁语学习。

② 韦恩・厄本、杰宁斯・瓦格纳：《美国教育：一部历史档案》，周晟、谢爱磊译，北京：中国人民大学出版社，2009年，第119页。

代，麻州的巴恩斯特堡市（Barnstable）为了对付不愿让孩子上学的家长们，甚至出动民兵带枪护送孩子去学校。①贺拉斯·曼任职麻州教育部长期间，共发表了十二份年度报告，其中不止一次地呼吁富人和纳税人从保护自己财产的角度支持公立学校，也反复向下层民众强调个体如何从学校教育中获益。②虽然经历了很多冲突与不一致的声音，到19世纪中后期，东北部的美国人基本上认同了统一公立教育并在行动上给予支持，而奴隶制和地方主义盛行的南部地区一直迟迟不愿接受这种新生的平民学校，直到19世纪末20世纪初，公立学校系统才在南部逐渐得到确立。

大规模公立学校最后得以推行不是单纯的政府决定，而是既有政治一经济力量和社会各阶层共同形塑的结果。从南北战争（1861—1865）到20世纪20年代，“美国社会经历了建国以来包括当代在内最迅速最深刻的变革”③，新的经济一体化社会形成，瓦解了传统的地方乡镇秩序。工业社会相较于农业社会具有很强的流动性，并要求不断创新，劳动力需要具备识字能力，共享一套相互交流的意义体系，以及获得各种文凭和证书，而这些是自我再生产的家庭教育所提供不了的。教育除了其政治功能，越来越被纳入经济秩序，被视为资本主义发展的助推器。另外，随着公共生活和私人生活的分离，两性的职责也出现分化，男性属于工作领域，而妇女则失去了经济作用，成为家庭领域道德的维护者。在这种新型家庭中，妇女与丈夫是“分开但

① David Gutterson, *Family Matters: Why Homeschooling Makes Sense*, p. 106.

② 韦恩·厄本、杰宁斯·瓦格纳：《美国教育：一部历史档案》，第145页。

③ 罗伯特·N. 贝拉等：《心灵的习性》，第52页。

平等的”[①]，家庭成员的自主性大大增强。母亲们渴望拥有更多自己的时间，因而对公立学校接管孩子的教育持接受甚至欢迎的态度。不断涌入的移民也促使美国民众越来越接受学校的整合作用，视其为民主的代理机构和实现美国梦的必经之路。

二、公立学校与社会分层

早在贺拉斯·曼之前，以托马斯·杰斐逊为首的共和理论家们就认识到大众教育对共和国的重要性。在杰斐逊的教育规划里，精英阶层的教育当然是完全必要的，劳工阶层的孩子也应该接受三年免费的初等教育，表现优秀者有进一步学习的机会，他说，“那些每年从垃圾中刨出的 20 名最好的天才将会在公费的资助下进入文法学校学习”[②]。杰斐逊的教育思想包含民主和机会均等的原则，从而有能力的个体可以克服先天的不平等，实现阶层跨越。

同时，他按社会阶层设计的教育双轨制，形塑了美国延续至今的教育结构，亦即在追求“平等与卓越的张力”中呈现出两种平行的教育形式：致力于为所有人服务的民众教育和具有高度选择性的精英教育[③]，在实践中分别对应公立学校和私立学校[④]。公立学校由地方政

---

① 罗伯特·N. 贝拉等：《心灵的习性》，第 115 页。

② Thomas Jefferson, “Bill for the More General Diffusion of Knowledge [1779],” in Roy J. Honeywell (ed.), *The Educational Work of Thomas Jefferson*, Russell & Russell, New York, 1964, pp. 199-205. 转引自韦恩·厄本、杰宁斯·瓦格纳：《美国教育：一部历史档案》，第 100 页。

③ 刘云杉：《平等与卓越的张力——美国社会变迁中的教育》，《清华社会科学》第 2 卷第 1 辑，第 154 页。

④ 2016 年，公立学校入学人数为 5030 万，约占学生总数的 87%，私立学校人数 580 万，约占 10%，这 580 万学生中，76% 上的是教会学校。参见 K. Wang, A. Rathbun, and L. Musu (2019), School Choice in the United States: 2019 (NCES 2019-106). U.S. Department of Education. Washington, DC: National Center for Education Statistics. Retrieved [date] from https://nces.ed.gov/pubsearch。

府管辖下的学区负责，资金几乎全部来源于地方、州和联邦政府。私立学校属私人机构所有，如宗教团体或独立的董事会，政府不提供资金。私立学校在相当程度上摆脱了政府权力的过度干预，具有高度的自主性，但办学仍需获得政府许可和认证。①萨缪尔·菲利普斯（Samuel Philips, Jr.）被视为美国教育的先驱，1778年，他在波士顿附近创建了一所著名的私立寄宿学校：安多佛菲利普斯中学。1884年，恩迪科特·皮博迪牧师（Reverend Endicott Peabody）在接受了英国的贵族教育之后回到美国，在麻州创立了格罗顿男校。这一时期，美国的贵族寄宿学校迅速崛起，基本都在以麻州为中心的新英格兰地区，专门面向美国的上流社会。②

从意识形态层面上看，美国公立学校是向所有美国人开放的完美制度，是实现国家认同和道德净化的"大熔炉"，它的平等和免费是民主的最好注脚。但是，从倡导之初，这一自上而下的运动就有其两面性和阶层性，在一定意义上，它是权势阶层用来同化底层民众、实现社会控制的手段。公立学校在普及教育的同时，并没有如宣称的那样，真正实现教育的公平，而是复制甚至加剧了阶层的分化。比如为公立学校运动摇旗呐喊的人当中有很多没有让自己的孩子去公立学校，而是由自己或聘请家庭教师教育，因为担心"学校里老百姓的孩子会把自己的孩子带坏（corrupt their own kids）"③。这其中就有贺拉

① 这一体现政府控制的措施常常引发政府和私立学校之间的冲突。正如本书多处所示，在对美国教育的研究中，地方性差异是必须加以关注的因素。有些州管理比较宽松，私立学校没有取得政府批准就开办也不会遇到麻烦，而在有些州，这种做法可能被视为触犯法律。教会学校在有些州可免于政府的一些规定，有些私立学校由于非营利性质而享受免税政策。

② 薛涌：《培养精英》，南京：江苏文艺出版社，2010年，第290页。

③ Milton Gaither, *Homeschool: An American History*, p. 44.

斯·曼本人，在他奔走各地宣扬公立学校时，他的三个孩子一直由妻子在家里教育。

除了道德上的顾虑，当时许多富人家庭之所以坚持私立或家庭教育，还有智识上的原因：他们希望孩子从教育中获得严谨的科学训练和强大的思辨能力，而公立学校的首要功能是政治性的，很难成为实现这一目标的理想场所。换言之，他们并不信任公立学校的教育能力。由此可见，公立学校运动背后有一条清晰的界线横亘在不同社会阶层之间，这条线由当权者划定并借由公立学校使民众成为被管制的目标。

这里还有一个问题就是，即使教育的首要目的是服务于国家，那为什么父母不能教出合格的公民？在这场运动中，作为普通民众的父母在整体上被边缘化，贺拉斯·曼认为当时的市民阶层出现道德滑坡，缺乏对孩子进行道德教育的能力。曼的传记作者乔纳森·梅瑟利（Jonathan Messerli）对此颇为嘲讽：“曼在各处演讲的时候都强调，我们需要接受公立学校更为系统的教育，因为道德训练的传统责任已经无法再托付给父母了。但作为父亲，他却把孩子留在家里，相信自己教能达到与去公立学校一样的目的。”[①] 从世界范围来看，父母在教育阵地上的败退乃至失守代表了一种长久存在的意见倾向，精英阶层和学术圈子一向对父母的教育能力持质疑态度。例如，被称为进步主义教育先驱的杜威就不认为父母有能力代表孩子的最佳利益，而是将最高权威归于教师——国家抽象权力在学校的延伸和代理人。[②]

① Jonathan Messerli, *Horace Mann: A Biography*, New York: Knopf, 1972, p.429. 参见 Milton Gaither, *Homeschool: An American History*, p.44。

② Charles Glenn, “Can Family be Trusted?” Keynote address at Global Home Education Conference 2012, Berlin, p.1.

这种对父母普遍的不信任，建构在对父母道德或智识水平的缺陷的认识上。在现代社会官僚体制中，自主的个体逐渐被制度化成为组织人，父母的权威被教育专家取代，父母对教育的内容和形式失去了控制权，因此这里出现了一个奇怪的悖论：一方面，父母仍然被视为孩子利益的终极代言人和责任人，另一方面，父母的权威随着现代性的推进被一点一点地削弱。

追溯美国公立学校的起源对于理解当代美国教育的全景和在家上学的发生有重要意义。尽管在全球化信息时代，教育的形式和选择日益多元化，公立教育的改革也在不间断地进行中，但以贺拉斯·曼为代表的那一代人对公立学校功能的设想在主流的官方和民间话语中不断被生产，形塑了公立学校在美国教育格局中难以撼动的位置。查尔斯·格伦在《公立学校的迷思》（*The Myth of the Common School*）一书中写道，一个根深蒂固的观念便是：只有公立学校才是民主制度的保障和政治社会化的最好场所。[①]但实际上并没有证据表明公立学校培养的学生是更好的公民。艾米·葛特曼（Amy Gutmann）承认，总的来说，私立学校的学生在学术训练、对美国历史的理解、对公民道德的批判性思考，甚至在种族融合的课堂上，都比公立学校的学生表现更好，但尽管如此，她坚持认为公立教育而非私立教育，才是培养有道德的未来公民的最重要渠道。[②]私立学校尚且如此，可以想见，这也将是在家上学受到质疑的主要方面。

① Charles Glenn, *The Myth of the Common School*, Institute for Contemporary Studies, 2002. 转引自 Charles Glen, "Can Family be Trusted?" Keynote address at Global Home Education Conference 2012, Berlin, p. 9。

② Amy Gutmann, *Democratic Education*, Princeton: Princeton University Press, 1987. 转引自 Charles Glen, "Can Family be Trusted?" Keynote address at Global Home Education Conference 2012, Berlin, p. 10。

第二节　“在家上学”运动

随着美国工业社会的发展，统一性和标准化的公立学校教育最终被接受为一种普遍的规范，不但是国家认同和社会秩序的根基，也成为个体身份认同的内在要求。到1918年，美国所有的州都确立了义务教育法，公立学校和私立学校都被纳入国家制度的框架下。直到70年代后期，“在家上学”才从一种罕有的孤立的个案快速增多，逐渐进入大众的视野。它之所以成为一种新的教育类别，既发酵于一部分人对国家标准化教育的反抗，也是特定历史时期的文化使然。它的合法化，不像大多数法律那样自上而下地经由综合性立法，而是公民运动迫使国家修改立法。在家上学的“发明”可以被理解为“一种社会与文化空间的创造”[①]，是公民多重策略和多种力量动员的结果。

一、反文化时代的教育实验

首先，在家上学何以在一个特定的历史时期被发明出来？应该明确的是，它不单纯是个人选择或教育领域的变革，而是一种世界观和生活方式的表述，是更大的社会文化运动的一部分，分析它赖以产生的政治经济动力和文化土壤是一项重要课题。

公立学校被确立为美国主体教育制度的阶段，正值美国从农业国向工业国转变，“一战”后自由福利国家政策占上风，政府干预增多，专家主义流行，学校的课程设置日益标准化集中化，在政治整合和资

① Nick Stevenson, “Globalization, National Cultures and Cultural Citizenship,” *Sociology Quarterly* 38(1): 42. 转引自段颖：《对Cultural Citizenship的理解与汉文翻译》，《西北民族研究》2009年第3期，第103—106页。

本主义经济运转方面发挥了巨大作用，但对它质疑的声音一直没有停止过，教育的目的是什么？难道教育只是政治和经济的工具吗？从爱默生到杜威，都曾经对学校的人才培养模式公开抨击，倡导人文主义在教育中的回归。①20世纪50年代，政府对学校的控制开始加强，相应地，对学校教育的不满情绪也开始在社会上蔓延。②60年代的反文化浪潮裹挟着反政府反制度情绪，延伸到教育领域，表现为对公立教育的失望和幻灭感③，一些反传统的教育形式纷纷兴起，如自由学校运动④。这种反文化构成了当时的时代精神，并潜入到美国文化基因之中。但它并非一时的凭空建构，而是植根于美国自开国以来就有的对国家权力有所警惕的政治传统。

对政府部门和公立学校权威的解构带来两个后果，从而导致了在家上学的兴起。第一，公立教育的合法性和有效性面临重大危机，地方主义和社区意识增强；第二，专家主义和知识精英受到质疑，很多

---

① 20世纪的最初20年，美国发生了一场综合性的改革运动，史称进步主义运动。中上阶级中的城市白人知识分子是运动的核心力量。进步主义教育是其中的一种教育哲学思潮，代表人物为杜威，起源自反对传统教育的形式主义，倡导人本主义教育思想。1910至1920年代，美国建立了许多新学校，许多旧学校也加入进步主义的阵营。都市地区的学校更广泛地采用活动课程、核心课程与设计教学法。这些学校的特色是儿童本位、较宽容的训导、男女合校、课程实验，不重视学业与考试，鼓励艺术与手工学习。第二次世界大战后，人们逐渐意识到进步主义的教育并不能提高知识水平，进步主义教育运动遂渐次衰退，1955年进步教育协会解散，宣告了这个时代的结束；但是进步主义的思想至今对美国教育仍有影响。参见百度百科关于“进步主义教育”的词条。

② David Colfax 在 *Homeschooling for Excellence* 一书中写道，1952年苏联人造卫星的发射对美国是一个很大的刺激，政府开始加大对学校的投入，但这也导致学校的官僚化更加严重，创造性受到压制。参见 David and Micki Colfax, *Homeschooling for Excellence*, Warners Books Inc.。

③ Joseph Murphy, *Homeschooling in America: Capturing and Assessing the Movement*, p. 62.

④ 自由学校运动（Free School Movement）兴起于美国60年代和70年代初，通过创办独立社区学校，旨在改变正式教育体制。参见维基百科 https://en.wikipedia.org/wiki/Free_school_movement。

人开始形成这样一种信念：父母，而不是所谓的专家，才知道什么是对孩子最好的。① 由此，公立教育推行半个世纪以来所成功建构的国家与个体的二元权威结构被打破，在一部分美国人心里，当国家共同体不能满足个体受教育的需要，两者的契约就遭到破坏，个体有权利承担起这项任务，这是美国个人主义在教育问题上的自然延伸。但是，“自己教育”虽然有其文化和道德上的合理性，在当时的语境下，仍属离经叛道之举，早期的在家上学家庭面临来自国家和社会的种种挑战，首先就是合法性问题。

二、法律框架内外的博弈

在家上学是不是受法律保障的公民权利？这个问题涉及两个层面：首先是联邦宪法，其次是州法律。与欧洲民主国家中央集权制不同，美国的学校教育一直属地方事务，地方学区是独立于地方政府的，全国约一万五千个不同的学区，权力极其分散。从美国宪法来看，并没有与教育相关的条款，更未提及“在家教育”。各州法律在这方面存在很大差异，只有十五个州明确地以这种或那种方式提到了“家庭教育”（home instruction），二十一个州有这样的措辞：“其他同等的教育”或“由私人家教实施的教育”，这都可以理解为承认在家上学为一项合法选择。但这三十六个州在关于非公立教育的条款适用性以及由谁负责这些问题上非常不同，有些含糊其辞，有些授权学校委员会管理，有些措辞强硬，比如有六个州规定，不管教学场所在哪里，教育者都必须取得与公立学校教师相同的资格认证。②

① Joseph Murphy, *Homeschooling in America: Capturing and Assessing the Movement*, p. 64.

② Joseph Murphy, *Homeschooling in America: Capturing and Assessing the Movement*, p. 62.

所以，在正式的法律框架里，在家上学要么是非法的，要么是暧昧可疑的，实际上处于一个非常尴尬的位置，作为一个不是问题的问题，它被边缘化以致被排除出主流话语之外。即使成为公众讨论的话题，也由于其含糊性而面临多种解释的可能。例如很多人认为在家上学受美国宪法保护，理由是宪法第一修正案保护宗教信仰的自由，许多人在家上学正是出于宗教的动机，还有第十四修正案保护父母的权利，但矛盾之处在于，依据各州法律，孩子必须上学，所以从根本上相互冲突的司法原则使得地方法院陷入裁决的困境。另一方面，正是因为谁为孩子的教育负责这个问题没有真正得到解决，使得公立教育的替代形式有了实践的空间。

在家上学最初表现为一种激进的反文化运动，在解构支配性文化的基础上要求得到承认，它不是殖民地时期“家庭教育”的重建，不应该被理解为钟摆式地回到“家庭教育”模式。谋求合法化的能动实践涉及行政权力结构之内外，时间跨度从70年代后期到90年代初。

由于美国教育的地方分权制，对在家上学产生直接影响的权力机构是地方学校委员会。换句话说，在家上学是否可以进行，怎样进行，是依学区而异，由学校委员会决定的。后者作为国家权力的代理人，通常在两者关系中享有支配权，它可以选择善意地忽略，也可以选择惩戒，将家长告上法庭，而一旦诉诸法律，家长常常处于劣势。1983年2月13日，西雅图当地的报纸报道了大约5000名公民违反华盛顿州法律，不送孩子上学，而是在家里教育的故事。一旦遭到起诉，他们每天将被处以25美元的罚款。[①]80年代中期的教育官员通

① Mitchell L. Stevens, *Kingdom of Children: Culture and Controversy in the Homeschooling Movement*, p. 3.

常对这样的家庭怀有敌意，冲突有时达到非常剧烈的地步，在家教育的父母除面临罚款，还可能被监禁，孩子被从父母身边带走，由政府机构看护。

尽管在法庭上取得了一些胜利，但由于判决结果难以预料，许多人开始考虑其他策略：要么改变现行法律，使在家上学得到法律承认，要么与现有的制度进行协商，使其尊重差异并默认这一模糊地带的存在。在这场运动中，由于在家上学的动机不同，这些家庭逐渐分化为两大阵营，一派是秉承自由主义和进步主义思想的左派人士，他们是在家上学最早的发起者和实践者，另一派是 80 年代开始出现的、有强烈宗教诉求的基督教原教旨主义者。据此他们在这场斗争中使用的策略也有差别，以下部分将简要勾勒出这两大阵营背后的意识形态及其相应的策略。

首先要指出这两派的共同之处在于其对标准化文化的自觉抵制，尽管是对不同的方面。左派人士最早是 60 年代反体制反工业主义的追随者，被称为嬉皮士，体制机构是他们不共戴天的敌人，而学校在他们看来是体制同化、政治灌输的主要手段。他们组成小规模的公社，崇尚简单有机的生活，希望创造一个主流社会之外的乌托邦，在家教育与在家分娩、母乳喂养一样，是嬉皮士生活方式的一部分。70 年代后期在约翰·霍特（John Holt）的领导下，更多的人对学校教育产生批判和反思，决心与其决裂，在家里对孩子进行个性化的教育，其教育理念的核心是尊重孩子的本性，以孩子为中心。基督教阵营反对的则是学校的世俗化，根据 1962 年和 1963 年最高法院的判决，学校不准组织祈祷和圣经学习，这让许多保守的基督徒非常愤怒，并开始考虑建立独立的基督教学校，或者让孩子在家里学习。[①] 在家上学与基督教之间存在亲缘性，《圣经》中不乏父母亲自负责孩子教育的教导，正因为这种道德上的正当性，这一群体从人数和声势上逐渐超越左派阵营，成为在家上学运动的主力军。

面对在家上学在美国不被承认的困境，基督教阵营表现强势，主张积极行动，争取合法化。保守派基督徒将公立学校比作“撒旦的温室”，他们与学校当局的关系紧张，双方经常对簿公堂。值得注意的是，这不是孤独的个人与庞大的国家机器之间的对抗，个人背后有组织的支持和运作。宾夕法尼亚州前众议员比尔·古德林（Bill Goodling）惊叹于在家教育的父母们对国会山的游说能力，称之为“史上最有效的教育游说团体”[②]。在家上学之所以被称为一场运动，不仅因为它有自己的理念诉求，有领导者组织者，还体现在基督教阵营内部的比较严密的等级式组织。

迈克尔·法里斯（Michael Farris）是上文提到的西雅图一位在家教育的父亲，他于1983年成立了“在家上学法律辩护协会”（Home School Legal Defense Association，以下简称法律协会）。通过争取赞助和缴纳会费，法律协会筹募了数百万美元的资金，有几千名工作人员，免费为会员打官司。法律协会在基督教阵营争取合法化的斗争中表现出巨大的动员力量，例如游说政府官员，赢取公共舆论支持等等，效果也很显著，或使密歇根州、马里兰州等通过新的法案，或挫败改变现行法律的企图。如俄勒冈州教育部几次想制定更严格的在家

① Milton Gaither, *Homeschool: An American History*, p. 107.

② Rob Reich, “The Civic Perils of Homeschooling,” *Educational Leadership* 59(7), 2002: 56-59.

上学法规，都在法律协会声势浩大的活动面前败下阵来。相比基督教阵营谋求专门立法的策略，许多左派阵营的家长更倾向于在现有的法律框架内与政府协商，他们主张与学校当局友好协商，而非对抗。事实上，在保守派基督徒涌入这场运动之前，大多数此类的协商都是成功的。

为了避免硬碰硬的冲突，家长们的策略还包括争取媒体的支持。丽贝卡·珀尔（Rebekah Pearl）曾栩栩如生地记录了她的父亲如何借助媒体的力量击败教育部门。故事发生在1982年的田纳西州：“社会服务部听说了我们不上学的事，就把我父母告上法庭，法官告诉爸爸，要把我们几个带走，由州里照管。爸爸回家后，不到半小时就约了三个电视台和三家报纸的记者做专访。记者来了，看到掩映在森林里的漂亮房子，当时8岁的我在弹钢琴，哥哥在帮爸爸干活，4岁的弟弟在池塘边荡秋千。他们谈论着爸爸的大学学历（科学教育）和职业（风景画家），参观我家整洁的书房，互相议论着说，如果孩子的成绩能达到州里的水准，为什么不能在家里学习呢？爸爸想的办法特别成功，州里再也没找过我们的麻烦。”[①] 在这个案例中，珀尔家体面的生活方式是改变媒体看法的关键，而珀尔的父亲显然对自己所拥有的文化资本有清楚的认知，并聪明地将其用作斗争的策略。

在家庭和国家机构的博弈中，个体家庭的能动性实践涉及到多重社会力量的动员和参与，公共舆论的支持是一个重要因素。1985年盖洛普（Gallup）的民意测验表明，70%的美国人认为在家上学不应合法化，但1995年情况发生了翻转，70%的美国人认为这是一项正

---

① Milton Gaither, *Homeschool: An American History*, p. 199.

当的教育选择。在家上学之所以渐渐去污名化，很重要的一点是它内化了美国文化中一些根深蒂固的信念："我们相信所有的人都是独立的个体，有自己的权利；我们怀疑'专家'并非那么值得信赖；我们担心政府过于侵入我们的生活，却不能照顾好我们的利益。"①

1993 年，在家上学在美国五十个州全部被认定为合法，这一结果很大程度上建立在一个个法庭判决的基础上。"家庭权利高于国家权利"这一自殖民地时期即牢固确立的观念保障或者说加速了在家上学的合法化进程，为它在法庭上赢得支持提供了意识形态资源。事实上，在很多地方，即使在家上学没有获得法律认可，也从未被视为非法，这也正是许多左派人士对争取合法化反应冷淡的一个原因。很多地方在监管上存在显性和隐性的两套叙事：正式的法律规定很严苛，但在实际运作上很宽松。比如在加利福尼亚州，曾有家长在法庭上辩称自己在家教育属于私立学校的范畴，但他的这一主张并没有得到上级法院支持，所以从立法上看，加州并不是一个有利于在家上学的州。但事实上，加州在家上学的人数居各州之首，每年有几千个家庭登记为私立学校，还有一些人干脆不登记，却都没有遇到任何麻烦。所以在这一群体中一直颇有争议的就是到底有没有必要专门立法，因为新的立法往往在授予合法性的同时，使他们暴露在政府更大的管制之下。

科尔法克斯一家的例子可以很好地说明，在这个问题上，制度与现实之间存在很大的可回旋的余地，法律的象征意义大于实际作

① Mitchell L. Stevens, *Kingdom of Children: Culture and Controversy in the Homeschooling Movement*, p. 33.

用。他在《在家上学走向卓越》（*Homeschooling for Excellence*）一书中写道，“（我们）做好决定之后（指在家教育），就想方设法避免与州或地方当局发生冲突。我们给自己取了个名字叫‘大山学校’（the Mountain School），登记为私立学校，在银行以‘大山学校’的名义开了一个账户，订购了印有‘大山学校’信头的信纸，还按照法律规定，做好课程大纲和每天的出勤表。做好这些准备之后，我们没有事先征得当局允许就顺理成章地在家上学了，啥事都没有。当然我们学区在加州算很差的，学校委员会光应付那些不满的家长就够忙活的了，自然不想为难我们，免得给自己找麻烦”[①]。

第三节　作为个人选择的“在家上学”

在获得合法化地位后，在家上学逐渐从一种有鲜明哲学理念、有组织的运动演变成为一种单纯的教育形式，越来越多从未经历过合法化斗争的家庭开始加入到这一行列中来。在家上学合法化意味着它被承认为公民一项正当的文化权利，但从另一个方面来说，这意味着它需要受到国家的管制。然而，在家上学的核心是由父母全权负责孩子的教育，国家的干预越少越好。正如法律协会的一位高级法律顾问所说，“我们相信做出这个选择的家长们都富于奉献精神并积极主动，国家没有必要插手监督…… 我们的目标是政府完全放手”[②]。因此，脱

① David and Micky Colfax, *Homeschooling for Excellence*, p. 8.

② 参见 http://www.nytimes.com/2015/01/05/education/home-schooling-more-pupils-less-regulation.html。

离政府管制就成为在家上学合法化之后的第二个目标。管制涉及很多方面，如课程设置、成绩评估、学习时间的要求、教育者的资质等等。按州法律对这些方面的干预程度，学界将其分为四类：零管制，低管制，中度管制，和高度管制。现在总的趋势是管制趋于松弛，在许多州，基本处于零管制的状态，大多数家庭与现有的管制环境很少发生冲突。[①]实际上，合法化和低管制在运动一开始就是交织在一起的目标，但后者随着运动的演进而愈来愈成为斗争的重点。

低管制并不意味着与政府的公立学校泾渭分明，在考察合法化时代在家上学与学区的关系时，我发现界线的概念非常重要，根据米歇尔·拉蒙（Michele Lamont）的定义，界线指的是“我们用来分类物品、人群、实作，甚至时间与空间等的概念性划分”[②]。蓝佩嘉提出“划界工作”的概念，强调一种关系性的思考，日常生活中的主体经验以及动态的认同（identification）。[③]协商界线的过程是重塑不同阶层之间、群体之间权力关系的过程。

在全球化迅速扩张的今天，随着中心—边缘二元对立结构的式微，公立教育、私立教育与在家教育之间的界线越来越模糊，但另一方面，划界工作仍在进行。如今在家教育群体的异质性大大增强，如何与国家和市场划定界线成为这一群体内部分化的一个因素。下面我将以我田野工作的所在地——麻州为例，勾勒出州和地方学区关于在家上学的法律和政策的基本精神，日常生活中的政府实践，以及这

① Joseph Murphy, *Homeschooling in America: Capturing and Assessing the Movement*, p.47.

② Michèle Lamont, Annette Lareau, “Cultural Capital: Allusions, Gaps, and Glissandos in Recent Theoretical Developments,” *Sociological Theory* 6, 1988: 153-168. 转引自蓝佩嘉：《跨国灰姑娘》，长春：吉林出版集团有限责任公司，2011 年，第 25 页。

③ 蓝佩嘉：《跨国灰姑娘》，第 25 页。

些家庭如何通过灵活的划界工作以保障孩子的最大利益。

一、新自由主义逻辑下的宽松教育体制

麻州没有专门的关于在家上学的法律条款，所依据的是以往法庭的判决，即习惯法。对在家上学的管理监督不在麻州教育部的职责范围之内，但由于在家上学的人数增长迅速，并且经常收到家长的询问，教育部于 2001 年就此发过一则公告，阐述麻州与此相关的基本政策，大致如下：家长在进行在家教育之前，必须得到学校委员会或学区长的预先批准。家长需提交一份教育计划供审批，其中包括使用何种教学材料，一年中的教学时长和父母的教育背景。此后每年审批一次，家长需把学生的学习表现提交给学区，有三种方式可供选择：标准化考试，具体的功课样本，或者由家长撰写的进度报告。习惯法承认书本学习以外的教育形式，如野外旅行、实地考察等，学校委员会不得干涉父母的教育方式。家访或者与父母的面谈不是批准计划的必要条件，父母有权利拒绝。如果学区不批准家长的教育计划，则举证的责任落在学区这一方，它必须要证明这个家庭的教育“在完整性和效能以及取得的进步上”，没有做到“与本镇的公立学校相当”。①从法律层面上看，麻州对在家教育的管制可谓宽松，并且给予个体家庭很大的弹性空间。

学区在州法律的执行上也很宽松，首先，申请过程非常容易，一位受访人说她去阿灵顿学区交申请的时候，工作人员都很友好，“一点也没有异样的表情”。另一位住在布鲁克兰的母亲表示，虽然需

① 此文件为我从布鲁克兰学区办公室处索得。

要提交的材料比较琐碎，但并不难准备。草根组织“麻州在家教育”（HEIM）每年都在网上向麻州的在家上学家庭发放调查表，以了解大家与学区打交道的情况，总的来说令人满意。在 HEIM 负责人的印象中，学区这么多年来只明确否决了一例申请。我在田野中发现，有些家庭从来没有向学区登记过，或者第一年得到批准，但随后几年没有再提交教育计划，还有的家庭在提交计划后没有收到学区任何反馈，均相安无事。

杰妮在向阿灵顿学校委员会提交计划后，一直没有收到学区长的批准函，她在互助邮件组里问大家这种情况该怎么办。安德鲁是支持小组的组织者，也住在阿灵顿，他说在家教育十三年来，年年提交计划，却从未收到过批准函，他视之为学区对他计划的默许，这种说法也得到阿灵顿其他家长的证实。我在邮件中问安德鲁正式的批准函有什么作用，他说麻州很多博物馆和书店都给予教师一定的优惠，在家教育的父母也可以凭批准函享受这些优惠。既然如此，那为什么不与学区交涉，争取拿到批准函呢？安德鲁对此显得很轻松，“反正我们可以从 HEIM 那里拿到会员证，去博物馆一样有优惠”。显然，制度在实践中的断层并没有给这些家庭造成实际的困扰。HEIM 这样的草根组织发挥了很大作用，而更深层的原因则是政府管理的宽松。

现代民族国家一向重视教育在政治整合中的作用，尤其美国作为一个移民国家，公立教育素来被视为塑造合格公民的场所，为什么美国在关于在家上学的立法和执行上显得这样随意，甘心让渡自己的权利到父母手中？除了“个体先于国家”的政治传统，近几十年来的新自由主义转向是一个重要原因。

在家教育增长的这几十年，福利国家消退，取而代之的是更为自由的新自由主义政治。福柯认为与之相对应的不再是旨在对个体进行管制的规训机制，而是生命政治和安全机制。在安全机制下，国家的角色发生了明显的转变，其治理术的核心不再是个体，而是作为种群的人，“个体拥有对自己生命发展的全部权利”[①]，也就是说，个体在自己的生命表达上是自由的，权力并不对其进行干涉。因此，政治是在一个更高层面上发挥作用，生命政治不关心个体，而是关心在总体人口层面上的治理。

另外，全球化对美国的一个重要影响就是移民的速度和广度都大大超过以往，由此对教育造成的冲击就是，“学校制度正在面临前所未有的挑战：在一个经济动荡和文化不安的时代教育人数众多而且不断增长的移民出身的孩子”[②]，城市里尤其聚集着大量经济上处于劣势的移民。薇妮告诉我，在波士顿申请在家上学非常容易，她除了第一年提交教育计划，后面都没有再交，也没有人管。照她的解释，“波士顿移民很多，各种问题搞得学区头疼，才顾不上管我们呢！”莫妮卡住在波士顿附近的萨摩维尔（Somerville），她说，“虽然萨摩维尔不大，学校面临的问题却不少，主要是这里的人口非常多元化，学校里高达 50% 的孩子不会说英语，需要上 ELL 课。[③]政府巴不得我们不上学呢，不上学（我们）也一样交税，其中相当一部分是用来支持公共教育的”。

因此，国家对在家上学的治理在现实层面上表现为一种放任型的

---

① 蓝江、董金平：《生命政治：从福柯到埃斯波西托》，《哲学研究》2015 年第 4 期，第 112—117 页。

② Su´arez-Orozco, Marcelo M., et al., “Migrations and Schooling,” *The Annual Review of Anthropology* 40, 2001: 311-328.

③ 一种为英语不熟练的孩子设计的语言课程，全称 English Language Learner program。

治理。在家上学发展到现在，从人数上看仍属于一种小众选择，美国教育整体上仍是国家主导的以公立学校为主体的国民教育。公立学校改革是教育部门关注的重心，尤其进入21世纪以来，联邦政府对教育的干预逐渐增加，2001年小布什总统签署“不让一个孩子落后”的教育法案，2010年6月美国教育委员会正式颁布首份中小学统一课程大纲：通用核心课程标准（Common Core State Standards），试图将各种各样的州立课程规整为统一课程。所有这些措施都象征着国家对整体人口控制的权力技术，所以安全机制着眼于通过这样一些调节性杠杆对总体而不是个体发生作用。换言之，在国家层面上，在家上学和公立教育被有意归于不同类别，施行不同的治理理念。正如宾夕法尼亚州校务委员会的一位执行董事所言，“一方面，公立学校的学生面临更严格的学业标准，对教师的评价越来越与学生的学业成绩挂钩，另一方面，关于在家上学的法律不断放宽，根据最近通过的法律，父母就可以证明孩子达到高中毕业的要求并为自己的孩子发放毕业证”①。

新自由主义对社会的调控有一个突出的特点，那就是经济原则渗透到社会的方方面面，在谁应该被纳入，谁应该被排斥的公民身份话语中，种族和阶级属性交织的意识形态无疑对公民身份地位有潜在然而重大的影响。王爱华（Ong Aihwa）认为，在新自由主义思维下，公民的人力资本受到重视，“公民身份日益表现为个体减轻对社会的负担和积累人力资本的义务”②，换言之，新自由主义不仅仅标榜个人自由的最大实现，它也有功利主义的一面。在这种逻辑下，好公民的

① 参见 http://www.nytimes.com/2015/01/05/education/home-schooling-more-pupils-less-regulation.html。

② Ong Aihwa, “Cultural Citizenship as Subject- Making: Immigrants Negotiate Racial and Cultural Boundaries in the United States,” *Current Anthropology*, Vol. 37, No. 5, 1996: 737-762.

标准是不给社会添麻烦，依靠自己的努力获得成功，按王爱华的说法，“企业家或者创业者”是最受社会欢迎的公民。绝大多数在家教育家庭是白人中产阶级，属于社会假定的好公民，因此国家及学校可以信任他们，对他们的教育实行放任式的管理。我曾经电话采访萨摩维尔的学区长，他的话似乎也证明了这一点。他说，“除了花一点时间看这些家庭的报告以外，学区与他们没有什么交集。没什么好担心的，他们做得很好，父母们都尽职尽责，有的家长在交报告的时候会把孩子带过来，自豪地向我们展示孩子取得的成绩”。

二、“家”与“国”的界线建构

习惯法制定了在家上学的基本指导方针，但没有涵盖在实践中可能遇到的所有问题。对此，不同学区有不同政策，虽不具法律效力但在地方性层面上享有权威，也正是在这个层面上，代表国家权力的学区并没有放弃它的控制，而是转向了更隐蔽的运作。相应地，在家教育的家长作为能动的个体，积极创造与当局博弈的弹性空间，协商的焦点是个体家庭的利益如何能得到最大程度的维护，这又涉及“国”与“家”之间的界线问题。

（一）日常生活中的政府控制

在访谈中，家长们表示对麻州的低管制政策感到满意，但认为仍需时时防范政府的干预。罗蒙娜是 HEIM 的创始人，在她看来，很多学区长并不真正了解关于在家上学的法律，许多地方政策都是与法律相悖的，最突出的表现在于学区总是希望得到更多信息，如很多人反映在提交自己撰写的进度报告时，经常收到这样一封信：

> 请注意，尽管我们愿意批准你2014—2015学年的在家教育计划，但是，除非以后提交学生成绩或成长的证明文件，否则我们不会批准新的学年的计划。

显然，这是一封“有条件的”批准函，其措辞表明一些学校官员并不认可父母评估的有效性，而是更认可另外两种评估形式：学生的功课或经专业人士测评后给出的成绩。这种要求在很多父母看来属于越权，他们采取的策略一般有两种：要么不作理睬，按原计划提交进度报告，要么回复一封信，感谢批准并重申将按原计划提交进度报告。

批准函的“条件”在同一个学区也经常不一致：有的家庭被要求提供超出法律规定的信息，有的没有。法律的宽松和执行上的含糊并没有消解学校当局的权威，反而在在家上学的家庭中制造了焦虑的情绪。如前文所述，很多时候家长们不会收到学区长的正式批准函，或者即使收到了，信中的表述使人难以辨别出是否获得批准，如“初步批准”、“审核中待定”等等。在HEIM定期组织的沙龙上，妈妈们经常分享她们与学区打交道的经验。维奥莱特前不久刚从加州搬来，她说在加州，孩子在家上学之前只需跟学区说一声就行，不需要像在麻州这样，还得征得许可（ask for permission），她对此感到很紧张。罗蒙娜回应道，这种打着官腔的悬而未决的语言在批准函中很常见。

在罗蒙娜和一些家长看来，学校当局的种种做法，恰恰是一种权威的展演，企图强化早已存在的权力结构，并唤起他们心中对权威的敬畏和对自我的怀疑。罗蒙娜曾在HEIM的网站上撰文“Handling It Ourselves”（我们自己应对），分析权威对个体的象征性控制，并鼓励大家直面这种内化的恐惧，赋予自己更多力量。她说，正像维奥莱特一样：

> 很多刚开始在家教育的新手爸妈害怕与学区长打交道，甚至在家教育了很多年的家长还是被学校官员的所谓权威吓倒。七月份有个妈妈打电话问我今年是否征得许可（asked permission），我当时听到这个词从这样一位有经验的妈妈口中蹦出来，特别震惊！我就用曾经在各种场合重复了无数次的话来回答她：我们不是请求学区允许，而是**通知**他们我们在家教育！这是我们做父母的权利，学区不批准的话就必须负举证的责任。有一位妈妈在互助组里指出问题所在，“学校制度在我身上达到了它的目的，是的，我不敢质疑它的权威！”……那种熟悉的感觉又回来了，就像上学的时候被威胁送到校长办公室的感觉，卡夫卡式的审问幽灵和迫在眉睫的危险感萦绕心头。

在这篇文章中，罗蒙娜号召大家依靠自己，而不是加入像法律协会这种外面的组织，依靠交会员费聘请律师来寻求保护。自我赋权建立在熟知相关法律的基础上，绝不向学区提供法律规定之外的材料。在与罗蒙娜的面谈中，她对我解释这样做的重要性，“麻州只有习惯法，所以人们的实际行为很重要，可以影响法律的制定，进而影响到所有的人。我们在网站上放了一份提交报告的样本，它可以满足州法律的最低要求，在这个圈子里被广泛采用，有效降低了人们过度报告的可能性”。她认为，学区的一些做法确实令人恐慌，但是要记住学区政策不是法律，任何超出法律的要求都不要理睬，现实中大多数人也没有遇到麻烦。在那次沙龙上，一位妈妈这样安慰焦虑的维奥莱特，“其实学区关心的只是在表上画勾而已，并不在乎你到底做什么”。

（二）弹性的划界工作

相比公立教育的按住址分配入学，私立教育的一个典型特征是选择权：家长可以选择上哪所学校，学校可以选择是否录取孩子。近几十年来，择校（school choice）的理念开始扩展到公立学校，在美国社会引起广泛关注和争议。择校指的是家长有权使用政府已经分配给其子女就读于公立学校的生均教育经费来为他们所选择的任何一所学校支付学费。[①] 1918 年义务教育法的实施界定了政府和家长在儿童教育问题上的权利和责任，但家长权利优先的观念在美国历史上有着深刻的民情基因。作为公立教育改革的重要举措，近年来公立学校系统通过提供新的教育形式拓展了家长可选择的范围，如磁石学校（magnet school）、开放注册（open enrollment）、特许学校（charter school）等。[②] 这些教育形式的出现使得公立私立之间的界线变得模糊。

这一教育创新的趋势对在家上学也产生了影响，传统的在家上学由父母出资管理，在家里教育，有时家庭之间采取合作互助的方式，但都是由孩子的父母说了算。近年来，一些混合教育模式（hybrid

---

① Harlow G. Unger, *Encyclopedia of American Education*, New York: Facts on File, 2007, p. 974. 转引自保罗・彼得森主编：《平等与自由：学校选择的未来》，刘涛等译，北京：教育科学出版社，2012 年，第 1 页。

② 磁石学校开设特色课程，不管住在哪个学区都可申请入学。开放注册指的是，学生可自愿选择是否注册政府根据家庭住址所分配的学校。特许学校运用市场化、民营化机制对公共教育系统进行体制性重建，由政府负担教育经费，但交给私人经营。特许学校受到奥巴马总统和比尔・盖茨等人的力挺。与传统公立学校相比，特许学校有更多来自极贫困家庭的学生。

models）开始流行，公立学校和在家上学之间的界线被不断地穿越和重构。例如双注册（dual enrollment），即一天（或一周）中的某些时段（或某几天）在家上学，其余时间在学校上学，在这种模式下，家长和政府共同出资管理和教学，教育场所在家庭和学校。还有基于家庭的独立教育（independent home-based education），即孩子在学校全日制注册，但由父母在家里教育，由此控制权在政府，而且在公立学校注册意味着，学区可以得到政府对符合这种情形的孩子的财政拨款。约瑟夫·墨菲观察到，“有些学区变得更加有客户意识（client sensitive）、市场导向（market oriented）和有经济头脑（entrepreneurial）……总之，学区开始看到与在家上学合作的好处”[①]。

许多家长把目前的宽松政策看作是国家迫于在家上学运动的压力而让步的结果，他们认为政府一直在试图将在家上学重新纳入公立教育体制。虚拟学校（virtual school）就体现了这一点，因而遭到很多家长的抵制。虚拟学校是特许学校的一种网上运作形式，几年前被引进到麻州，到2020年已有10所。在家教育的家长，特别是从事时间比较久的人，强烈主张与虚拟学校划清界限。莉迪亚是HEIM的另一位创始人，二十年前开始让孩子在家上学，如今她的一双儿女已经长大成人，她在与我的谈话中表达了鲜明的立场，“（虚拟学校的）学生在家里而不是在学校学习，这让他们看起来像是在家上学一样（但其实不是）。为了表述的准确和清晰，正确的用词非常重要，这样才能让所有的教育形式都受到保护”。

为什么界线如此重要？莉迪亚强调是为了保障在家教育的自

① Joseph Murphy, *Homeschooling in America: Capturing and Assessing the Movement*, p.48.

由。虚拟学校看起来与在家上学很像，其实是由政府出资和管理的公立学校，主导权在政府，而不是家长。父母们普遍有一种担心，虚拟学校会拉拢那些没有哲学动机的家长，减少独立的在家上学家庭（independent homeschooler）的数量，从而极大地改变这种教育的面貌和性质。

凯蒂在网上创建了一个以波士顿为中心的在家上学讨论组，里面有 3500 人，我对人数之多感到惊讶，她解释道，“以前大家觉得只有怪人才把孩子留在家里教育，但现在不一样了，越来越多的人出于各种原因这样做。其实这里面很多人不是真的想在家上学，只是一种权宜之计。比如，波士顿的公立学校是要摇号的[①]，有些人如果抽到了一个不想去的学校，宁愿等着下次抽到一个好学校，在这段时间里他们先在家上学。我跟你私下里说，其实我真的很不喜欢这些人”。凯蒂接着解释她与他们的区别：

> 这些人的存在会造成组里人员的流动，会动摇像我们这样的从长远来说坚定支持在家上学的人，而且他们只是不喜欢某个具体的学校，在家里照样复制理想学校的模式，我们是不喜欢学校制度本身，而不是对某个学校不满，彼此的哲学动机很不同。现在我对申请加入讨论组的人特别小心，我可不想让这么多这样的人进来，我怕我的孩子跟他们的孩子接触太多，最

① 波士顿公立学校系统实行“基于家庭的择校计划”：每个家庭都会收到一份可选择的学校名单，名单涵盖住址一英里范围内的所有学校。家庭按照优先顺序列出至少五个选择，然后学区通过电脑摇号的方式为学生随机分配其中一所学校。参见 http://learninglab.legacy.wbur.org/topics/how-school-assignment-works-in-boston/。

后变得也跟他们一样。

凯蒂的这段话从动机的角度点出了在家上学群体的异质性，对于她说的这部分“缺乏哲学动机”的家庭来说，只要能取代某个他们不满意的学校，政府主导的虚拟学校和商业化的学习中心都可以去。

我访谈的家庭基本上都奉行独立的在家上学，没有在学校注册，大多数都声称自己有明确的哲学动机，警惕国家权力的“侵入”。但相当一部分人从自己孩子的利益出发，并不排斥学校的活动，尤其是某些性质中立的活动。在家上学的孩子能否加入学校的合唱团、足球队或者使用图书馆？这在法律上是一个空白，学区之间表现出很大的差异性。我发现这种分化在很大程度上取决于学区的经济状况，在比较富裕的城市，如布鲁克兰、牛顿、剑桥、林肯，在家上学的孩子通常被允许参加学校的活动，在不太富裕的城市则不可以。萨摩维尔的学区长在电话里告诉我，在萨摩维尔，在家上学的孩子不能参加学校的任何活动，也不能使用学校的任何设施。我问他，很多家长认为他们依法纳税，为什么不可以参加学校的活动，他说因为这些活动只是提供给登记注册的学生的，而且上私立学校的孩子家长也纳税，但也不能用公立学校的设施，这是同样的道理。

琼丝住在麦德福德，按她的说法，这是一个工人阶级城市，她的大儿子 13 岁，在公立学校读书，小儿子 10 岁，在家上学。有一次她去学校做义工，想把小儿子放在图书馆里，却遭到学校的拒绝，理由是学校设施不对在家上学的学生开放。她说当时“气极了（infuriated）却无可奈何”，后来她去找学校委员会的人面谈，企图说服对方，并在互助邮件组里呼吁其他人一起采取行动。即使在富裕的城市，界线的跨越也往往需要家长的积极运作。琳恩住在牛顿市，其南高中和北高中排在全美公立学校前列。她在家上学的儿子参加了北高中的体操队和飞盘俱乐部，这是与校长和体育指导员会面讨论后争取到的结果，牛顿别的学校并不总是这么开放的。因此在琳恩看来，这取决于你向学校申请的时候主管这个事情的人是谁，以及你们如何商讨，具有相当大的不确定性。

根据我的田野观察，剑桥是仅有的允许在家上学的孩子在学校上课的城市。卡洛琳·特克（Carolyn Turk）是剑桥公立学校的副学区长，她在接受报刊采访时说，“在家上学的孩子可以来上他们喜欢的课，比如科学课、音乐课等等。在这里，我们把‘在家上学’看作一种选择，剑桥是一座选择之城（a city of choice）”[①]。在现实的操作层面，这种选择往往伴随一些具体的限制和复杂的心理体验。家住剑桥的安迪有三个女儿，是三胞胎，在女儿们九年级时决定转为在家上学。孩子们主要是到哈佛继续教育学院（Harvard Extension School）[②]上课，但同时想在剑桥高中修读某些她们认为有价值的课程。安迪向我描述与学校官员协商的过程，称他们很通融（accommodating），但是也很虚伪（hypocritical）和荒唐（ludicrous）。他说：

> 校长同意了我的请求，但有一个例外，如果高中也提供跟哈佛继续教育学院同样的大学级别的课程，孩子们就得在高中

① *Boston Magazine*, September 2015.

② Harvard Extension School 也被称为哈佛拓展学院，创立于 1910 年，是哈佛大学所属的 13 个授予学位的学院之一，也是哈佛的继续教育分支。它面向学校教育之后的所有社会成员特别是成人，也招收在家上学的高中生。

> 上这门课，若选择在继续教育学院上，则拿不到高中的学分。这太荒唐了，继续教育学院的课程无论在知识结构还是质量上都比高中的强，不给学分唯一可能的理由是想保护高中的垄断地位。结果就是，因为学分不够，我的女儿们最终没有获得高中毕业文凭，但也不需要了，因为她们都被一流大学录取了。这里有一个很可笑的事情，在高中毕业之际，校方拒绝她们参加毕业典礼，但同时却把吉莉安（其中一个女儿的名字）的名字放在毕业生光荣榜里骄傲地展示，因为她被哈佛大学录取了，你瞧这有多虚伪！

从学校的角度，安迪的女儿既已在家上学，没有在学校注册，如果想继续享用学校的资源，就得听从学校的安排。但在安迪看来，交税的义务自然指向平等享用学校资源的权利，安迪的说法在家长中很有代表性，“公立学校的办学费用大部分来自本镇居民的税收，我们都是依法纳税者，当然应该与其他人一样免费使用学校资源”。

模糊界线甚至重划界线并不容易，因为这往往伴随着某种妥协与代价，正如安迪的经历所表现出来的。因此，尽管很多在家教育的家庭希望能够使用学校的资源，但也有一些家庭获得在家上学的批准后，不愿意与学校再有任何瓜葛。面对其他城市的家长对剑桥宽松政策的向往，麦琪在邮件组里这样评论剑桥学校官员，“他们很不情愿（答应我的孩子参加学校活动），…… 与这些人的对话非常艰难，就像面前横着一堵厚厚的墙。不过，如果你想练练以后怎么对付保险推销员，这倒是一个不错的机会”。

小 结

回应本章开头莫妮卡的话，越来越多的人选择在家上学，有一部分原因是法律规定以及在法律实施上的宽松。一个有力的佐证是，我在调查中发现有些孩子在体制教育和在家上学之间不断转换而极少遇到阻碍，比如从学校退学，在家里学习几年，又返回学校，然后又退学在家上学。很多学者都认为在家上学在美国已经走向主流①，从最初有着鲜明哲学动机的反文化运动发展至国民教育的一种替代形式。我的一些受访人也同意这种说法，声称，“与十几年前相比，越来越多的上层阶级家庭和少数族裔家庭也加入到我们当中”。

本章将“在家上学”置于美国历史的脉络中，发现国与家的角力甚至“对抗”贯穿整个教育的发展，“在家上学”作为一种教育类别，在美国某个特定历史时刻的出现，并非横空出世，而是处于一个连续统一体中，它是对家庭教育传统的再发明，对公立教育长期政治化工业化的反动，也是当时反文化运动下的教育实验。在家上学的合法化意味着被纳入国家体制，也意味着从此面临一个悖论：在达到规范化的目标后极力反对规范化。换言之，他们追求的是通过与正式法律制度和学校权威的博弈和协商，游走在主流国民教育的边缘之上。无论对于象征国家权力的公立学校，还是一个个的在家教育家庭，界线从来都不是固定不变的，而是弹性流动的，划界工作在双方斗争的权力场域中一直在不间断地进行着。

---

① 参见 Joseph Murphy, Milton Gaither, Mitchell Stevens 等人的著作。

第二章

谁是在家教育者？

卡米尔来自法国巴黎，七年前先生来哈佛读法律博士，她和三个孩子随行。先生博士毕业后，他们一家没有回去，而是在美国住了下来。她的孩子分别14岁、11岁和9岁，从来没有上过学。当谈到在家教育的感受时，她比较了在美国和法国的经历：

> 法国教育比较极端的地方在于它不重视发掘个人的价值，只是让学生被动地学习知识。不像美国，除了学校还有别的选择，在法国就只是学校，公立或私立，要么适应要么沉沦，没有别的选择。十年前，法国在家里接受教育的孩子不到500人，现在多起来了。这与经济形势不好也有关系，但还是比较新，没有被接受。人们对我的态度非常敌对，觉得不让孩子上学，简直不可思议，甚至对孩子有害。来到美国以后，我一下子如释重负，这里的环境太宽松了！不但有很多人在家上学，而且有那么多不同的方式，我所做的只是其中一种而已。大家相互之间非常宽容，即使对方跟自己不一样，也不会说三道四，而在法国只能有一种体制，如果你不服从，那就是你有问题。孩子不去上学，别人的第一反应通常是，这孩子有什么毛病吗？

身体有残疾吗？如果没有，那肯定就是父母有毛病，是怪人。即使现在回到法国，如果不是周末，别人在街上看到我和孩子也会问："怎么没去上学呢？！"他们的语气不是疑问，而是气势汹汹的指责。当孩子们解释说我们住在美国时，人们的态度才会缓和起来。

卡米尔的叙述栩栩如生地呈现了"在家上学"在法国和美国，或者更确切地说，在巴黎和波士顿的不同处境：在巴黎是离经叛道的另类，在波士顿则是可以接受的甚至司空见惯的行为。外界的观念进而形塑了在家教育者的心态：在前者可谓如履薄冰，随时准备应对主流群体的诘问；在后者则是舒卷自如，混迹于主流之中。

拥有两种文化体验的卡米尔比只有美国本土生活经历的人有更强的文化敏感性，我感兴趣的是其他在家教育的父母是否也有她的这种感受，接下来本章把镜头拉近，从法律制度层面走下来，聚焦于我的研究对象——波士顿地区的在家上学家庭。究竟谁是在家教育/上学者？对这一问题的回答涉及到两个维度上的探讨：外界对于这一教育实践和实践者的看法，以及他们是如何自我定位的。我将继续沿用公民身份是"自我制造与被制造"的双向过程的观点，我认为在家上学的概念及其附属的文化意义在自身与外界的互动中不断被形塑。巴斯的族群边界理论对于我们的分析很有启发。巴斯认为，族群是由社会互动所决定的一种社会边界，族群特征、族群意识与文化认同都产生于人与人之间的社会互动关系，而不是由一个群体单独决定。因此，认同并非一个本质主义的概念，而是随着社会互动处于不断的变动之中。波士顿在家上学家庭的自我意识和自我定义的形成，很大程度上是与外界对话的结果。另外，波士顿地区构成了一个独特的文化环境，对“文化脚本”的内化塑造了这些家庭的禀性气质或者说精神特性（ethos）。

许多家庭都非常清楚外界如何表述他们，已经形成了一种杜波伊斯（W. Dubois）在另一种语境下所说的“双重意识”（double consciousness），即一种“始终通过他人的眼睛来看自我的意识”[①]。正如那培思在对云南大理白族的研究中所指出的，“双重意识”在大理白族精英的自我认同中起到了协商的作用[②]，同样，“双重意识”使在家上学家庭更敏锐地感知自己与其他人的区别，发展出相应的应对策略，建立并强化对自我的定义与认同。

第一节　关于“在家上学”的全国性公共话语

一、学术界话语

教育在美国一直是公共讨论的热门话题，在家上学是美国近年来发展最快的教育形式，但相关研究在教育界却处于边缘地位。[③] 布莱恩·雷（Brian Ray）认为这是由于教育界在意识形态上敌视这一现

① W. E. B. Dubois, *The Soul of Black Folk*, New York: Vintage Books/Library of America, 1990[1903], p. 9.

② 那培思（Beth Notar）：《对云南大理白族的表述与自我表述的再思考》，赵玉中、蒋晓军译，《西南民族大学学报》（人文社科版）2008 年第 204 期。

③ “在与教育相关的领域里有上万名教师，只有极少数人从事与在家上学有关的研究，研究成果也极少在主流期刊上发表，主要的资助机构几乎全部面向与公立学校相关的研究。”参见 Charles Howell, “Hostility or Indifference? The Marginalization of Homeschooling in the Education Profession,” *Peabody Journal of Education* 88(3), 2013: 355-364。

象，查尔斯·霍威尔（Charles Howell）认为在家上学无法激起研究者的兴趣，因为它缺乏主导研究范式所强调的定量分析（quantitative analyses），大量随机样本（large randomized samples）和标准场所（standardized setting）。[①]确实，对在家上学进行严肃的社会科学研究极具挑战性，因为在很多州在家上学都无须登记，要想掌握这个群体的真实情况、了解他们的平均表现非常困难。由于缺乏足够的数据，也无法得出结论说在家上学对学业有正面或负面的影响。

哈佛法学院的伊丽莎白·巴斯勒特教授（Elizabeth Bartholet）称这个领域的大多数研究打着社会科学的幌子，实则为政策游说，其中很大一部分来自布莱恩·雷和他创办的“全国在家教育研究所”（NHERI）。虽然布莱恩·雷否认研究所与在家上学法律协会之间的联系，坚称他们是独立的法律实体，但实际上法律协会对研究所提供了资助。[②]2012年，印第安纳大学的罗伯特·昆茨曼教授（Robert Kunzman）联合世界各地的学者创办了“在家教育国际研究中心”（ICHER），他们与其他在家上学组织的区别在于他们“不是游说团体，虽然欣赏在家上学的价值和重要性，但目的不是宣扬在家上学……而是对其做出中立的分析”[③]。

从已有的研究来看，在家上学是一个有争议性的话题。法律协会宣称在家上学基于两种自由：宗教信仰和父母权利，学者们对于它是父母应该享有的一项基本权利没有异议，但担忧这一领域盛行的父母

① 参见 Charles Howell, “Hostility or Indifference? The Marginalization of Homeschooling in the Education Profession,” *Peabody Journal of Education* 88(3), 2013: 355-364。

② Elizabeth Bartholet, “Homeschooling: Parent Rights Absolutism VS Child Rights to Education & Protection,” *Arizona Law Review*, Vol. 62: 1, 2020.

③ 全称 International Center for Homeschool Education Research，参见 About ICHER, www.icher.org。

权利绝对论会导致儿童权利得不到保障，甚至受到侵害。[①] 据此，巴斯勒特提议美国应该禁止在家上学，除非父母可以提供这样做的充分理由。

争议的另一个焦点是这种教育所造成的后果和影响，集中表现在以下两组相关的议题：（1）孩子的社会化问题，即这些孩子能否融入社会，是否具有参与社会事务的能力？（2）对社会产生的效应，即它是否不利于社会的公共利益，进而危害美国人为之自豪的民主制度？在一些学者的阐述中，在家上学的孩子孤立于大众人群之外，自缚于“茧”（cocoon）中，在社交场合是不合时宜的另类。他们进一步指出个体社会化的失败对民主社会造成的负面影响，认为这种度身定制的个性化教育，本质上是一种消费行为，“逃避对于社会差异的关注，脱离对公共生活的积极参与，公民身份退缩为占有性的个人主义”[②]，因而会对民主制度造成威胁。公共责任感的萎缩还会进一步导致社会的不平等，最终可能伤害到其他群体的利益。这些家庭灌输给孩子的价值观也常常被描述为狭隘的和有缺陷的，可能与国民教育体制的价值观相抵触，并威胁到后者的正统性。

从维护儿童权利和国家利益的角度，玛莎·芬曼（Martha Fineman）主张禁止包括在家教育在内的所有私有教育形式，“父母可以补充但绝不能取代公共机构，所有美国儿童都应该在公立学校里

① 2018 年出版的自传体畅销书《你当像鸟飞往你的山》的作者出身于摩门教家庭，17 岁之前一直在家上学，成长过程中充满了被忽视和被虐待的悲惨经历。这本书的出版在美国国内引起很多对在家上学儿童处境的关注，有一种观点认为这种教育使儿童更容易沦为家庭暴力的受害者。

② 参见 Michael W. Apple, “Away with all Teachers: The Cultural Politics of Home Schooling,” *International Studies in Sociology of Education* 10(1), 2000: 61-80。

学习这一根本信念：无论作为个体和集体，我们必须一起奋斗”[①]。罗伯·莱希（Rob Reich）也认为，“任何学校环境的一个最起码的功能就是使孩子能够接触到跟他们父母不一样的信仰和价值观”[②]。而在家上学使孩子失去了接触多样价值观的机会。值得注意的是，这种“他者”形象的建构并没有牢固的现实基础，莱希遇到过很多在家上学的孩子，他承认这些孩子比一般公立学校的学生有更好的公民意识和表现，因此他的论述只是建立在“在家上学对公民造成的潜在危险”（potential civic perils of a homeschooled education）之上。[③]

在对这一群体充满争议的支配性话语中，“民主”是一个关键的符号，这种以“民主”之名对在家上学发起的批判所依据的是自公立学校制度创办以来一直延续下来的一套言辞，即只有公立学校才是培养公民的最佳场所。或者，从更大的层面上说，学校，不管公立还是私立，就像一场长长的成年礼仪式，不经历这场仪式，孩子无法成长为社会人[④]，这种言辞在不同的语境中不断得到强化，成为美国人自我意识的一部分，下文我们会看到，它对外界看待在家上学的态度以及这一群体中个人的自我认知有很大影响。

有意思的是，支持在家上学的学者也是以“民主”为名，针锋相对地阐述自己的主张。在查尔斯·格伦看来，选择适合孩子的教育形式不仅是父母的一项根本权利，而且是自由社会的标志，“民主社会

① Martha Fineman and Karen Worthington, eds., *What is Right for Children? The Competing Paradigms of Religion and Human Rights*, Farnham: Ashgate Publishing, 2009, p. 235.

② Rob Reich, “Testing the Boundaries of Parental Authority over Education: The Case of Homeschooling,” *Nomos*, vol. 43, 2002, p. 277.

③ Rob Reich, “The Civic Perils of Homeschooling,” *Educational Leadership*, 2002, p. 59.

④ Ivan Illich, *Deschooling Society*, p. 44.

的繁荣有赖于对美好生活概念的多样性理解”[①]。佩里·戈兰泽（Perry Glanzer）认为以“民主”为名的“民主教育”（Democratic Education）过于强调教育的政治面向，牺牲了教育对更大意义上的人性的关怀。因此在他看来，自由的民主社会恰恰需要在家上学，以复兴人文教育的多元形式。[②]其他学者，如布莱恩·雷和麦德林（Charles Medlin）[③]是在家上学的积极倡导者，他们的调查表明在家上学的孩子无论在学业成绩、自我意识、公民参与以及成年后的生活各方面，都不比学校教育的孩子差，甚至很多数据显示要优于后者。但是这些研究的科学性受到主流学者的质疑，其权威性和影响力受到很大局限。[④]

二、媒体的呈现

学术界的态度两极分化，但总体上是反对、质疑，视其为需要改造和修正的行为。与此形成鲜明对照的是，绝大多数媒体和出版物对

① 查尔斯·格伦是波士顿大学教育学院的教授，我曾两次去他办公室向他请教。他主张教育自由，对在家上学既不鼓励也不反对，对公立教育也是一样，一切取决于每个父母自己的决定。第一次见面是我刚到波士顿不久，有感于他的开明立场，我说看来学术界很接受在家上学的形式，他一边把我送到门口，一边指着其他办公室说道，“不要急着下结论，你去问一下这栋楼里的其他人，绝大部分都持反对态度”。Charles Glen, “Can Family be Trusted?” Keynote address at Global Home Education Conference 2012, Berlin, p.11.

② Perry L. Glanzer, “Saving Democratic Education from Itself: Why We Need Homeschooling,” *Peabody Journal of Education* 88(3), 2013: 342-354.

③ Brian D. Ray, “Homeschooling Associated with Beneficial Learner and Societal Outcomes but Educators Do Not Promote It,” *Peabody Journal of Education* 88(3), 2013: 324-341; Richard G. Medlin, “Homeschooling and the Question of Socialization Revisited,” *Peabody Journal of Education* 88(3), 2013: 284-297.

④ Christopher Lubienski, Tiffany Puckett and T. Jameson Brewer, “Does Homeschooling ‘Work’? A Critique of the Empirical Claims and Agenda of Advocacy Organizations,” *Peabody Journal of Education* 88(3), 2013: 378-392.

在家上学的呈现是正面的[①]，这对它在公众当中的形象影响很大，在它走向美国主流社会的过程中发挥了主要作用[②]。这种正面形象的塑造有以下几点原因：首先新闻媒体的性质决定了它更关心现象本身，如这些家庭的日常生活和实际的效果，而不太纠缠于权利、民主等抽象的概念。受到青睐的故事包括在家上学的孩子屡屡在全美拼写大赛[③]中获奖，还有Tumblr（全球最大的轻博客网站，中文译名“汤博乐”）的创始人David Karp的经历，他从高中退学后在家里自主学习，而后创业成功。这种将美国梦的理想叙事与在家上学相联系的报道，将其塑造为符合主流价值观的有效的教育实践，迎合了大众趣味。其次，媒体笔下的在家上学常常以“衰败的公立学校”的“救世主”形象出现，而“受压迫的父母反抗体制，独自承担起教育的责任并取得胜利的故事情节令媒体难以抗拒”[④]，正如费孝通先生所说，“美国的传统是同情于刻苦而受委屈的平民”[⑤]。

另外很重要的一点是，许多在家教育孩子的父母也投入写作，通过现身说法，成为塑造在家上学公众形象的积极参与者。不同于“受压

---

① 根据www.icher.org网站的统计数字，1978至2013年间，关于在家上学的报纸报道有78篇，杂志文章127篇，美国主流媒体如《华盛顿邮报》、《纽约时报》、《华尔街日报》、《时代周刊》、《新闻周刊》都有相关报道，后两者曾以“在家上学”为封面主题。

② Isabe Lyman, *The Homeschooling Revolution*, Amherst, Mass.: Bench Press International, 2000.

③ 全美拼写大赛（Scripps National Spelling Bee）是一年一度在美国举行的拼字比赛，要求参赛者年龄低于16岁，受教育程度低于9年级。

④ Michael W. Apple, “Away with all Teachers: The Cultural Politics of Home Schooling,” *International Studies in Sociology of Education* 10(1), 2000: 61-80. 美国公共话语中的公立学校，尤其是城市的公立学校体制，普遍被描述为“失败”。相关的教育报告，如《国家在危急中》（A Nation at Risk, 1983）、《国家仍在危急中》（A Nation Still at Risk, 1998）一次又一次地引起社会哗然。《纽约每日新闻》负责教育报道的记者Tony Williams著作的《欺骗我们的孩子》（*Cheating our Kids*），纪录片《等待超人》（*Wait for Superman*），都在美国社会产生了很大的影响。

⑤ 费孝通：《美国人的性格》，上海：华东师范大学出版社，2013年，第18页。

迫”的形象，他们有丰富的文化资本，可以独立地为自己的实践发声辩护，并左右主流新闻报道描述自己的方式。影响较大的包括戴维·科尔法克斯（David Colfax）的《在家上学走向卓越》（*Homeschooling for Excellence*）和戴维·古特森（David Gutterson）的《家庭很重要：在家上学为何有意义》（*Family Matters: Why Homeschooling Makes Sense*）。科尔法克斯是加州一所大学的社会学教授，70年代由于政治原因被解聘，他与同是教师的妻子带着孩子在加州的一片森林里白手起家，盖起自己的房子，并创造各种条件在家里教育孩子，他写作此书时，四个孩子中有一个从哈佛毕业，两个正在哈佛读书。古特森是一个著名的作家，同时在华盛顿州的一所公立高中任教，但却让孩子在家里上学。这种有强大现实基础的论述对于一般的美国公众有很强的说服力。

除此之外，还有一些著作对在家上学大力倡导，流传甚广。几乎每一个受访人都有几本这样的书，影响最大的有以下几种：伊万·伊利奇70年代初出版的《去学校化社会》（*Deschooling Society*）是一本薄薄的小册子，却因极具原创性和颠覆性的观点备受瞩目。伊利奇认为，学校传播了一套隐性课程，即“只有学校才是传授知识的场所”的观念，在学校的失败即意味着教育的失败，这就造成整个社会对学校的依赖。要想使社会出现大的变革，首先要废除学校，个体有权利也有能力进行良好的教育。他主张在全社会构建学习的网络，依托社区和社会进行自发性的而非强制式的学习。约翰·霍特曾经在波士顿做过小学老师，他明确地提倡在家上学，并非因为学校不好才做此选择，而是他认为家庭是教育实施的最佳场所。他在《孩子为何失败》（*How Children Fail*）一书中写道，孩子失败的根源在于学校。孩子的成就各有不同，并非由于能力差别，而是竞争性批判性的学校环境扼杀了孩子的天性。他主张非学校学习（unschooling），即儿童导向的自主学习（Child-led self-directed learning）。约翰·盖图（John Gatto）在纽约公立教育系统做了三十多年的老师，曾被评为1990年和1991年纽约年度最佳教师。1991年他在报纸上公开发表辞职声明，理由是“再也不能忍受这样毒害孩子了”。他是公立学校的猛烈抨击者，他的著作很多，其中一本书的书名模仿“大规模杀伤性武器”（weapons of mass destruction），将学校比作“大规模教育武器”（weapons of mass instruction）。

学术话语和媒体报道的分化反映出在家上学不仅仅是一个教育现象，它背后的哲学理念直接触及到美国社会的文化信条，从而引发人们种种的反应，因而在家上学在公共空间中的形象也呈现出模糊斑驳，甚至矛盾断裂的面貌。在考察民间话语的时候，特别要注意地区差异。[①]就在家上学来说，嵌入在地方性话语中的文化环境首先值得关注，因为正是这种文化环境在很大程度上形塑了这里的在家上学以及公众对它的态度。

第二节　关于“在家上学”的地方性话语

一、“剑桥人民共和国”

作为一个美国社会的“局外人”，我经常需要在不同场合介绍自

① 我的这种美国文化异质性意识是在与美国人交谈的过程中产生的，并不断被强化。很多次我试图就“美国的学校”，或“美国的在家教育”等等发表言论时，对方都会以诸如此类的话提醒我，“美国很大，各个地区的文化不同，你从麻州去南部会觉得像到另一个国家一样”。因此，这次田野经历同时是一个“美国文化同质性”解构的过程，有意思的是，我之前对我头脑中的这一错误观念浑然不知。

己的身份和此行的目的，很多次听到的建议就是："你去剑桥吧，那里肯定有很多你想找的人。"当我接着追问他们是否认识那里的在家教育家庭时，答案往往是否定的。那么这种想象性知识从何而来？剑桥具有什么样的城市气质以至于和非主流教育如此契合呢？事实上，我后来的很多访谈对象都来自剑桥及周边城市。如我在导论中提到的，波士顿城区小且紧凑的格局，使得不同城镇之间拥有更有机更自然的互动联系。因此接下来我会关注这整个地区（而不仅仅局限于剑桥）的文化传统，以表明文化"既为社会所造就（socially constituted，指其为过往和现在行动的产物），又是构成社会的基本要素（socially constitutive，指其是行为所发生的意义背景的一部分）"[①]。

格洛丽亚五十多岁，家住波士顿，来波士顿第一教会[②]十几年了，她推荐我去剑桥，是因为"剑桥的教授多，他们可能对社会不满，希望而且有能力把孩子教成更合格的公民，从而成为改变社会的力量"。亚伦是布鲁克兰教会的牧师，他曾经在剑桥的教会工作过很长一段时间，他对剑桥的印象是："这是一个得天独厚（privileged）的地方，很富裕，而且很政治化。"安迪在哈佛取得硕士学位，在剑桥居住了三十多年，他说，"麻州在整个美国算得上是政治和文化上的异类（outlier），其他地方的人常以漫画手法讽刺我们的'自由主义'。而在麻州这个左翼州，剑桥又占据了极左的位置，因此常被幽默地称为'剑桥人民共和国'"。

---

① William Roseberry, *Anthropologies and Histories: Essays in Culture, History, and Political Economy*, New Brunswick, N. J.: Rutgers University Press, 1989. 转引自张鹂：《城市里的陌生人：中国流动人口的空间、权利与社会网络的重构》，袁长庚译，南京：江苏人民出版社，2014 年，第 52 页。

② 波士顿第一教会是波士顿最古老的教会，爱默生曾在这里做过牧师，现为一神普救派教会（Unitarian Universalism），主张自由平等地追求灵性生活，被外界视作最不像宗教的教派。

以上寥寥几笔烘托出这个城市的三个特征，分别涉及知识、经济和政治三个面向，在城市气质上的表现就是自由、开明并且富有批判性。不可否认，这与剑桥聚集了一大批精英知识分子有关。作为哈佛大学和麻省理工学院的所在地，剑桥被我的一个受访人称作“世界上最有思想的地方”（the most intellectual place in the world）。但 1994 年，房租控制法案的终结导致剑桥房租价格大幅飙升，对于人口组成的直接影响就是，许多中产阶级知识分子因无力负担房租，不得不搬到毗邻的萨摩维尔。另一方面，住在公租房的穷人却未受影响，结果造成剑桥的中产阶级逐渐萎缩，在经济上日益两极分化。事实上，剑桥的自由风气似乎无法在对现状的政治经济分析基础上获得充分解释，而是深植于波士顿这一地区的历史文化脉络。托克维尔对美国的观察相当敏锐，“美国是唯一我们能够目睹其社会自然而顺利成长、其起点对合众国未来的影响清晰可见的国家。……只要仔细研究美国历史，深入考察其政治和社会状况，你会确信：每一种主张、习惯、法律，我敢说甚至每一个事件，都能从其起点中找到解释”[①]。

波士顿在美国历史上的独特地位来源于以下三个事实：第一，它创立于 1630 年，是美国最古老的城市。创建的初衷是清教徒为了逃避英国国教的迫害，希望在这片新的土地上不受羁绊地践行他们的信仰；第二，波士顿是 18 世纪美国独立战争的摇篮。革命之所以必要且正当，是因为殖民地的社会秩序受到了殖民母国即英国的威胁和破坏，正如托克维尔所指出的，“合众国革命源自一种成熟且经过深思

① 托克维尔：《论美国的民主》，董果良译，北京：商务印书馆，2017 年，第 37—38 页。任军锋：《民德与民治》，第 12 页。

熟虑的对自由的热爱，而非某种暧昧不明的独立本能”[1]。第三，波士顿是在美国文学史和思想史上影响深远的超验主义运动的发源地，代表人物爱默生被誉为美国人的精神导师[2]，他所提倡的“听从内心的直觉”和“自我依赖”被深深地嵌入美国社会文化结构之中。

对自由的追求已成为这座城市内在的文化基因，即使发展至今日，它也通过各种仪式性表达，把历史拉到当下。比如波士顿有很多表演组织，由志愿者组成，每年都会在重要历史纪念日和历史事件发生地做历史场景再现的表演。尤其是独立日，在康科德、莱克星顿和昆西市场都有表演，当地人称之为“遗产保护”，其价值在于让人们在当下的参与和观看中获得历史感。对于我这个外来者而言，在与穿着历史服装的“演员”合影，听波士顿市长重读《独立宣言》的过程中，感受到的除了来自异文化的震撼，还有“爱国主义”、“自由”等抽象概念在群情激昂的美国人身上的具象表达。波士顿有一条著名的“自由之路”（Freedom Trail），是城市象征之一。它以显眼的红砖铺成，蜿蜒七英里，连接独立战争时期重要的历史遗迹，在嵌入波士顿人生活世界的同时，不断生产和再生产着普通人的历史记忆。

“自由”有多重阐释的可能性，本书语境下的自由更多地是指一种个人自主的文化理想。在这里，我并不是说对自由的热爱是波士顿独立于美国之外的城市精神。“自由”被认为是西方社会，尤其是美国社会思想之根基。但我确实认为，在美国作为一个独立的主权国家

---

① 转引自任军锋：《民德与民治》，第 8 页。

② 爱默生先后就读于波士顿拉丁学校和哈佛大学，长期居住在波士顿附近的康科德。他对当时的学校制度非常反感，认为学校实行的是工厂化模式，生产出的成品像机器一样顺从，却缺乏独立思考能力。

形成的过程中，波士顿具有标志性的符号意义，而这一地区一百多所高等学府以及大量高学历人口的聚集在观念意识上进一步强化着这一理想。

波士顿地区的“异类”不但表现在突出的自由主义叙事，还表现在相关的另一个特点：多样性。我的这一认识同样来自田野。薇妮是一位五十岁左右的白人女性，她拥有教育学硕士学位，住在萨摩维尔，她认为，“住在这里本身就很反文化”。我问她为什么，她说，“一般说到典型的美国家庭，我们想到的是住在郊区，而不是住在城市这种非常多样化的环境。我的孩子与**如此多种不同的人**交往（此处黑体根据录音中她的重读用以强调），她们的朋友有的来自单亲家庭，有的来自同性恋家庭，有两个妈妈或两个爸爸，很多很多种”。“在萨摩维尔吗？”我追问道。“不只是萨摩维尔、布鲁克兰、剑桥……就是这一片地区。”“布鲁克兰和剑桥的房子很贵哦。”“是的，但同样充满了多样性，都属于城市。”“城市里很不一样吗？”“当然，我姐姐住在离波士顿半个多小时车程的郊区，她女儿从小生活的环境就很不同，都来自富裕的家庭，大多数是白人。”城市的多样性不只表现在性取向和家庭形态，还反映在种族/族群的丰富性上。住在剑桥的希尔达说，“在剑桥，你可以看到来自世界各个角落的人”。住在萨摩维尔的罗杰告诉我，“从我家走到地铁站十五分钟，路上我可以听到十五种不同的语言！”

随着现代性在全球的扩张，城市越来越成为移民和迁移者的目的地和巨大的容纳场所，其形象也经历了一个污名化的过程。很多时候，城市都与“贫民窟”和“犯罪”联系在一起，城市生活也因为钢筋水泥建筑而被隐喻为无趣和缺乏生机。薇妮的“反文化”认识很大程度上源于60年代开始的“白人大逃离”（white flight），“多样性”因各种移民的到来而被建构为一个令人恐惧的特质。城市被符号化和种族化，堕落成为经济上贫穷、道德上败坏的有色族群占据的空间。

我的绝大多数受访人都是白人，属于中产阶层，为什么他们选择并喜欢住在城市呢？首先，上世纪90年代在很多地方开始的城市中产阶级化使得城市生活成为一种有吸引力的生活方式。当然，波士顿地区的城市具有内部差异性，像牛顿、剑桥、阿灵顿、贝尔蒙特和布鲁克兰是公认的好城市，房价高，学区好；波士顿、萨摩维尔和沃特敦相对差一些。这些好城市越来越变成一个竞争的极化的空间，社会和文化的分工被强化。[①] 如上文提到的剑桥的人口溢出效应就使得周边城市成为接纳中产阶级专业人士的所在地，尤其是90年代开展士绅化运动（gentrification）以来，波士顿和萨摩维尔越来越将自身转化为中上层阶级消费和观光的场所，房价随之上升，较贫穷的群体日益被排斥在外。萨摩维尔现在已成为全美第二大艺术家人口聚居的城市。罗杰说，“我们这里的人经常旅行，大家在一起聊天，常常是某某刚从哪个国家回来，对那里的见闻怎么样。我们国家很多地方的人一辈子都没有出过国门，像缅因州有些人连波士顿都没来过！”“移动的自由”彰显了社会等级上的优势，格洛丽亚观察到，“这二十年，波士顿的城市环境大为好转，以前像中国城一带的市中心犯罪率很高，现在变得有秩序多了，很多年纪大的白人都愿意搬回城市，毕竟城市更加便利，有丰富的资源”。

---

① 尼克·史蒂文森：《文化公民身份：全球一体的问题》，王晓燕、王丽娜译，北京：北京大学出版社，2011年。

这一地区的中产阶级化与波士顿生物技术产业革命也有很大关系。安迪曾这样向我介绍剑桥和纽黑文的差异，两座城市分别是哈佛和耶鲁的所在地，规模相似，二十年前经济发展水平也相似，但如今纽黑文的贫穷率是剑桥的两倍，平均收入却是后者的一半。那里确实出现了“白人大逃离”现象，使得城市成为穷人居住的孤岛。而以麻省理工为中心的生物技术革命大大促进了剑桥及周边城市的经济复兴。因此，波士顿地区的房价之所以这么高，主要在于市场需求大，实际上，这里的房价已高居全美城市之首。

在很多受访人眼中，“多样性”是一个具有积极涵义的词汇，城市形象也随之被赋予“活力，人性，丰富多彩”等正面特质。如我的邻居所说，波士顿是座体育之城，体育赛事可以影响整座城的情绪。如果红袜子队（波士顿的棒球队）赢得比赛，街上每个人都神采飞扬，如果输了，都无精打采。我还记得万圣节那天是红袜子队决赛之日，通往芬威球场的地铁和马路全被球迷占据，最后夺冠更是万众狂欢，那种人山人海的场面在平时的美国非常少见。对许多父母来说（不管是否在家教育孩子），城市生活的另一个好处是可以遇到各种各样的人，并建立比郊区和乡下紧密得多的社区联系。蒂姆是我在学校为家长组织的早餐会上认识的。他三年前搬来布鲁克兰，很喜欢这里的居住氛围，因为房屋之间比较近，跟邻居都打招呼，“铲雪的时候经常互相安慰打趣”。

阿什莉对于城市生活和郊区生活的差异很有发言权，她原先住在威斯康辛州一个只有五千人的小镇上，她先生任教的学校占地辽阔，有大片的森林池塘，徒步远足的小径。镇里有漂亮的大公园，但进到里面却看不到孩子，因为很多孩子在自己家院子里玩。院子很大，还有球场，用不着到公园去。五年前她先生来哈佛任教，全家搬到萨摩维尔居住，感觉就完全不同了。她家的房子跟邻居家挨得非常近，没有前院，只有一个小小的后院，所以大家都会从家里出来到公园和游乐场。据我观察，很多城市的社区都有游乐场，面积不大，却可以看到很多快乐玩耍的孩子。阿什莉说，重要的是，第二天去，还是同一拨孩子，这样建立的社交联系就不仅仅限于打招呼寒暄，而有可能发展更深入的友谊。其他的受访人也曾向我提到家旁边的游乐场在社交网络中的作用，包括有时与来自世界各地的游客聊天。在阿什莉看来，住在萨摩维尔并不必然意味着有更多的人际交往，但至少在这里可以多走路，认识更多的人。不像在威斯康辛州，不开车什么都做不了，什么东西都是在十英里开外。

阿什莉的感受可以说明私人空间和公共空间之间的张力，在人口稠密的城市地区，私人的物质空间受到压缩，促使更多人分享公共空间。社区游乐场和公园是城市人际网络的一个重要节点，它使人与城市更紧密地连接，发挥着哈贝马斯笔下的咖啡馆的社交功能。但与后者的不同之处在于，它因其开放的空间形式吸引着更为多样的人群，而不仅仅是受过良好教育的中间阶层。它天然具有的有机性和随意性使其成为市民社会的第三空间——介于私人生活和公共生活之间并兼具两者的属性，它是人际交往孕育的场所，也是城市公共话语生产链中的一环。

以上描述并非将城市浪漫化为一个平等的乌托邦社会，等级结构在空间上的集中仍然是美国社会一个明显的事实，波士顿也不例外。受田野所限，我所接触的人基本上都是受过良好教育的中产阶级人士，他们内部会有经济阶层上的差异，但没有挣扎在贫困线上的弱势群体。

我也曾在剑桥、阿灵顿和布鲁克兰这三个人们常说的好城市遇到收入很低的家庭，他们都住在政府提供的廉租房里，有自己的工作。①

二、模棱两可的地方性话语

普通民众对在家上学的认知和感受很大程度上受美国的公共话语和波士顿本土气质的影响，表现为模棱两可的心态。一方面，对自由的热爱和对多样性的尊重是公认的道德准则，另一方面，学校作为一项并不久远的现代发明，承载着关于民主和社会化的重要职能。这种矛盾心态在我与一位朋友的一段对话里有集中体现。布莱恩退休前是一所公立学校的老师，也是布鲁克兰一支男童子军的领队。童子军里有一个在家上学的孩子，布莱恩在跟我的私下聊天中表示不赞成在家上学，但他从来没有在那个孩子面前表现出来，并且很乐意帮助他学习，他这样对我解释：

> 是的，我觉得无论如何，孩子不上学是不对的。最遗憾的是会错过某些关键的人生经历，比如上课答对问题时的快乐或者答错的尴尬，跟同学课间打打闹闹的乐趣，甚至不得不上不喜欢的课的那种无聊，所有这些在一个人的成长过程中都是至关重要的。很可惜，在家上学的孩子错过这些，但是另一方面，我知道个人完全有权利这么做，我倒是希望人们不运用这项权利，但是，你知道，这是一项权利……

① 为了解决房租占比过高的问题，美国国会早在 1974 年就修改了《1937 年美国住房法》，设立了第八款计划。按照该计划，符合条件的低收入家庭只用负担政府设定的“可承受”比例的房租（起初为家庭总收入的 25%，如今提高到 30%），超出部分由政府买单。

可能是看到我显得有些困惑，他接着解释道，“就像同性恋，我个人很不喜欢。但是我也清楚地知道，这是受法律保护的权利，所以不应该迫害或者压制这种权利，我也不介意我的朋友是同性恋者”。在我看来，布莱恩对于在家上学、同性恋行为所表现出来的内心冲突，不应该被简单地视为个体的情感，而是一个文化精神气质的个体化表现。按照贝特森的描述，精神气质是一个社会中指导个体如何表达情感态度的系统。[①]系统所包含的多重价值体系或者多重规范有可能形成潜在冲突，从而引发矛盾。规范除了表现为正式的法律制度，也可以表现为非正式的社会共识，比如：父母有权利选择如何教育自己的孩子；父母应该上班，孩子应该上学。这些规范的并行作用使公众舆论在面对“在家上学”这个问题的时候往往显得左右摇摆，模棱两可。

（一）“我们”中的“他者”

亚伦成为布鲁克兰的牧师以来，一家人从波士顿的牙买加平原（Jamaica Plain）搬到布鲁克兰居住。他在访谈中表示，在家教育对他而言是不可能的，因为“很难想象我不工作在家陪孩子，连看着孩子做作业我都觉得好难。在家上学太孤立了，与外界隔离，缩小孩子与不同人接触的范围。也许这就是一些人这样做的动机吧，就是不想让孩子接触各种各样的人。而我的孩子在学校里恰恰能接触到各种各样的人，各种经历和观点，这正是我希望他接受的教育”。随即他话锋一转，“不过如果还住在波士顿的话，如果经济允许，很可能也会让孩子在家里上学”。我惊讶于他的转折，问他为什么，他说，“因为

① 格雷戈里·贝特森：《纳文：围绕一个新几内亚部落的一项仪式所展开的民族志实验》，李霞译，北京：商务印书馆，2008 年。

波士顿的公立学校不好，缺乏资源（underresourced）。刚搬来布鲁克兰的时候，我儿子的学习比这里同年级的孩子差不多落后一年半。布鲁克兰的公立学校有强大的资源，很多人就是冲着这儿的学校来的，人们对学校很忠诚”。

与许多人一样，在家上学的社会化是亚伦所担心的问题，它被想象为不仅对孩子，而且对父母也构成潜在的危险。这其中隐含的逻辑是：多样性的环境是孩子成为社会人和父母作为社会人所必需的条件，理想的实现场所分别对应为学校和职场。而家作为私领域，根据社会的分类体系，承担的主要是情感功能。因此，在家上学对人们观念上的冲击在于社会长期形成的分类体系被重置，原有的社会意义被打乱，从而成为“处于无序状态的事物”（matter out of place）[①]，在人们的想象中具有了某种不洁的特性。

但是，亚伦还有另一重理性的考量：孩子自身的利益。这种“孩子第一”的观念在许烺光看来是美国社会根深蒂固的特点，他称之为“青年崇拜”[②]。在家上学恰恰迎合了这一文化传统。这样我们就能理解亚伦回答中表面看上去的悖论之处了。事实上，他的这些观念并不存在结构性冲突，个体可以根据情境做出能动的选择和转换。所谓“民间话语”，内部固然有差异，但在我遇到的有孩子的家庭中，亚伦的态度比较典型。在这种话语中，在家上学没有被异常化为需要压制和谴责的他者的形象，而是受到包容，是“我们”中的一员。两者的界线在某些情境下是可以被穿透的。正如亚伦最后所言，“我认

---

① 玛丽·道格拉斯：《洁净与危险》，黄建波、卢忱、柳博赟译，北京：民族出版社，2008 年，第 45 页。

② 许烺光：《宗族、种姓与社团》，第 225 页。

为与其说人们反对在家上学，不如说看在家上学是否适合自己”。因此，对在家上学的看法属于伦理范畴（什么适合我），而不是上升到道德范畴（什么适合群体）。我在在家教育者组织的活动上就遇到过不少这个圈子之外的家庭。有些孩子还没到上学年龄，家长们想对这种教育形式有更多的了解，为以后是否采取这一形式做准备。

（二）人际网络中的自我与他人

与亚伦的谈话令我印象深刻，不仅因为他的观点本身有代表性，还因为在这次正式访谈中，他表达涉及他人行为的看法时非常坦率。整个田野过程中，我都为美国人感受人与人之间关系的方式所吸引，概括起来就是体面准则所衍生的距离感。我在很多非正式场合与初次见面的人谈论过在家上学，大家都对这一行为表示接受和理解。正当我感叹于这一地区的自由开放果然与之前坊间传说的一致时，两位美国人在我家做客时问的一个问题打破了我的幻想。马特和阿尔弗雷德是布鲁克兰一家教会的忠实信众。马特四十多岁，出生于波士顿，是第二代意大利移民，有多年海外生活的经历。他娶了一个日本妻子，现在是一家房地产公司的经理。阿尔弗雷德是一个精力充沛的白人老先生，他毕业于哈佛大学，妻子是印第安人。我在教会一年一度的“庭院售物”（yard sale）活动上认识了他们，随后他们送我很多二手家具并几次上门帮我安装。为表感谢，我请他们来家里吃饭。席间谈起在家上学的话题，两人饶有兴趣地连连点头表示认同。接着马特问我，“就没有后悔的吗？”我说没听说过，他连连摇头，“肯定有，你下次不要问他们自己是否后悔，你问问这些家长有没有遇到过对这个决定感到后悔的人”。阿尔弗雷德也低声附和道，“就是，难道能比老师教得好吗？”

马特和阿尔弗雷德的反应有些出乎我的意料，他们在含蓄地表达对在家上学的质疑。两人的背景在很多方面都是美国这个多元文化国家的缩影。美国人不是一贯与“坦率”、“直爽”等性格特质相联系吗？为什么内心真实的想法时常包裹在矜持礼貌的外表下以至于难以辨别？在以后的田野过程中，这种与刻板印象相悖的文化震撼缓慢却持续地冲击着我，而人类学的魅力正在于某种真实在田野目光的审视下一点点显露。我发现美国人并非不坦率，也的确非常健谈，很多时候我都苦恼于怎样选择一个合适的时机打断对方以提出下一个问题。但他们的自我表达常常受制于一个更大的原则，即体面原则。依照高夫曼的戏剧表演理论来解读，表演的舞台，即场合，往往决定着他们坦率的程度。因此，亚伦在我事先约定的正式访谈中，对我的问题已有预期，才可以做到侃侃而谈。

以往的人格研究认为，与非西方模式形成鲜明对照，西方的自我模式鼓励个人内心情感的表达。安贞昌（Junehui Ahn）通过对美国一所幼儿园教室的田野观察，批评了这种二元研究框架。他赞同有些研究者所指出的，西方模式中以自我为中心和以社会为中心的因素并存。他引用查尔斯·林霍尔姆（Charles Lindholm）的话指出，中产阶级美国人表现出来的情绪往往是经过修饰了的（muffled）。“友好”、“礼貌”、“得体”等道德准则作为一种文明化的惯习，早已渗透进他们的日常生活和人际互动之中。[①] 迈克尔·莫法特（Michael Moffatt）在对新泽西州一所大学的田野研究中观察到，学生身上出现

① Junehui Ahn, "The Myth of American Selfhood and Emotion: Raising a Sociocentric Child among Middle-Class Americans," *Journal of Anthropological Research* 66(3), 2010: 375-396.

两种“自我”的分化，一个是真正的内在的“真实自我”，一个是操纵性的外在的“社会性自我”。莫法特认为美国文化往往倾向后者，即强制性的自我呈现形式，即“友好的自我”[①]。

在我的田野中，“ judge”（评价，批判）这个词的频频出现让我开始好奇他们感受自我与他人的方式。我最早留意到这个词，是有一次请一个认识不久的美国人来家里吃饭。由于租住条件简陋，客人刚进门，我便怀有歉意地请对方多包涵。没想到他连连摆手，“这是你的房子，我可不能评头论足（I shouldn't judge）！”他的反应与我所习得的文化期待相去甚远，不评价也许是为了避免我的尴尬？此后，“judge”这个词又多次于不经意间闯入我的视野。一位家长委员会成员在聊起学校这个话题时认真地对我说，“在学校里，最重要的就是不要评判他人，比如不能因为别人胖或者口吃而取笑他 / 她。我儿子班里就有一个孩子说话有缺陷但没有人对此大惊小怪”。在波士顿第一教会，我与一位上了年纪的先生做礼拜前闲聊，他说，“无论你信仰什么，我们教会都适合你。我们这里有基督徒、佛教徒、无神论者、穆斯林等等等等。我们的原则就是不评判他人，而是帮助彼此探索适合自己的灵性生活，活出精彩的人生”。

“Judge”意为对别人的言语行为做出自己的判断。这种判断在人际互动领域实际上时时都在进行着，但能不能表达出来或者应该怎样表达出来是有文化差异的。从我接触的这些人来看，至少在理想层面上，评价（负面评价）是交往的禁忌，因为它传递着等级和权威的意

---

① Michael Moffatt, *Coming of Age in New Jersey: College and American Culture*, New Brunswick, New Jersey: Rutgers University Press, 1989.

涵，被赋予了道德上的含义，与“平等”的社会理想相违背。“友好的自我”也与美国文化对自我一他人关系的心理文化取向有关，在我与当地人的交谈中，经常听到类似的话语，“我只能代表我自己这样说，我无法对别人的做法发表看法”。这种谨慎和克制说明在他们的人际关系模式中，自我和他人是独立于彼此的个体。如许烺光指出的那样，美国人“把世界二分为自我 / 非自我”，“这两部分之间有一道不可跨越的鸿沟”。[①] 对隐私权的强调意味着每个人都有他人无法代言的世界。

人际关系的理性化使得个体主观上始终意识到界线的存在，对他人行为中非理性的部分只能表现出适度的关切和好奇。查尔斯·霍威尔是一所大学的教授，他说大多数同事对他在家教育孩子的反应是“礼貌地无动于衷，或者略微好奇”[②]。这也是我的调查中很多从事在家教育的家长的感受。社交的礼貌原则在某种程度上为在家上学创造了一个略显神秘的空间，被视为个人私领域的事务，公开评价，或者进一步打听都显得不合时宜。我在波士顿第一教会认识的杰思敏非常热心地帮我联系了一位在家教育的家长，她说她自己也很好奇那位母亲为什么不让女儿上学，“她的经济状况很好，在公立学校当了十几年老师，最近几年辞职专门在家里教育孩子。你采访完了可以告诉我她为什么这么做吗？”

在人际交往的理想层面，倡导的是人与人之间保持距离感的平等与尊重，但现实生活中上演的常常是相反的一幕。围绕着“judge”

---

① 许烺光：《宗族、种姓与社团》，第 228 页。

② Charles Howell, “Hostility or Indifference? The Marginalization of Homeschooling in the Education Profession,” *Peabody Journal of Education* 88 (3), 2013: 355-364.

似乎有一种强大的张力：越是不被赞成，越是出现。而因为它具有的文化符号意义，对这一准则的违背似乎格外挑动人们的神经。许烺光对美国文化的分析或许能帮助我们理解这一令人困扰的反讽现象。许先生认为彻底个人主义（rugged individualism，或译为极端个人主义）是美国最受推崇的美德和行为准则，其最核心的部分就是自我依赖。而自我依赖会引起安全感的缺失，这种不安全感促使个人强烈渴望归属某个团体，由此出现一种悖论：彻底个人主义必然导致顺从（conformity）和同辈压力（peer pressure）。[①] 这意味着偏离主流行为的“出头鸟”一样会被“打”，只是碍于中产阶级文化的体面原则，“打”的方式往往趋于隐晦。“不要评判他人”的道德理想和“被评判”的现实形成了一种强大的张力，在很多人的叙述中成为纠结的中心点。

事实上，许多在家教育的父母都清楚地意识到外界态度的这种双重性。安吉莉亚是一位宗教人类学家，她告诉我，“在波士顿，人们不是很在乎别人做什么，这里的文化是这样的。不过虽然在公开场合表现得很开明，私底下还是会觉得在家上学不对劲（something is wrong）”。

这种“不对劲”的感觉在面对面交流的场合可能更加强烈，原因在于在家上学的事实反过来使其他人感到“被评判”。艾丽莎观察到：

> 确实有很多人能够把私人的情感放在一边，理解甚至佩服我们，说自己可受不了一天到晚跟孩子在一起。但是当问到为

① 许烺光：《彻底个人主义的省思：心理人类学论文集》，第 8 页。

> 什么不让孩子上学，我们的回答让许多人感到被评判，像被冒犯了似的，就好像，“噢，你以为自己很了不起吗，不屑于去我们孩子上的学校？”（Oh, you are too good for the schools that we send our children to.）就觉得很不爽，好像他们是坏父母，非把孩子往火坑里推。因为显然，很多父母之所以在家里教育，就是觉得学校对孩子不好。

我在 HEIM 沙龙上还听到这样的抱怨：

> 我有一个朋友问我为什么不让孩子上学，我说，“因为爱孩子，没有别的原因”。她一下子变得很戒备（defensive），“我也爱孩子啊”。哇哦，我没有说你不爱自己的孩子啊，我只是说自己很想参与孩子成长的过程，所以就很自然地让这种状态持续下去。可是她好像觉得很不舒服，好像我在暗暗地评判她不对一样。

在讨论外界对在家上学的态度时，我认为地域性文化是重要的形塑力量。在美国的很多地区，在家上学仍旧被不同程度地污名化（stigmatized）。[①] 而在我的访谈中，受访人都表示“污名”（stigma）这个词并不适合波士顿的情境。另外，人们对于在家上学的反应随着时间的推移而变化，霍华德·贝克尔曾经区分“有悖规范的行为”

① 如詹妮弗·洛瓦在华盛顿州的一个县做田野时发现，即使到了 21 世纪初，在家教育仍旧笼罩在污名之中，母亲们往往需要极力证明自己不是自私的坏母亲。参见 Jennifer Lois, *Home is Where the School is: The Logic of Homeschooling and the Emotional Labor of Mothering*。

和“越轨”两个概念，后者是被社会标签化为越轨的行为，人们对这一行为的反应是判断行为是否越轨的关键因素。[①]这种教育形式刚出现的头二三十年，被很多人看作是一场“起义”（uprising），是对社会的“攻击”和“侮辱”，是教育和社会的越轨行为（social and educational aberration）。[②]而近十几年来，随着在法律层面上被纳入规范，它逐渐从隐秘封闭走向主流大众，至少在观念层面上被接受和包容。虽然仍有争议和误解，但不再被视为越轨，不再被公开指责。

第三节　“内部的他者”的自我认同

在主流社会的话语中，在家上学的他者形象受到不同的建构：学术界视之为需要改造的离经叛道者，媒体和出版物将其塑造为抗争体制的勇敢斗士，而在波士顿的公众舆论中，在家上学家庭像是一群捣蛋者，虽然偏离正统，但仍然是“我们”中的一员。与此相对照，在家教育者在形成身份认同的过程中，摒弃了主流意识形态所设定的从属地位，反而将后者看作迥异于自身的他者，视之为建构自我形象、赋予自我主体性以意义的要素。他们甘愿自我认同为主流社会的他者，以建构其“反文化”的身份。

“内部的他者”常被用于中国少数民族身份政治的分析，以创造一种与进步、发展相对立的形象，具有负面、消极的意涵。在本研究

① 霍华德·贝克尔：《局外人：越轨的社会学研究》，张默雪译，南京：南京大学出版社，2011年，第12页。

② Joseph Murphy, *Homeschooling in America*, p. 25.

语境下，这一概念被用于在家教育群体相对于美国主流文化而形成的身份认同，以突出两者之间相互包容但又疏离的复杂关系，具体表现为一种积极的、为之自豪的“反文化”定位。下面我将论述这些家庭如何在“双重意识”下确立边界和维持边界，包括发展出应对外界的策略、以学校为参照物而形成内部多样性。

一、应对策略

“不评判他人”的社交规则反映了个体之间界线的重要，但却在一定程度上造成在家上学圈子与外界之间相当大的隔膜和误解。尽管在社交场合的互动表现得小心翼翼和浅尝辄止，“在家上学”所引发的问题甚至冲突还是不可避免地经常出现。

HEIM 曾经组织过一个沙龙讨论这类问题。沙龙举办之前，HEIM 给参加者发的电子邮件里这样描述“在家上学”在主流社会的位置：

> ……尽管近年来人数增长迅速，但要知道，它还是一个比较激进的选择。不管在家庭聚会，社区活动，还是夏令营的见面会上，我们在家教育的事实常常凸显出来，与传统背道而驰……每天你面对的是 95% 的人在质疑你所做的事情：你疯了吗？怎么可能这样做？社交（socialization）怎么办？怎么上大学等等，即使没有人当面说，但反对和质疑就在那里明摆着。在这种情形下，人很容易变得抓狂。

另外一个典型的场景发生在与孩子寒暄的场合，人们通常会问，

“你在哪个学校读书？上几年级？最喜欢哪门课？”一旦孩子回答说，“我在家上学”，对方就会露出惊奇的神色，接着又抛出一系列问题。

遇到这种情况的家长一般会为自己行为的正当性和有效性进行辩护。在安迪的回忆中，确实有一些不赞成的目光（frowned eyebrows），但对自己和孩子没有什么实质性的影响。玛丽亚的策略颇为谨慎，体现了体面原则下的距离感，“碰到有人问我为什么这么做，我的回答一般不会涉及自己，只是泛泛而谈，如麻州的法律有哪些规定，如何利用波士顿的图书馆博物馆资源。个别时候人们会问得比较深入（dig down），我才会讲自己的例子”。事实上，有一些妈妈将自己应对外界问题的经验加以整理并发到网上，成为很多在家教育者参考的“标准答案”。丽佩·德斯普奉行“unschooling”教育，就是完全抛弃学校那一套常规，顺着孩子的兴趣走。她的经验是：

> 回答应该取决于谁问以及为什么问，没有人有义务对在飞机和电梯里遇到的陌生人发表长长的辩护词，简短的回答是最好的。如果他们想知道更多，我就再多讲一点……如果问的人家里有上学的孩子，我通常会说我们的方法兼容并包（eclectic），可能会举一些例子，比如参观了哪些有趣的地方，做了什么实验，玩“学习类的”游戏，读故事，讨论过去发生的事情，做手工，跟朋友会面等等。如果对方觉得我们的方法不靠谱，我可能会加上一句，我的孩子还在做 Brain Quest[①]，或者别的什么学校要求的材料（schoolish）。但其实我从来没有要

① Brain Quest 是全美销量第一的教育童书。

> 求孩子做练习册，有时候孩子们把没完成的练习册剪了做别的东西，还假扮老师让我做练习。这些我都不会告诉对方，留给他们自己去想象吧……他们还经常问我们的时间安排……教学理念是否与蒙台梭利或华德福相似。我会说有些地方类似，更接近于开放式教室理念或萨德波利（Sudbury）学校的民主模式，有时也有瑞吉欧教育（Reggio Emilia）的元素。一般聊到这里，他们就觉得我懂的教育方法比他们还多，很快就会知趣地转移话题。

我将她的部分回答记录在这里，是因为她这篇文章被放在网上的邮件组里，其中的策略在很多人的生活里复制传播。与此同时，话语背后的自我呈现方式也不断被生产，从一种个人策略上升为一种“集体意识”。高夫曼在对日常生活的自我呈现的研究中指出，“当个体出现在他人面前时，他往往会有许多动机，试图控制他人对当下情境的印象”[①]。在家上学家庭是美国社会内部生长出来的“他者”，他们对身处的社会规范和外界对他们的真实态度非常清楚。意识到自己有可能被置于“受评判”的被贬低的道德情境中，因而试图掌握互动中的主动权，表现出一种微妙的进攻性，以控制和保护他 / 她的情境定义，避免窘境的出现，即既要为自己的行为辩护，又要符合体面原则，不使对方感觉“受到评判”。这种印象管理的前台表演技术是很多在家教育的家庭必须掌握的，但需要时间和心理上的调适。

丽佩·德斯普坦承，在家教育第一年经常有亲戚朋友问这类问题，

① 欧文·戈夫曼：《日常生活的自我呈现》，冯钢译，北京：北京大学出版社，2008 年，第 5 页。

开始的时候“感觉好像做错事似的，总是心怀歉意（apologetic）”。一年之后，“我回答这些问题的自信心大为增加，我总是微笑着，友好而不设防（disarming）。如果谈话稍有停顿，我就趁机转移话题，很自然地问他们孩子的情况，比如‘我看你女儿新买了一辆带芭比娃娃的粉红新单车，肯定特开心吧？’”许多家长都会像她一样，迎合对方的期待，同时又巧妙地引导对方接受自己对当下情境的定义。就像高夫曼引用的女侍者的例子，在社会地位低于顾客的情况下，“先发制人”，将关系“处理得既不失礼貌又很果断，并不会遇到谁支配谁的问题”[①]。

与成年人的“圆滑”相比，孩子显然缺乏控制这种情境的技巧。罗蒙娜的大女儿索菲亚 29 岁了，回忆起在家上学的那些日子依然清晰，“当时觉得很烦，因为已经回答无数次了，所以我经常随便说一个学校的名字搪塞过去。有时看妈妈怎么说，我就怎么说，对小孩子来说，处理这种东西太难了”。

二、内部的多样性

很多父母认为外界对在家上学的看法很大程度上是一种本质化和一体化的建构，按海伦的说法，“我们经常被想象成过度保护孩子的直升机父母，孩子则被想象成社交场合的失败者”。如赫兹菲尔德所指出的那样，刻板印象总是倾向于将群体特征描绘成“固定、简单、清晰”，因此“将多重解释的巨大空间掩饰起来”[②]。事实上，这一群

---

① 欧文·戈夫曼：《日常生活的自我呈现》，第 9 页。

② Michael Herzfeld, *The Social Production of Indifference: Exploring the Symbolic Roots of Western Bureaucracy*, New York: Berg, 1992, pp. 72-73.

体绝不是铁板一块，而是内部充满巨大的异质性。我曾经问罗蒙娜在家教育的这些家庭有什么共同点，她大笑着说，“唯一相同的地方就是都很偏执（opinionated）！”接着她解释道，“这个圈子非常多样化，唯一的共性就是这种行为本身（在家上学），父母对孩子的教育特别上心”。另一位妈妈听我介绍完我的田野计划，充满同情地望着我，“你会发现每个家庭都不一样，你这本书得很厚很厚（a very, very fat book）”。处于这一圈子的人们并不将自己看作是享有任何共同本质特性的群体，相反，教育理念、教养方式和生活方式等的差别是在家上学家庭内部分化的重要因素。重要的是，类别的划分和归属是他们自己设定的，而不是外界强加的。划分的标准是以学校以及学校的教育范式为参照物，换句话说，学校成为他们确定自我主体性和获得归属感的“他者”。

在进入分类与定义之前，我想指出外界对这一群体的一个普遍猜测，这里的“外界”尤其指孩子已经长大或没有孩子的人，他们对在家上学非常陌生，“应该都是为了信仰的缘故吧！”确实，由于这一群体中的基督徒原教旨主义者在公众视野中一直表现活跃甚至强势，使得很多人以为宗教动机是这一群体的符号性特征。麻州当然有很多符合这一定义的在家教育者，但他们不是我田野研究的对象。琼丝称自己是圣公会成员，但否认信仰与选择在家教育有任何关联，她的日常教育实践完全处于世俗的在家教育者网络之中。只是有一次在康科德的瓦尔登湖参加活动[①]，看到许多陌生面孔，才意识到与自己完全

① HH 是“快乐在家上学”（Happy Homeschooling）的简称，是波士顿地区规模最大的在家上学支持小组，它每年 9 月都会组织“不上学郊游”（not-for-school picnic）活动，在麻州不同的地方举行。

不同的另一个圈子的存在。

对于非宗教动机的人们来说，区分圈子里自我与他人的关键是看各自信奉的教育理念和使用的教育方法，比如：学校在教育体系中应该处于怎样的位置？我们实行的教育与学校的标准化范式有多大的差异？基于对这些问题的回答，这些家庭被分成三类，构成了一个连续的统一体。这一分类在多个场合被提及，如HEIM成立十周年的纪念大会上、平日的访谈和聊天中，它不仅仅是存在于观念上的共识，更在实际生活中被执行。

连续统一体的一端是学校模式在家庭中的翻版（school-at-home），通常家里划定一个特定的空间作为“教室”，父母或另聘他人扮演教师的角色，孩子们围坐在桌子边听讲，有固定的课程表和上下课时间。这种模式最早见于殖民地时期的家庭教育①，为许多基督徒家庭采用。学术话语中所塑造的在家上学的他者形象也正是在此基础上建构的：与外界隔离的社交障碍者。学校里的教育者—被教育者的权力关系在这种模式中被复制。②

另一端是被称为“非学校教育”（unschooling）的模式，在很多方面与第一种完全相反。这一术语是约翰·霍特于70年代发明出来的新词，帕姆·拉里基亚（Pam Larrichia）这样阐述它的涵义：

> 从根本上来说，unschooling所提倡的学习摒弃了课程表和

---

① 我曾在哈特福德参观马克·吐温故居时看到这幅场景，在二楼一个房间里，专门圈起一角，内设一张桌子、几张凳子，旁边是一架钢琴。马克·吐温的三个女儿没有上过学，都是在这所家庭学校里接受教育的。

② 导论中提到有些人为了上更好的学校，将在家上学作为一种过渡的教育形式，他们往往倾向于在家里复制理想学校的模式。

> 以老师为中心的教学环境，不是学校在家庭的复制，也不是让孩子放任自流。恰恰相反，unschooling意味着根据孩子的需求，创造一个独特的学习环境，……抛弃对孩子的外在控制，学习自然而然地就会发生。正如约翰·霍特所言，“鱼会游，鸟会飞，人会学”。不仅如此，unschooling还是一种以学习为导向的生活方式，父母和孩子一起在生活中探索，使得生活与学习交织在一起。①

在以孩子为中心的模式里，传统的学校教学范式被颠覆，父母与孩子的关系趋于平等和民主。但这一点也引起了教育界的争议和批判：这些孩子被想象成具有“公民占有性个人主义”特征，只关心自己，不关心社会大众。

居于其中的是不拘一格、兼容并蓄的“折中派”（eclectic），他们不在意是否使用教材，采用何种教育方法，一切视情境需要而定。这类家庭在我所接触的在家上学圈子里有着广泛的基础，很多自称“非学校教育”的家长也承认，虽然他们认同并遵循“非学校教育”的理念，但又觉得不应该完全“跟着孩子走”。比如很多人不赞成孩子看电视玩电子游戏，严格来说，这一主张与“非学校教育”的理念相悖。因此为了区别，一位名叫黛娜·马丁（Dayna Martin）的家长发明了“radical unschooling”（彻底非学校教育）这个术语，她创建网站②，制定了严格的标准，声称只有符合这种标准才算是彻底的

---

① Pam Laricchia, *Free to Learn: Five Ideas for a Joyful Unschooling Life*, published by Living Joyfully Enterprises, 2012, p. 2.

② 参见 https://daynamartin.com。

“非学校教育”。其要义是，彻底打倒父母的权威，完全以孩子为中心，一旦家长想实施控制，那就不是彻底非校教育了。

在家教育者对于以上的分类标签表现出矛盾的态度，一方面，标签帮助他们更好地定义自己的行为，也有利于找到自己的小圈子，在“在家上学”这个充满异质性的大圈子里有更明确的归属感。但另一方面，正如HEIM一个沙龙的主题所指出的，“没有墙的在家上学：从形形色色的定义和标签中解放出来！”他们声称，大多数在家上学家庭就像拇指的指纹一样独特，想把他们硬塞到这些标签里就像把方钉子楔进圆洞里一样不可能。他们担心，标签化的过程伴随着刻板印象的固化，会把个体的独特性和复杂性简单化。

事实上，这一群体由于其内部的多样性和巨大张力一直抗拒单一的归类。我曾在邮件组里看到一封信，它和对它的回复构成一个很有意思的对话：

> 请问这附近有没有传统的（Classical/Traditional）在家上学支持小组？我有个朋友全家要搬来麻州，他们在寻找“真正的在家上学”，而我对此一点也不了解。——安德莉亚
>
> 我很好奇，对于什么是“真正的在家上学”，大家有什么共识吗？在家里的那种？公立学校普及前的那种教育？只教读写和算术而不是一些新奇的东西？以信仰为核心的家庭教育？可能的解读似乎无穷无尽。——泽尔塔

什么是真正的在家上学？这个问题由于暗含唯一真相的指向性，而变得难以回答，因为这种教育实践发展至今，已经大大突破了它

最初的含义和模式，显示出丰富的多样性和多重阐释的空间。其个体化的文化实践，这个圈子内部的联合和分歧，将是下面几章要探讨的内容。

三、“反文化”的自我定位

第一次接触到“反文化”一词是在康妮的邮件里。康妮一家住在剑桥，她的弟弟找了个中国太太，在中国安了家。之前我发邮件约访谈时间，她在回复中写道，“你说在家上学体现美国文化，这个说法很有意思。从我的感受来讲，说成‘反文化’（counter-cultural）比较合适，因为它跟美国的主流文化 —— 消费主义、物质主义、反家庭（anti-family）—— 似乎截然相反”。

受此启发，在之后的每次访谈中，“你认为在家上学是一种反文化实践吗？”成了我必问的问题，几乎所有人都给出肯定的回答。接下来追问的与此相关的问题包括：作为参照物的美国主流文化是如何被表述的？谁拥有定义主流文化的话语权？反文化诉求和定位背后的文化资本是怎样的？这一术语是否经历了文化涵义的变迁？接下来我将尝试回答这些问题。

“反文化”最初是由西奥多·罗萨科（Theodore Roszak）创造的术语，他试图以此解释欧洲和美国60年代的文化革命，尤其是与嬉皮士文化相联系的青年人抗议运动。他认为反文化的出现是对工业社会盛行的技术专家论的回应，通过挑战并瓦解支配性文化中被视为理所当然的方面，谋求对其做出改变。[1] 因此，“反文化”从

① http://archive.boston.com/bostonglobe/obituaries/articles/2011/07/14/theodore_roszak_defined_1960s_counterculture_77/.

词源意义上洋溢着一种破除陈规、叛逆不羁的革命气息。如导论所述，“在家上学”作为一项社会运动是这种时代精神的产物，直至今日，这种文化烙印仍清晰可见。艾丽莎用“对抗”（confrontational）来描述自己与主流社会的关系，她希望能够“发起一场更大的反文化革命，改变主流社会的思考方式，有更多的人可以过上不一样的（alternative）生活”。另一位也住在牛顿的海伦用了语气更强烈的“敌对”（antagonistic）一词，“大多数我认识的在家教育者都认为自己完全处于主流之外，我们跟他们不一样（They/We do not identify as mainstream people）！”

我的访谈对象大都承认，所谓主流文化，是涵盖多种特征的复杂体。但与康妮一样，很多人将消费主义视为当代美国文化的主要特征，也是他们反抗的靶向所指。“在家上学”因此具有了象征符号的意义，不只是一项单纯的教育行为，而是抵制消费主义的文化实践，表现为对技术专家论和广告宣传的购买行为的拒斥。大众媒体不断地灌输这样一种观念：专家提供的东西才有价值，因此必须不断购买以拥有价值，消费主义成了后现代社会获得自我认同感的手段。中产阶级是受这种文化形塑的主体人群，在家教育者通过厘清和反思自己的经历，从这一特定的群体中分化出来，并批判资本主义发展带来的文化失范。与60年代反文化运动努力建立新的价值体系相似，他们力图发展出新的自我意识。其诉诸的意识形态工具恰恰是主流文化的另一个面向：植根于文化传统的表现型个人主义，即对真正自我的发掘，强调自然天性和情感。

第一章提到的莫妮卡拥有丰富的跨文化生活经历，她对美国文化的上述两个面向体会颇深。她的父亲是来自美国中西部的白人，母亲是越南人。因为父亲是外交官的缘故，她出生在德国，少年时代辗转于泰国、美国和加拿大。谈到美国文化，她脱口而出，“最明显的莫过于消费文化了，你看电视里、生活中，到处都在诱惑你买买买！但美国还有很独特的一点就是强烈的个人主义，表现在我们社会的方方面面，再就是挑战传统，拥抱新事物（buck tradition and embrace the new），在家上学可能就是因为这些特点才发展如此迅速”。

对照“孩子应该上学”这一根深蒂固的观念，反正统（如果不一定从意识形态上反消费主义）是内在于“在家上学”的特征，其特立独行的气质在一心渴望自由、追求自我实现的美国人那里无疑是有吸引力的。莫妮卡的丈夫来自南部一个宗教气氛浓厚的小镇，他非常反感那里狭隘的文化，先入为主地以为在家教育孩子的人都是宗教狂，因此强烈反对莫妮卡这样做，但后来逐渐接受了这种教育形式。莫妮卡对他转变的解释是，“因为他很喜欢这种反文化的感觉”。这是一种什么样的感觉呢？安迪承认，“与流行文化的疏离虽然让人感觉孤独，但同时有一种获得自由的感觉，从那种总是需要得到别人同意的压力和恐惧中解脱出来”。

自由在美国是具有普世价值的文化理想，借助于这种教育实践，他们从现实的此岸到达理想的彼岸，随之而来的是自豪感。南希解释道，“因为我们是一个个人主义的社会，我为能够按照自己的鼓点前进感到骄傲”。她坦承这与经济状况有关，“我很幸运，不用出去工作，不用因为自己的选择而受老板的评判”。南希的话提醒我，与反文化相联系的自豪感，而不是羞愧或其他的负面情绪，有着深刻的阶级属性。在社会体制中所处的结构性位置越高，不论是在经济资本、文化资本还是符号资本的意义上，人们的行为越不受大众舆论的制约。

但这并不是说，在家教育者在身份建构的过程中，孤立于外界或者自我隔离。他们有意识地与其批评的平庸流行文化保持距离，清醒地注视着它，但同时与之维持着联系。罗杰住在萨摩维尔，他自称是左翼知识分子。我和他以及他的女儿乔迪在萨摩维尔的一个咖啡馆里聊了三个多小时，他的思想非常激进，不时蹦出的火花让我在长时间的谈话中一直保持兴奋。但就是这样一个在我看来极端反文化的人，与主流文化的边界也是模糊流动的，他说：

> 我本身就是主流文化的一部分，不可避免。我的父母从意大利移民而来，在美国才一代。我的女儿都是非常典型的美国人，乔迪有美国的知识分子思想，追求自由和社会公正，虽然还没有实现，但作为一个理念，一直在我们的历史里。我的小女儿更加倾向流行文化。我自己的成长环境充斥着流行文化、摇滚乐、甲壳虫乐队等等，我的思想很极端，但这两种倾向在我的思想里面都有，即使你很极端，你还得给汽车加油，就好像我不想用某样东西，可又不得不用。但总的来说，我很厌恶美国的主流文化，非常表面肤浅，没有内容，都是受金钱驱使，关于消费、性之类，反智主义，没有精神。你看看电视就知道了，我对这些很反感，但同时我又是其中的一部分。有时候我去商店买衬衫，可是我真的需要一件新衬衫吗？所以我对主流文化感觉是很复杂的，我觉得美国有很多潜力，但同时有很多腐败。事实是，公司拥有一切，这就是资本主义，公司拥有政府，奥巴马是一个好人，但他也是一切都听命于资本家，没有控制权。公司也控制着国会，这些东西非常复杂又根深蒂固。

我对美国文化感到悲哀，乔迪还是很积极地看待未来，这一代可能会改变一些东西吧。

在当今的时空脉络下，“反文化”这个术语的革命色彩渐渐暗淡，在有些访谈对象的表述中，它成了美国多元文化中的“亚文化”。丹尼尔有两个孩子在家里上学，他拥有康奈尔大学的计算机博士学位，在以前的工作中与华人有一些来往。他提醒我注意“反文化”在中美文化语境中的不同涵义，他梳理了“反文化”一词在美国历史上各个阶段的涵义变迁，以此表达他的思考：

“反文化”在中国可能是个颇有深意的词（a very loaded term），但在我生活的这个地方，在我的语言里，反文化并不意味着离经叛道。我们的人民、信仰、语言和宗教有庞大的多样性，有极其多样、充满生气、蓬勃发展的亚文化，相互之间几乎完全不冲突。没有什么真正的“美国人”，或“国家认同”，那只是些人为创造的标签和类别，这个国家实在是太多种多样了，根本不能用一个词涵括……当然在历史上，这个概念意味着一套核心理念和实践，与主流文化难以和平共处，比如60年代的嬉皮士，非传统的性行为等等……说到在家上学，尽管我们历史上有这个传统，但在六七十年代确实算得上反文化，因为在那之前的美国是非常因循守旧的，你能想象美国曾经发起一场禁止饮酒的“战争”吗？在西方文明中，远至文艺复兴，中世纪，在罗马，古希腊，埃及，美索不达米亚，几乎餐餐必备的酒却要被那些保守分子禁止！所以，没错，在那个时候，像在家上学、喂哺母乳、有机食物、素食等等都被视为反文化而受到压制。但最后结果表明，主流文化对于这些变化很快便适应了，而且没费什么力气。所有提倡新观念的社会运动和亚文化（实际上是早就存在的，现在被复兴被尊重，重新体制化），都成了主流文化的一部分。在今天的波士顿，如果你是素食主义者，或者信仰禅宗，或者是同性恋，或者母乳喂养……或者四者集于一身，也没什么奇怪的。在家上学在经历了一段时间低强度的法律冲突之后，现在已经被广泛地接受。大学有专门为在家上学的孩子设置的录取程序，各个学区也允许我们的孩子在家和学校之间自由选择，就连极端保守的主流机构，比如波士顿美术馆，都有专门开放给我们的网页和课程，真的很难再把它看作反文化了。……

在弥漫着多样性的城市空间里，独树一帜虽然可能受到人们私下里的非议，但却以独立自主的姿态受到文化的包容甚至推崇，就像一位在波士顿生活了很久的华人朋友所说的，“在这个地方，不另类就不是美国人了！”

这种对于“另类”的坦然和自豪在我对娜迪娅的访谈中尤其印象深刻。我们的相识始于邮件组的对话，在田野进行了一段时间之后，我希望接触到更多不一样的人，而不要总是“白人家庭，母亲在家，中产阶级”的模式。我在邮件组里公开寻求非正统的在家教育者，娜迪娅是第一个回应的人，她也住在布鲁克兰，自称属于“多角恋”群体。我们在一个咖啡馆里开始了访谈，在征得同意开始录音后，我照例重申人类学对于田野伦理的要求，没想到她耸耸肩说，“没关系，这些话我可以在大街上对任何一个人说！”她伴侣的孩子在家上学，由她负责。谈话很自然地由她的“poly”（多角）身份开始：

> 波士顿有一个很大的poly群体，可能因为这里的文化氛围比较开放，而且受过高等教育的人（nerd）和极客（geek）也多。我们这个圈子里的人常开玩笑说如果一夫一妻是两性关系的大学，poly就是研究生院，因为要处理更多关系，更复杂…… 在家教育这个圈子里也有一些poly啊，我们说自己是new gay，同性恋婚姻都已经合法了，可我们还没有被社会正式认可，下一个就轮到我们争取合法权利了。……（我们）不会特意向别人宣传自己，但是也不会刻意隐藏。

“那会不会因为自己的这个选择而受到歧视？”我问道。

“不会，我知道大家表面上不说什么，心里肯定在嘀咕。不过很多人都有这样或那样的另类选择，所以都会包容吧，就是说你有你奇怪的地方，我有我奇怪的地方，谁还能苛责谁呢？”

在这里，规范本身充满了内在的张力，反规范构成了规范的一部分。社会控制仍旧在正式的制度层面实施，但同时有很多非正式的权力网络在一个个亚文化群体中形成并发挥作用。它们的目标并不是瓦解统治秩序，而是争取更大的文化空间，所谓的主流—非主流并不存在二元的秩序对立，而是处于边界分明，但却相伴共生的通融状态。有一位妈妈甚至消解主流文化的存在：“我不认为我们这里有什么主流文化，一切都是个人的选择，每个人都有自己的圈子。”

小　结

对“谁是在家教育者”的回答涉及到这一群体认同建构的过程中边界的划分。本章试图阐明，它从来不是一个有着本质性特征的群体，而是随着时空的变化，与外界一系列互动下的产物，因此具有边界模糊流动、内部充满异质性的特点。

公共话语中的“在家上学”经历了不同程度的他者化，波士顿的历史和现状构成了它独特的文化环境和城市空间，影响了“在家上学”在地方话语中的形象和这些家庭的主体认知。在家教育者在这一过程中不是被动地被塑造，而是积极修正教育界对它的负面表述，并左右大众舆论的导向。地方话语中的模棱两可并不意味着这种行为在他们看来令人费解，难以解释，而是社会中并存的多重价值规范在它面前暴露了潜在的冲突，长期形成的社会分类体系也被打乱。“不评判他人”的人际关系准则与个人主义有诸多联系，这也是地方话语时而充满矛盾的原因。

中产阶级主流社会将在家教育者看作“我们”中的一员，但后者并没有陷入屈从于他者的从属地位，“内部的他者”的自我建构在本研究的语境下，彰显的是对“反文化”定位的骄傲。之所以如此，我认为与美国文化中对“特立独行”等价值的推崇有关，这可以追溯到表现型个人主义的传统。在现代性的时空下，“反文化”这一术语的锋芒已大大减弱，虽然边界仍在维持，但是与主流文化之间已不再是非此即彼的对峙。接下来的几章对“在家上学”的文化 / 反文化实践提供了更为详细的民族志论述。

第三章

出走学校

将在家上学群体与外界区隔开的，是笼罩在薄雾里的一个个疑问，其中“为什么这样做？”往往是最先浮现在脑海里的问题。有一次，我要访谈的一个妈妈把访谈地点安排到她儿子晚上上课的布鲁克兰社区学校，偏巧那里的老师是我早就认识的，后来聊到此事时她这样说道，“那孩子上课很难集中注意力，好像是有ADHD（注意力缺陷多动障碍），怪不得（不上学）呢”。将在家上学看作特殊需要儿童的无奈之举，似乎合理解释了这种非常规教育背后的动机。但事实上，在这些父母的表述中，不去上学并不是对不良境遇的被动反应，而是父母深思熟虑之后的主动选择。在对这些家长的深度访谈中，我发现动机并非单一的排他的，而是呈现出一幅混杂和流动的图景。

在家上学可以被理解为一个先破后立的过程，或者说是对传统教育的颠覆与对自主教育的重塑。尽管我关注的是发生在波士顿这一个区域的非宗教性在家教育实践，但从更大的角度，我会将第二现代性下主体性的建构与生产纳入分析之中。在深入研究其内部的家庭和社区关系重构之前，本章将聚焦于家长的动机。究竟是何种考虑触发了这一在不少人看来不同寻常的行为实践，具体来说，这些家长教育的目标是什么？为什么学校在他们看来不是实现这种目标的理想场所？为什么要诉诸在家上学？我的受访人大都强调其选择的特殊性，但每一个个体选择背后，往往可以看到一些更为宽泛的政治经济力量和意识形态因素在起作用。

启蒙以来，学校成为教育的主要场所，享有文化灌输的垄断权威，通过种种支配技术生产规范化的个人。现代性的发展伴随着教育越来越深地卷入制度化标准化体系之中，“培养自主个体”这一西方的教育理想似乎渐行渐远。而现代性的另一面则是打开了个体化生活方式的大门，这些家长在对制度进行反思的基础上，通过能动性的施展，解构学校权威，高举父母在教育中的主导权，来对抗身处的结构限制。

到过波士顿的人，可能都会去“自由之路”（Freedom Trail）上走一走，那条蜿蜒漫长的红砖小路在我看来像是在家上学旅程的隐喻。“自由”不但出现在这个文化的宏大叙事里，也或明或暗地浮现在我每一位访谈对象的叙述里，这种内化的文化信念正是他们选择在家教育的根本动机和终极目标。本章将探讨“自由”在教育目的中的涵义，标榜“个性化教育”[①]的公立学校是如何服务于标准化目标，从而使满足个体需要成为悖论式论断。对这种冲突的洞察构成父母们一种相似的生存心态，直接或间接地导向在家教育的能动选择。

---

① 在波士顿公立学校官网上，关于教育目标有如下描述，“作为美国公立教育的发源地，波士顿公立学校致力于通过世界级的学校示范教育，改变所有学生的生活……我们的责任是确保每个孩子都有最好的老师和学校领头人。我们的教育为学生量身定做，目的是为满足每一个学生的个体需求”。参见 http://www.bostonpublicschools.org/domain/24。

图 3-1 “自由之路”

第一节 “家庭是学习的最好场所”

目前关于在家上学的文献里，很大一部分是关于动机的研究，主要由教育学领域的学者完成。他们侧重通过定量调查的数据来关注其普遍模式，提出推一拉因素，即引起在家上学的客观和主观原因。① 近年来，一些社会学领域的学者开始对这一群体感兴趣，如米切尔·史蒂文斯在对伊利诺伊州的田野研究中，将研究对象分为出于宗教动机的“观念派”（ideologues）和出于学业考虑的“教学派”（pedagogues），这种分类方法在学界被广泛沿用。② 但从我的田野所呈现出的情况，以及已有文献的人口统计学数据来看，以上二元对立的研究不能涵盖在家上学动机的丰富性和复杂性。例如，有些自称出于意识形态考虑的家长并不是宗教信徒，而是反对学校制度，而这种反学校的立场也交织着对学校教学质量低下的担忧。通过考察波士顿在家上学家庭决策的过程，接下来的民族志记述希望能够展现其中多重考量的复杂性和现实博弈。

表 3–1　促使家长选择在家上学的首要因素以及在所有在家上学家庭中所占百分比 ③

促使家长选择在家上学的首要因素	年份	
	2012 年	2016 年
对学校环境的担忧，如校园安全、毒品、负面同辈压力	25%	33.8%
对学校教学的不满	19%	17%
希望对孩子进行宗教教育	17%	15.9%
希望对孩子进行品德教育	5%	4.7%
孩子有身体或心理健康问题	5%	5.5%

① 最早由 J. Hertzel 提出，约瑟夫·墨菲在其著作 *Homeschooling in America* 第 78 页进一步图示。

② Mitchell Stevens, *Kingdom of Children: Culture and Controversy in the Homeschooling Movement*.

③ 参见 K. Wang, A. Rathbun, and L. Musu (2019), School Choice in the United States: 2019 (NCES 2019-106). U.S. Department of Education. Washington, DC: National Center for Education Statistics, p.36. Retrieved [2/20/2021] from https://nces.ed.gov/pubsearch，以及 “Homeschooling in the United States: 2012,” https://nces.ed.gov/pubs2016/2016096rev.pdf。

（续表）

促使家长选择在家上学的首要因素	年份	
	2012年	2016年
孩子有身体或心理健康问题之外的特殊需要	—	5.8%
希望采取非传统的教育方式	5%	5.6%
其他原因①	21%	—

对有些父母来说，在家教育是养育孩子过程中自然而然的结果（evolving process）。莎拉四十多岁，两个女儿分别13岁和9岁，那天她和另外一家人带孩子在波士顿长堤码头野外考察，我们的谈话就在春日的阳光和海风中进行。莎拉在获得语言学博士学位之后就组建了家庭，本来计划在大学里取得终身教职，但有了孩子之后，“因为各种原因，决定留在家里带孩子”。等孩子长大了一些，经常有人问她，“什么时候把孩子送到托儿所（preschool）？”她回忆她当时的反应，“不，我生孩子可不是为了把她交到别人手里来养的，我们做得很好，为什么要改变呢？”

越来越多美国的双薪家庭，在孩子两三岁的时候，把孩子送到托儿所替代自己照顾孩子。与二三十年前相比，父母的功能被更早地卸载，转由机构承担。家长们已经习惯了父母职责的“外包”（outsourcing），因此在很多人看来，在家教育的一个难题就是，“天天跟孩子泡在一起，怎么受得了”。莎拉不这样想，在她看来，自己带得好好的，突然把孩子转交到陌生人手里才不可理喻（ridiculous）。

虽然很享受养育孩子的过程，但莎拉一开始并没有想到在家教育。渐渐地孩子快5岁了，到了该决定是否上幼儿园（Kindergarten）

① 其他原因包括家庭时间、经济状况、旅行和距离。

的时候了，如果不上，需要向学区申请在家上学。正在这时，她偶然遇到一个在家上学的家庭，开始了解这个“崭新的世界”，感觉很不错，于是就让孩子一直留在家里了。

莎拉强调，对她的家庭来说，在家上学是一个自然而然、水到渠成的选择。但我们应该看到，接触到作为一种教育哲学的在家上学，是促成决策的一个关键节点，它的理念契合了莎拉并不明晰的教育主张，给予她想在家里教育孩子的念头以正当性。在孩子正式入学前，很多父母都会有意识地了解并比较多种教育形式，接触到在家上学的渠道也越来越多。如同莎拉一样，其他家庭常常作为成功的典范，激励着家长走上这条不同寻常的教育之路。劳伦告诉我，她两个已成年的儿子从没上过学，起因很简单：

> 在儿子很小的时候，我曾经在一个活动上见到一些十几岁的在家上学的孩子，他们是我见过的最讨人喜欢，最友好，最善于沟通的孩子（nicest, most friendly and most communicative）。你知道，我是做教育工作的，经常有机会到各种学校，他们跟我在学校见过的孩子一点都不一样。一般孩子到了十几岁，跟别人，尤其是跟父母有很大隔阂，不信任父母。但在家上学的孩子不会，并不是说他们跟父母不会起冲突，而是他们很习惯与父母在一起，有矛盾愿意沟通，因为从小就是一家人在一起。

对孩子健全性格和亲密家庭关系的向往使劳伦最终被说服，虽然她所在的牛顿市素以优质的公立学校闻名，她还是被吸引到在家教育的队伍里。对于那些没有机会接触在家上学家庭的人来说，关于在家上学的出版物是重要的拉力因素。莉迪亚在儿子两岁的时候，出于好奇打开了约翰·霍特写的《教自己的孩子》（*Teach Your Own*）一书，书中对学校体制的批判引起了她的共鸣。不仅如此，霍特笔下的那个小小科学家，“充满爱心、善良、好奇、爱探索的小男孩”就像她眼中的儿子，“而学校却会摧毁这种好奇心，孩子会学着如何讨好老师。选择在家教育是为了保护孩子的好奇心，以及对探索和学习的热爱”。

此外，对父母来说，孩子在家上学可以接受家长而不是学校的价值观。莎拉曾在电子邮件里分享她家的“教育使命”（Education Mission），一共十二条。前两条分别是，“我们在家教育，因为我们希望积极地参与到孩子的学习中来，不希望她们与老师比与父母在一起的时间还长；我们希望孩子学习我们的价值观，而不是主要受学校的影响”。孩子在社会化的过程中，谁更具有传递价值观的合法性，国家还是父母？对于这个问题，美国的公众舆论传统上一直倾向于父母这一边，品德教育被视为父母的责任和范畴，对于国家则抱以警惕。[①]2009年，奥巴马总统的开学演讲遭到家长的抵制，一位洗衣女工的话代表了很多人的心声，“学生们不需要总统来告诉他们责任是什么，那是家长而非政府该做的事”[②]。

---

① 如前两章所述，父母权利论在美国有广泛的民意基础，是游说团体最广为引用的依据，是在家上学获得大众同情的重要原因，也是很多学者批判在家上学的主要方面。

② “一名妇女在接受CNN记者采访时，因担心总统‘毒害’自己的孩子，竟然哭了起来。更多的家长则是给学校打电话、发邮件或只身前往，要求学校不得向学生们转播奥巴马的演讲。一位学区发言人告诉《纽约时报》记者：他们收到了许多抗议的意见，但一整天都没有接到一个对总统演讲持肯定态度的电话。在奥巴马演讲的前一天，白宫方面迫于压力，只好在自己的网站上提前公布了总统的演讲词，以促使人们相信，它无关政治，但依然不足以打消人们的顾虑。”（http://zqb.cyol.com/content/2009-09/16/content_2854976.htm）

父母是孩子价值观的权威来源，这一道德共识支撑着一些家庭选择在家教育，尤其是价值观与美国主流社会迥异的父母。梅根就是这样一位母亲，她二十多岁从希腊到美国留学，在美国生活了二十多年，嫁给一位土生土长的美国白人。她有着浓重的希腊口音，对希腊文化有强烈的自豪感，她自认是希腊人，不是美国人，平时的社会交往也以希腊人为主。梅根对美国文化有强烈的批判，她认为，在孩子小的时候，灌输给他正确的价值观非常重要，于她而言，这样的价值观就是希腊悠久灿烂的文化，而不是学校里的那一套。我好奇地问她，“你先生是美国人……”她显然明白我的意思，快速地接过话，“他非常喜欢希腊的历史文化，简直是痴迷，要不是这样，我不会嫁给他的”。访谈结束的时候，她从二楼一直把我送到院子门口，我说不用送，她笑着说，“若是美国人就不会送客的，我们希腊人不一样”。

在莎拉和梅根看来，公立学校尽管有很多弊端，却仍然有存在的必要，“因为大多数人都上不起私立学校，很多家庭做不到在家上学，社会必须提供一种公共选择，公立学校对移民来说也许是个不错的选择”。来自法国的维吉尼亚是在家教育的坚定支持者，她的观点颇具颠覆性，“学校就像医院，只有生病才需要去。如果长期住在医院对一个人的健康肯定是不利的，因为医院里有病菌啊，可能会传染到自己。……将来有可能送孩子上学，前提是我生病了，无法继续（教）下去”。对这些家庭来说，在家上学是第一选择，意味着一种充满吸引力的教育和生活方式，而不是逃离学校后的替代品。不止一个人向我表示认同约翰·霍特的说法，“不管学校好不好，我都主张在家上学，因为家庭才是孩子学习的最好环境”。

第二节 “围墙”之困

根据美国教育部统计数据中心（National Center of Education Statistics）的调查，2012年，选择在家上学的家庭中有多达91%的人表示，对学校环境的担忧是让孩子在家上学的重要原因之一，担忧的方面包括校园安全、毒品、负面的同辈压力等等，25%的家长将其列为首要原因。2016年，这一数字上升到33.8%。再加上对学校教学的不满，我们在上面的表格中看到，有一半以上的家庭是因为学校原因而做出这一选择的。

学校何错之有？本节探讨在一个以流动和开放为特征的当代美国社会，学校，尤其是公立学校的处境。我将其描述为“围墙”之困，是取它的隐喻性含义：固定封闭的物理空间，不仅喻指学校之现实困境，亦指学校引发的家长之困惑，它们构成了强大的推动家长走向在家上学的推力因素。这一部分的分析来自关于规训与服从、阶级与文化再生产的理论卓见，具体着眼于三个方面：学校的隐性课程、公立学校的危机和阶级在学校的再生产。

一、学校的隐性课程：规训与服从

有些家长虽然自己和孩子在学校没有创伤性的经历，但在访谈中表达了对学校这种人为设置的颠覆性认识。艾丽莎是其中典型的一位，她是第一位主动接受我访谈的人。她出身华裔，外祖父曾任职于解放前的国民党政府，我在她母亲家里看到墙上挂着蒋介石的相片，据称是蒋亲手所赠。艾丽莎生于马来西亚，两岁随父母迁来美国，自小在富裕的贝尔蒙特长大。受过传统意义上非常良好的教育，中学就读于私立学校，本科在欧柏林学院读音乐。在一所知名女子学院拿到教育学硕士学位以后，到纽约公立学校教了几年书，现在在一家铃木学校教钢琴。她的儿子七岁半，在公立学校待了两年，艾丽莎就让孩子退学了。可能平素对教育有很多思考，她不等我提问就开门见山地说：

> 因为我反对学校体制，它的设立就是为了延续压迫，这个社会有根深蒂固的压迫……学校为什么存在？最开始是为了培养听话的工人，让他们做什么就做什么。有钱人家孩子上的学校通常好一些，可以学会更多地独立思考，因为他们要让统治阶级（owning class）的孩子更有创造力，以便管理其他人，但也是一样被训练来服从制度。现在学校的存在是因为资本主义的要求，父母需要不停地工作，根本没时间管孩子，就得把孩子放在学校，甚至两三点放学后还要让孩子留在学校上课后班，这简直太荒谬了！说穿了，学校，尤其是公立学校，主要任务就是管理，每个教室人那么多，即使最好的老师也不可能与学生有那种（良好的）关系了。

“所以在家上学有利于那些贫穷的少数族裔的孩子？”头一次访谈，就听到如此犀利的言辞，我一时有些适应不过来。

> 不是的，不要被洗脑了（indoctrinated）！即使你在学校真的感觉很好，如鱼得水，你还是受到这样的教导：你的价值只与你能生产出什么样的东西有关，跟你的存在无关。就好像，

> 作为一个人，你在这个星球上是珍贵的存在，但在学校，为了证明自己有价值，必须得做点好的事情。那种感觉，你知道的，我得做这个，我得做那个，我得表现优秀，我得像那样去做等等，总之你无法只是存在着。可是，人之所以是人，就在于他的存在，而不是行为（Human beings are human beings, not human doings）。但如今我们的价值太取决于行为了，特别在美国，刚认识一个人的时候，一般问的第一个问题就是，“你是做什么工作的？”如果他们觉得你做的事情不恰当，就对你没兴趣了。这都是学校教出来的结果。

艾丽莎的言论散发着强烈的存在主义人文气息。萨特就主张，人在选择自己的行动时是绝对自由的，如果不能遵循个人意志做出“自由选择”，而是按照被期望的行动，人就失去了“自我”，不能算是真正的存在。而学校作为教育机构，在艾丽莎看来渗透着资本主义的工具理性，是导致人丧失自由意志的元凶。那么，人到底有没有绝对的自由意志呢？如果有，儿童应该被允许执行自由意志吗？自主是人类本性的一部分吗？只需等待它出现或由着它发展成熟吗？若是如此，儿童的成长就不需要任何外在规则的约束。这显然不是艾丽莎的想法，比如她反对自由放养式的教育，“孩子需要管束，比如不能想吃糖就给他吃”。

艾丽莎的观点实际上与传统教育哲学中关于教育目的的论述并无根本不同。詹姆斯·D. 马歇尔在对教育学理论的梳理中指出，西方教育形成的共识是把个人自主（常常是理性自主）视为教育的理想境界。他引用彼得斯的说法，指出其逻辑如下：儿童不是理性的人类群体，所以为了实现自由，必须暂时停止儿童的自由，“通过在规训与心智发展中进行灌输，使自我得以‘出现’”[1]，简言之，不自由是为了自由，问题的关键是谁应该享有文化灌输的主导权，谁能最好地代表孩子的利益，以帮助他们成为自主的个体？安迪对这个问题的回答在受访者中很有代表性，“学校和家长都想按照自己的价值观塑造孩子，我们觉得家长更能够从孩子特定的需要和潜力出发”。那么，学校的教育范式有何问题以至于被认为损害作为个体的孩子的利益呢？

在我的访谈中，许多父母都把矛头指向了福柯所揭示的学校支配技术。为了生产规范化的个人，这些渗透到学校中的微妙的权力关系在本质上作用于身体，是学校实施规训，制造顺从的主要手段，人的自我身份和主体性在其中被塑造形成。首先被诟病的是学校的空间设置，如同监狱、医院等规训机构，学校被人为地与外界隔离开来，学生成为被凝视被观察的对象。安迪对此早有体会，他出身于工人阶级家庭，本科和硕士分别毕业于普林斯顿和哈佛，他的女儿上完八年级就开始尝试包括在家上学在内的综合教育。说到为什么选择在家上学，他先回忆了自己的学生生涯，以及对学校制度的质疑是如何产生的：

> 我算是一个比较成功的学生吧，不是不合群的那种，但在学校也不是特别开心。到了高中，我开始意识到学校提供的是一个如此刻意的环境，外面的世界那么大那么复杂，而我们却在这同一栋大楼里，日复一日，年复一年，天天看着钟表，跟

---

① 詹姆斯·D. 马歇尔：《米歇尔·福柯：个人自主与教育》，于伟、李姗姗等译，北京：北京师范大学出版社，2008 年，第 68 页。

和我们相似的同一拨人在一起，互相捉弄来捉弄去。你知道吗？我常常觉得自己就像困在一个密封的细菌培养液容器里面，并不是说我的老师和同学不好，或者我有什么不好的经历，没有，只是这种设计的样式从根本上就是错误的。

除了将人固定在一定的空间和时间里，学校按照年龄分年级的惯例也被认为是把孩子像物品一样人为地分类，“像塞到一个个不同的盒子里一样”，特别是家里有好几个孩子的家长，都觉得这种做法割裂了兄弟姐妹之间天然的感情，因为“在学校上不同的年级，一天大部分时间都不在一起”。

此外，如艾丽莎所说，奖惩机制根深蒂固地根植于学校当中，做正确的事，做好学生，这样才能得到老师的表扬。而“正确”和“好”的标准是由主流意识形态所规定的，并没有给予个体性和差异性多少空间。奖励和惩罚是规训的一币两面，美国社会一向注重以鼓励表扬为主的正面教育。在有些家长看来，表扬是一种隐蔽而有效的统治术，是促使学生顺从的手段，更应该警惕。罗蒙娜有五个孩子，从事在家教育已经二十多年，她创建了 HEIM，被很多人视为麻州在家教育的“代言人”。她的在家教育之旅也是对学校批判反思的过程，反思的起点就是对司空见惯的“表扬”现象的审视。

罗蒙娜出生在康涅狄格州，她的父母在意大利是贫穷的农民，后来移民到美国，从来都觉得在学校接受教育是天经地义的事。她生下第一个孩子之后，一家人搬到麻州的牛顿市，主要是冲着那里学校的好名声，但孩子在学校的经历却动摇了她的信心：

> 我本人很喜欢上学，所以送孩子去幼儿园的时候，我特别兴奋。但过了两三个月，我发现学校有很多东西都令我反感。比如课程的设置，还有老师对待孩子的方式，好像谁乖我就对谁好那种，我觉得孩子们像被诱骗了（entrapped）一样！我女儿是个很乖的孩子，是老师的宠儿，我本来应该高兴才对，但一点都不，首先我觉得这很不公正（unjust）……我女儿很善于揣摩别人的心思，听老师的指挥，所有这些都受到老师的表扬，但同时老师把别的孩子看得更低，动不动就指责他们（judgemental）。

罗蒙娜的不安有两个方面，老师的做法除了有违公正平等的道德原则，还有将她女儿训练成为听话的机器的危险，只会取悦他人而缺乏独立思考的能力。

于是罗蒙娜想到让孩子转学，她走访了其他的公立学校和私立学校。正在这时，很偶然地，她发现她的一个朋友没有让孩子上学，而是在家里教育，她感到很震惊，“这太荒唐了，我以前从没听说过（可以这样）！我就开始找书来读，想弄清楚这到底是怎么回事。你知道，我这个人一向是怀疑主义者，这辈子从来不会马上接受某种东西（converted），但当我读了朋友推荐给我的约翰·盖图的书，立马就被说服了！当即决定让孩子在家学习”。罗蒙娜的叙述乍看有点戏剧性，但其实是以前对学校的质疑在盖图的书里得到了印证。她表示非常认同埃尔菲·科恩（Alfie Kohn）在《奖励的惩罚》（*Punished by Rewards*）一书中的观点，“学校的教育模式是这样的：做这个你就会得到那个，比如你上课乖乖的，不要哭，我就奖励你一块糖。这是一种操纵（manipulative）手段，跟训练实验室的动物有什么区别呢？！”

如果说教育的目的是实现个人自主，那么在一些家长看来，资本主义工业革命下诞生的大规模公立教育恰恰走向个人自主的反面，隐含在其运作模式之中的是支配与被支配的权力关系，即伊利奇所说的“隐性课程”。即使它的本意不是伊利奇认为的制造服从（compliance），客观上也造成了学生与学习、与自我的分离和异化，而“异化是资本主义摧毁自主性的主要手段”[①]。罗蒙娜笑着说即使她当初没有遇到在家教育的朋友，迟早也会走上这条路，“因为我就是那种看不惯学校的人”。她离婚之后，在家教育一度难以为继。她让女儿在剑桥的私立学校上了两年，发现一样存在“人为操纵”（artificial）、“区别对待”（ categorizing）等问题，而且大都是白人的孩子，更加精英主义，这在强调多样性的罗蒙娜看来并非优点，后来就再没有让孩子上过学。很多访谈对象都洞察到学校体制的问题，这种洞察直接推动了在家上学之旅的开启，或者蛰伏在观念的层面，当现实有变，在某种情境因素的刺激下，里应外合，离开学校则成为顺理成章的选择。

二、公立学校的危机与改革

每个周三上午，在家上学的孩子都可以参加海狸溪公园的“公园日”活动，很多孩子在宽阔的草地上玩着飞盘或自由自在地互相追逐，家长们则三三两两地聚在一起聊天。我在这里碰到了来自林肯的米兰达，这是她第一次带着10岁的儿子参加在家上学圈子里的活动。

---

① 保罗·威利斯：《学做工》，第175页。

对于在家上学，她坦言还很陌生，“我们刚开始不久，要不是现在考试变得这么多，这么死板（rigid），根本没想过不上学”。在这种情况下，它的哲学动机往往被剥离或淡化，换言之，很多家长并不质疑学校体制的合理性，但孩子上学期间这样或那样的现实问题迫使他们黯然离开。

如果对罗蒙娜来说，私立学校过于精英主义，那么学习内容缺乏挑战或质量低下则首先成为公立学校的众矢之的。[①] 斯蒂芬妮二十多年前从匈牙利来到美国读硕士，从此留在美国。她和先生都取得了博士学位，她曾经在麻省大学阿默斯特分校教过几年书。儿子八年级时因患莱姆病转为在家学习，她的朋友对她的选择都比较接受，但远在匈牙利的家人却觉得她简直疯了，“这么大的孩子怎么能不上学呢？”她却觉得正好利用这个机会远离学校。她说她儿子智商很高，学校那点东西缺乏挑战，即使孩子所在的在麻州排名靠前的多佛（Dover）公立学校亦是如此。“美国学校喜欢完美，要 70% 的正确率才能及格，90% 才能留在荣誉课程或 AP 课程班。因此为了让学生拿高分，老师教的东西不多，问题往往特别简单，然后一遍遍练习，但这个过程让优秀的孩子感觉很无聊。”高分是让孩子努力学习的激励性措施，在斯蒂芬妮看来却是一种麻痹性的控制，追求完美的表象下是教学内容简单化的事实。

公立学校这种反智主义的倾向令很多中产阶层的父母不安。安

① 事实上“衰败的公立教育”形象在美国的公共话语中持续升温，在《危机中的国家：教育改革势在必行》一文中尤其令人瞩目，这是里根政府的国家教育卓越委员会于 1983 年发布的报告，它的出版被认为是现代美国教育史上的里程碑事件，触发了之后一系列涵盖地方、州和联邦的改革措施。报告指出，美国学生的学业表现欠佳，尤其与其他发达工业国家相比，处于劣势。

迪在邮件中告诉我，“很多学校根本不教或很少教地理或经济学知识，历史和科学更是众所周知地薄弱（notoriously weak）”。布鲁克兰的公立学校素有良好口碑，但我认识的一个孩子决定七年级转学到私立学校。我不解地问他妈妈为何转学，她耸耸肩说道，“做出这个决定确实不容易，要多花很多钱。这个学校在公立学校里面算是最好的了，但孩子六年级就想转学了，学得太简单了，他觉得没意思。老师教学的设置更多地是考虑那些程度中等或偏差的学生”。据她介绍，只要财力允许，七年级或更高年级转到私立学校是很多中产家庭的做法，目的是为上好大学做更充分的准备。在布鲁克兰，公立学校的孩子都可以参加社区组织的各项运动队，教练由家长自愿担任，收费低廉。我在这种足球训练课上认识了一位华人父亲，他来美国十五年了，孩子 10 岁，他准备下学期让孩子到收费更贵的私人教练足球队。我问他为什么，“像现在这样不挺好吗？每周都有的练，又便宜”。他却不这样觉得。据他观察，“在美国，你要是光指望学校，那孩子就完了，公立学校里提供的东西都是最起码的，缺乏竞争力，家长必须跟上，为孩子创造条件”。

公立学校之所以存在反智主义倾向，更重要的是由它的办学性质所决定的。公立学校由纳税人出资，是政府工程，由此导致知识的趋中性。而真正的学习不可避免地涉及争议性问题的探究，但这会触犯某些既得利益者。凯蒂有政治学博士学位，她认同公立学校的免费理念，“因为教育就应该如此，但我希望孩子学到的是真实的历史，而不是被曲解的历史”。对凯蒂的采访恰逢感恩节前一天，她举例说她家不过感恩节，不认同学校教给孩子们的版本，“我们把这一天看作印第安人的‘哀悼日’，每年这个时候都参加印第安人在普利茅斯举行的抗议活动”。安迪也认为知识受到多种利益的左右，“很多地方的公立学校不能教科学，因为与圣经相抵触。不能告诉学生白人在历史上对印第安人实施的种族屠杀，因为被指不爱国。不能教劳工历史，因为太政治化。任何有争议的东西都会惹恼某些人，这样一来，课程设置往往避免引发可能的争执（conflict），而争执恰恰是自由思想的生命之源（lifeblood）”。因此，哪些知识应该被传授？围绕这个问题本身就发展出一套权力/知识的论述和实践，承载了多种意识形态和观念的较量。知识被筛选被赋予权威，协商妥协的结果往往为了安全“无害”而导致知识中庸化。

具有反讽意味的是，公立学校“谁都不能得罪，谁都要讨好”的局面随着多元文化主义成为主导意识形态，反而更可能谁都讨好不了。多元文化主义自20世纪70年代以来逐渐成为美国奉行的公共政策，一方面，少数群体在公立学校得到更多的呈现和尊重，另一方面，与之相关的“政治正确”原则，即在公共场合不得使用歧视性的言论或举动，在一些保守主义者看来又会造成新的思想压制。我在“公园日”认识的菲奥娜五十多岁，住在康科德。她是犹太人，自认比较保守，她和丈夫认为学校就是“洗脑”（indoctrination），“我女儿以前上学的时候，在纸上随便写了一句话：为什么学校在基督教的节日放假而犹太教节日不放假呢？只是在纸上写了写，没有跟谁说，但不知道怎么回事，学校就知道了，打电话来找我谈话，说有其他学生为此感到不安”。

对于公立学校传递给孩子的意识形态，不但保守主义阵营诸多不满，自由主义者也不买账。在罗杰看来，“学校所谓的公民教育，就是政治宣传（propaganda），我不喜欢学校的课程，不喜欢他们让我孩子学的东西和教的方式。乔迪以前说她不想向国旗宣誓效忠，我就写了一封信给学校，说我的女儿不想这样做，学校就同意了”。

事实上，向国旗宣誓效忠在很多学校已经被取消，学校避免公开的品德教育。一位资深的公立学校教师告诉我，“品德教育（moral education）在我看来就是教导对美国人来说重要的价值观，最重要的就是公正的概念。学校主要是教学机构，道德教化功能暗含在学校的各项活动里，极少以正式明显的形式体现。我们信奉自由的价值，认为政府不应该控制我们，除非完全有必要”。但这样做的一个结果就是公立学校共同文化的失落。正如安迪所做的分析，“私立学校当然可以说，‘这是我们信奉的理念，同意请加入，否则别来’，可公立学校没法这样说啊，谁都不能得罪”。由于共同文化的缺乏，多元主义和个人主义往往在公立学校营造了一个哲学上的真空，资本主义商业文化乘虚而入，消费伦理在学校大行其道，事实上削弱了老师和学校的权威。

麻木不仁的学校官僚主义是公立学校另一个备受诟病的地方。《等待超人》这部纪录片对此有集中的反映，它讲述了美国一些公立学校里孩子的处境，以及父母感受到的不公正和绝望。比尔·盖茨现身为此片宣传，奥巴马总统亲自接见剧组，在美国引起很大反响。安迪对片中抨击的现象很有共鸣，故向我推荐。对安迪和他妻子来说，学校官僚主义也成了“压垮骆驼的最后一根稻草”，坚定了他们离开公立学校的决心。在这里，我想继续以安迪为例，追寻他一家走上在家上学的足迹，以表明对一个家庭来说，这绝非简单的决定，而是一个累积效应下深思熟虑的过程。

上一节讲到安迪自己的学校经历使他对学校体制产生质疑。到了大学，他偶然读了伊万·伊利奇的《去学校化的社会》，很受震撼。等有了孩子，他曾经与妻子严肃地谈过在家教育的可能性，他的妻子凯瑟琳告诉我，“我没有被他说服，我当时向往的家庭生活就是大人上班，孩子上学，然后晚上和周末一家人享受美好时光”。于是这个想法暂时搁浅。他的孩子所在的公立学校，照他的说法在剑桥算比较好的，同学的父母既有获得诺贝尔奖的哈佛教授，也有享受政府廉价房租的低收入者。但这所学校一度让他对女儿的教育忧心忡忡：

> 那些年，我们不断发现很多老师（当然不是全部，相当多的老师是非常有才华的，对学生尽职尽责）工作中的问题，有拼写、语法方面的错误，还有的内容都教错了。比如有一个老师在课堂上说电灯泡是在启蒙时代发明的，并据此把我女儿写着正确答案的卷子判为错。这个老师的行为属于特别过分的那种（egregious），他的T恤衫上写着，“做老师最棒的地方就是：六月、七月和八月”，意思分明就是，我讨厌我的工作，要是一直放假就好了。

“不可以投诉他吗？”我问道。“我找了校长，校长也没办法。他跟我解释说已经花了很多年来处理这些事情，但最后不得不承认，他真的无能为力，因为有教师工会。像我说的这个老师是其中的会员，因而有终生的工作保障，他知道这一点所以才这么明目张胆。就是这样，有一些老师即使很差也不会被开除，他们可能被调离教职去做别的，可工资照样领。”由于教师工会在政府中的强大话语权，解聘一个教师成为非常困难的事情，根据《等待超人》里的数据，在伊利诺伊州，2500 个教师中只有 1 个被吊销教师资格证。安迪对此很无奈，“从理论上讲，政府办的学校应该是为学生服务的。但实际上，大多数学校都高度官僚化，它们起到的作用往往跟教育毫无关系，比如说主要是为满足教师就业”。对学校的失望情绪继续酝酿，转眼间到了孩子升高中的时候，凯瑟琳去参加学校组织的家长会，“整个讨论都不能以一种文明高效的（civil and efficient）方式进行，我感觉非常震惊，无法想象我的孩子在这样的体制下学习。回来以后，我就对安迪说，你赢了！我们不能光靠学校”。

安迪的话表明父母在面对庞大的学校官僚体制时的无力，这种无力的感觉是促使许多父母考虑在家教育的重要因素。问题是为什么父母不能发挥更大的能动性，成为对抗学校弊端，进而改善学校的积极力量呢？这里我们需要考察一下家长与学校的动力机制（dynamics），孩子一入学，家长与学校就建立了某种关系。由于涉及到照看责任的委派以及孩子在每个家庭中的重要性，它实质上具有庇护关系的不平等性，学校是庇护者，而孩子是依赖学校和老师的受庇护者，这大大限制了家长批评学校和对其施压的能力。另外，这种关系具有过渡性，孩子一年年升级，从小学到初中，到高中，旧的关系失去意义，而新的关系建立并被赋予意义。因此，对家长来说，与学校的某一个现象斗争没有很大价值，因为很快就要面对新的老师新的问题了。结果就是，家长改变现状的热情被抵消，学校因为尽不到责任而承担后果的可能性也大大降低。

围绕着美国公立教育所处的困境，“大众舆论弥漫着一种明显的绝望感，大多数孩子要么中学毕业却不具备工作的能力，要么难以负担起越来越高昂的大学费用，或者毕业后不得不面对毁灭性的学生贷款。很多年轻人买不起房子，也不敢生孩子”。访谈中一位家长的话表明教育如何在普通大众的心中成了一个令人焦虑的中心话题。事实上，美国的公立教育改革一直在进行之中，总的趋势是联邦政府开始更深地介入本是属于地方事务的教育领域，更多选拔性标准化测试（high-stake standardized testing）开始实施。改革激发了各方很大的争议，它在教师群体中制造了更大的恐慌，很多中上阶层父母也不买账，指责这些措施使学生“变得低能”（dumbing down）。

为何旨在提高教育质量的改革措施却被视为起到了相反的效果？首先，许多人认为改革只是加大了老师和学校的压力，对于教育的主体——学生却作用很小，甚至有害于学生。统一课程大纲（Common Core）的核心是教师问责制（accountability），联邦政府根据学生学业成绩而划定学校拨款和教师工资。当经济诱因成了根本驱动力，教育就更趋向于在官僚主义的体系里运作。在跟布鲁克兰一些家长的闲聊中，我发现很多人根本不把考试当回事，“成绩单拿回家，我就丢在抽屉里，再没管过它！我当然知道它的重要，但如果孩子考得很差，学校就会感到压力，必须想方设法帮孩子提高成绩”，“没有什么及不及格一说，如果孩子的成绩属于‘警告’一类，就可以申请额外的补习，学校出钱，当然这是完全保密的”，“家长也关心学校的分数，考得好我们很骄傲，考得不好我们会投诉…… 私立学校不用考 MCAS（麻州现行的一种标准化测试），平常我们说哪个公立学校好，基本上是看考试成绩和排名”。

在考试的指挥棒下，有的老师，特别是教龄较长的老教师，感到教育理想受到了背叛。布兰妮是剑桥公立学校的一位老师，二十五年来一直负责教学前班和幼儿园的低龄儿童，2014 年 2 月 12 日提出辞职，有家长将辞职信的全文转发在在家上学邮件组里。她在这篇长文中“怀着深深的爱和一颗破碎的心”控诉如何不能忍受现在的工作“一天到晚就是考试和数据，而不是孩子”。她认为自从“不让一个孩子落后”法案颁布以来，美国的教育越来越滑向“测试、数据迷恋、竞争和惩罚”的深渊。连低龄的孩子也不能幸免，“四五岁的孩子就要被筛查是否有学习障碍，老师一年需要测试孩子三次，以了解他们的读写能力。数学学完每一单元有一次考试，从去年开始，幼儿园的孩子需参加一次额外的数学测试…… 我的工作越来越偏离个体孩子的需要”。

按照布兰妮的说法，学生的需要没有受到尊重，学生成了这种体制下的受害者。维奥莱特一年前从加州搬到麻州阿克顿（Acton），我在一次沙龙上认识了她，沙龙结束后她顺便搭载我到地铁站。她说话有种愤世嫉俗的味道，批判起学校制度来毫不留情，“我刚来的时候想让孩子报阿克顿公立高中的AP课程①，他们这个很有名，可是当我问校长跟普通课程有什么区别，他说没什么区别，就是考试更难而已，哦天哪！学校的老师都很年轻，被哄得团团转…… 整个国家就忙着考试，很多学校花一个月时间准备考试，考完就万事大吉，上课看电影”。情况真的如此吗？四十多岁的席琳是布鲁克兰一所公立学校家校委员会（PTO）的负责人，两个儿子分别上七年级和九年级。作为不同城市不同学校的家长，她的回答呼应了维奥莱特的判断，“这些考试占据了孩子们太多的时间，感觉整个三月份都在各种练习

① AP为Advanced Placement的缩写，即大学先修课程。

中度过，为 MCAS 数学考试做准备，孩子一点也不喜欢！”在一定程度上，这些自上而下的措施延续并强化了教育的规训功能和政治经济导向，使教育更深地卷入到标准化体系之中，与人本主义的诉求相抵触。事实上，全国统一课程大纲的实行使得更多人投向了在家上学的怀抱。我在访谈中发现，不管是出于何种动机选择了在家上学，几乎所有的父母都表达了对以考试为指向的教学范式的反感，反感的根源在于考试所引发的学习工具化和标准化。

细而观之，布兰妮的辞职信从不同方面揭示了美国公立教育生产标准化个人的倾向，这些都是家长让孩子离开学校的催化剂。首先，教育被量化和科学化，有它的指标和衡量的方法。罗杰曾在公立高中任教，现在是一所大学的老师，他明确指出自由理想与现实之间的距离，“美国教育体制总的趋势是同质化而不是个性化。尽管我们以为（并被告知）我们是自由的个体，但仔细看并非如此。我们的教育体制就是把方的钉子揳进方形的洞里，没有其他形状的位置”。

前文讲到公立学校的反智倾向抑制批判性思维的培养，当教学以考试为导向，围绕着外在的标准而设计，家长们所推崇的创造力也会相应地萎缩。在斯蒂芬妮看来，学校的教学并不鼓励思考，“数学课上总是问‘你用了哪条定理？’我觉得应该是‘为什么这条定理是正确的，它在所有的情况下都适用吗？’英语课上经常是‘写一篇文章，要有五个段落！’我觉得应该是，‘你想说点什么？把它表达清楚让别人看明白’”。

为应付考试，作业量增加，自由支配的时间随之减少。有一位住在麦德福德的妈妈说她 5 岁的孩子上幼儿园不久就有十四页的笔头作业，“两到三周内完成，才 5 岁的孩子啊！你不觉得这很愚蠢吗？”

南希多年前在公立学校做过老师，她直言现在公立学校的变化让她难以理解，“阿灵顿的学校没有课间休息时间和零食时间（neither recess time nor snack time），这太不可思议了。像埃米莉这么大的孩子，十一二岁，正是长身体的时候，很容易饿，学校这样安排怎么受得了？我去找了学校的老师，他们也承认，这样做不好，只是课业任务多，没时间”。我没有能够向阿灵顿的学校核实南希说的情况，但就我所知，布鲁克兰的公立学校在两节课之间只有五分钟的休息时间。美国学校实行走课制，很多孩子在五分钟之内要在不同教室之间转移，往往顾不上喝水和上洗手间。

另外，布兰妮提到的“学习障碍”是促使很多孩子离开学校的原因。这一开始在我看来简直不可理解，我在美国的一个感触就是为什么有特殊需要的孩子如此之多，而学校为这些孩子提供的特殊教育非常人性化。事实上，“特殊需要”儿童的数量在美国增长速度惊人，“特殊需要”是一个笼统的概称，美国有一系列法律保护这些被定义为有特殊需要的儿童的利益。所有这些法律都表明，公立学校有责任教育 3 到 22 岁之间没有获得高中学历的孩子，无论其残疾的性质和严重程度如何，都必须给予与其他孩子一样充分的教育。如 504 条款（Section 504），适用于所有接受联邦资助的教育机构，包括所有的公立学校、大部分私立学校和大学。504 条款涵盖的障碍种类很广，关注的是所有孩子都有平等受教育的机会，如必须保证坐轮椅的孩子可以使用坡道和电梯，或者让他 / 她所在的整个班在一楼上课，而不是强迫这个孩子到位于一楼的另一个班级。还有“美国残障人士教育法案”（The Individuals with Disabilities Education Act，简称 IDEA）。该教育法案关注的是需要特殊教育的儿童，如患有自闭症的儿童需要治疗师的帮助，英语为非母语的学生需要上语言课程等等。法律规定，学校有责任想办法满足所有孩子的需要，否则，将会失去联邦拨款。

在一些家长眼里，由于近年来联邦政府越来越插手地方教育事务，特殊需要儿童在越来越制度化和标准化的学校教育里增多也就不足为怪了。我的一个受访人称，“被诊断为多动症和阅读障碍的儿童最近几年呈爆炸性增长”。这实际上成为公立学校一个很棘手的问题。在很多学区，特殊教育消耗了学校预算的主要部分，以剑桥为例，《波士顿杂志》曾列出全州不同学区学业成绩与用于每个学生费用的对应表，剑桥每个学生的花费高居榜首，而成绩却在第88位。[①]安迪解释说这与剑桥数量庞大的低收入少数族群人数有关，再就是剑桥公立学校有较高比例的“特殊需要”儿童（并不总是与贫穷有关），许多孩子被外包到私立学校的“特别项目”中，所需费用由公立学校承担。“每个特殊需要儿童每年的花费超过五万美元。因此，”他提醒我，“这里说剑桥的每个孩子年费用平均为两万六千美元，很可能是一个学生用掉五万，而另一个学生只用了一万。”

从一个方面来看，对作为个体的人进行细化分类，对有特殊需要的孩子投入如此巨大是社会制度化的理性的进步，使得因各种原因处于劣势的儿童，如出身低收入家庭、身体残疾等等，得到更多个性化关注和进步的机会。但另一方面，“特殊需要”在很多家长看来，是以学校教育为标准强加的标签，如此一来，许多正常的儿童被错误地纳入其中。因此，他们声称，所谓“特殊需要”往往是学校的需要，

---

① *Boston Magazine*, May 2014.

而不是孩子的需要。

简住布鲁克兰，孩子才 4 岁，还不到上学年龄，她将来不打算让孩子上学，因而积极参加在家教育圈子里的活动。有一次我搭她的车去参加 HEIM 的沙龙，路上我向她提出了自己的疑问，“为什么在美国有这么多特殊需要儿童呢？”她直言这是制度权力强加的结果，“凡是与学校规定的做法相悖的，都被定义为学习障碍。本来小孩子就很难在椅子上安静地坐着，但按学校的定义这就成了问题”。通过对儿童特定行为或举止的病理化建构，“正常”得以界定，个体得以分类。按照福柯的理论，这是伴随着现代性的发展而出现的一种监督技术，目的仍是调节和规范个体的行为。

通过将孩子的某些行为归咎于学校，在家教育的父母颠覆了学校的话语模式。贝蒂以前在学校教西班牙语，从中国收养了一个女儿。女儿到了上学年龄，像大多数父母一样，她把孩子送去学校，从此开始了每天都惴惴不安的生活，“每天早上上学都又哭又闹，下午去接她的时候，车还没开到学校，心就提起来了。因为每次老师交到我们手里的女儿都疲惫不堪，身体、精神、情绪都耗尽的样子（physically, emotionally, and spiritually depleted），一上车就开始发脾气，尖叫，又踢又打，第二天这种折磨又开始了”。老师将其视为有“情绪障碍”，非常耐心地帮助她，可在学校待了两年，情况还是那样。没办法，她开始阅读各种资料，“做了上百个小时的研究”，越琢磨整个过程，就越质疑学校是否最符合孩子的利益。期间，她遇到了两个妈妈，她们的孩子在学校时都有类似的行为问题，现在在家上学，两个人都向她保证，“在家上学是解决孩子情绪不稳定的良策！”

她曾经就女儿的问题在邮件组里求助，一位叫乔伊斯的妈妈公开回复道：

> 公立学校创立的目的本来就不是为孩子提供最好的学习环境，而是为了提高人口的教育水平（20世纪初正是移民潮汹涌之时）。学校使用的方法是为了使学校正常运转，而不是为了给每个孩子最好的教育。老师可能已经做到了竭尽全力为你女儿着想，但受学校体制所限，他们步履维艰，就好像老师想画一幅美丽的画，可学校只给他一支短短的画笔和一种颜料。而且不幸的是，你女儿在学校得到的所有“帮助”，目的都是为了让她更适合学校。但好消息是，既然孩子身上那么多问题都是因为想让她适合学校而引起的，一旦你改变环境来适合这个孩子，她就会健康成长。就好像把一盆向日葵从树荫下拿到太阳底下，一旦让她离开学校，就没必要为她怎样在树荫下繁茂生长发愁，只需要让她到太阳底下来。

按照乔伊斯的逻辑，孩子的行为障碍不是孩子自身的问题，而是学校的问题。约翰·霍特在《教自己的孩子》一书中引用学习障碍协会会长的话说，“并没有证实这些障碍的相关证据”，那为什么学校识别出这么多神经性障碍的存在呢？霍特认为，“学校把因果关系搞反了，这都是学校制造的焦虑和紧张引起的学习困难，学校先入为主地认为阅读很难，然后发明各种教学方法，反而把阅读搞得无比复杂和困难”①。有一位妈妈对约翰·盖图所说的“美国的义务教

① John Holt, *Teach your Own: A Hopeful Path for Education*, p. 208.

育就是十二年的有期徒刑”深表同意，她批评道，“标签化就是残疾化（labeling is disabling）。所谓多动症、学校恐惧症和阅读障碍，其实是学校放出的烟雾弹、替罪羊，目的是为了掩盖学校的失败。所以与其说‘多动症’，不如多关注一下学校是怎么限制活动的。与其说‘注意力缺陷’，不如想想怎样让课堂变得更有乐趣更能激励学生”。

按照这些家长的观点，政府出台的各项改革措施不但没有解决公立学校的困境，反而加强了生产规范化个人的倾向，越发背离“以学生为中心”的教育使命。克洛伊有教育学硕士学位，她对此感到悲观，“我就是感觉公立教育已经无药可救了，改革也没用，只能另想出路”。我在田野中发现，很多在家教育的家长有教育学背景，曾经做过老师或目前仍在学校任职，他们对于学校的运作比一般家长更清楚，更有跳脱体制的愿望。克洛伊的五个孩子从没上过学，照她的说法，“我学的是教育管理，虽然没有真正教过书，但我太知道学校是怎么一回事了。我的母亲和姐姐，还有好几个亲戚都是老师”。

在以上的叙述中，我们看到父母们如何出于对学校压制创造性和自主性的担忧而离开学校。比学校质量低下更急迫，更能引起焦虑的是孩子在学校的创伤性经历，欺凌（bully）就是这样一个沉重的话题。我曾经在邮件组里读到一位母亲愤怒地描述她患有自闭症的儿子在波士顿的校车上被打的悲惨遭遇，当时她儿子打电话向她求助，校车司机置她的请求于不顾，她被迫一路保持通话，报警由警车在路上逼停校车才救出她的儿子。贝丽尔是一位心理治疗师，据她介绍，欺凌在美国学校非常普遍，即使在私立学校也不少见，有些孩子甚至为此自杀，“学校已经认识到这个问题的严重性，但却难以根除。过去十年的经济衰退，普通人压力更大了，这种压力自然影响到孩子，从家庭蔓延到学校……在私立学校，有些坏孩子的家长本身就是学校的员工，或者给学校捐钱，很难管”。她的儿子原来在斯托（Stow）的公立学校读书，厌倦了一天到晚无意义的重复，后来转到私立学校，却被别人欺负，只好选择在家上学。

欺凌背后的原因多种多样，往往是社会问题在学校的延伸，如基于种族、贫穷、性别、疾病等等的歧视，但根源往往是不从众所受到的惩罚。在这里，第二章提到过的悖论再次出现，一方面，“做你自己！”在当代美国不但是一种个人的渴望，也是文化的要求，另一方面，从众的同辈压力在学校这个聚集着众多同龄孩子的公共空间里显得尤其巨大。对“不一样”造成的欺凌，乔迪深有体会，她是罗杰从中国收养的大女儿，今年 17 岁。罗杰在访谈前的邮件往来中，问我是否有兴趣与乔迪谈一谈，我当然求之不得。在萨摩维尔的一间咖啡馆里，乔迪和爸爸安静地坐在我对面。她扎着长长的马尾辫，穿着一身运动服，个子不高，看上去就像是在中国随处可见的普通女孩，但眉宇间透出一种英气，说起话来急促有力，很有气势，她回忆起自己的学校经历仍难掩激动：

> 我在学校被欺负惨了，因为我是被收养的，来自中国，学习中国功夫，而且，你也看到了，很多美国人比我高好多。我跟一般的女孩不一样，很多人觉得我不够女性化，这让人困惑，因为社会上已经有一套观念，男孩什么样，女孩什么样，18 岁的男孩又应该怎么样，100%，不接受其他形式。但是，人是不同的，有人身上有 80% 的男孩子气，20% 的女孩子气，这都是正常的。我希望这个世界更宽容，更多接纳和理解。在中学，

接纳并不是件容易的事，我讨厌被别人刁难，感觉很不好，很压抑，很多受欺负的孩子都有这样的感受。33%的孩子一生中有过被欺负的经历，这会降低一个人的自我评价，让你觉得自己不像一个真正的男人或真正的女人，或真正的人。如果允许我多说几句的话，我认为，在公民义务以及我们应该怎样成长为更好的人的问题上，公立中学几乎是最差的地方。让我详细解释给你听：中学的孩子都是十四五到十七八岁，有很多时间学会怎样找到自我，但找到自我挺难的，需要花很多时间和精力。而且因为学校里很多人挤在一起，压力要大得多，很多事情，如果大家不接受的话，就会有偏见（judgemental），就会产生欺凌现象，可能更早的时候就产生了，但是在高中尤为严重。在家上学惯了，我觉得跟大人说话没什么，很自由，跟年龄小的孩子也是一样。但在学校则不同，我的那些还在上高中的同学常跟我说，“在学校我不敢做自己，因为如果做自己的话，我会被看不起，像垃圾一样没有价值”。

发现自我，在罗伯特·贝拉看来，意味着“发现使个人生活产生连贯意义的故事和解说”[①]，是崇尚自立精神的美国人的核心任务。青春期是个性形成的关键时期，很大一部分时间是在学校度过的。按乔迪的说法，学校环境很难为形成独特的成熟的个体提供充分支持。与学校制造标准化的规训技术相似，欺凌实质上是作为同辈的学生对“不一样”的学生强加的权力实践，而他们据以运作的权威和标准往

① 罗伯特·N. 贝拉等：《心灵的习性》，第106页。

往不是学校管理层和老师制定的标准，而是商业文化伦理下的标准，如鼓励基于不同性别的时尚消费，女孩该穿什么，该用什么，与学校外更大环境下的基于种族、收入、性别等等的歧视交织在一起，对“不一样”的学生形成了心理上的压迫。不少人都有不愉快的学校经历，住在阿克顿的维奥莱特说自己的高中过得很挣扎，每当有人质疑在家上学的社会化问题的时候，她就在心里不无讥诮地说，“你想念学校的什么呢？欺凌吗？”

三、一个弱势家庭的个案

一般观念认为，公立学校对贫穷的少数族裔群体最有利，帮助缺乏“文化资本”的他们实现向上流动。这一节我将目光投向种族和阶级意义上的弱势群体，揭示在美国当前的公立学校体制下，通过学校教育而实现向上流动如何在很大程度上沦为虚幻的泡影。因为文化资本的缺乏，他们反而可能成为更大的受害者。保罗·威利斯（Paul Willis）在《学做工》一书中指出，工人阶级对这一切有清楚的文化洞察，但受到性别分工等视角的局限，这一创造性洞察的结果却是对体力劳动的推崇，从而反讽性地掉入阶级再生产的窠臼。[①] 我将指出文化洞察的另一种结果：离开学校，通过选择在家上学，期望打破社会再生产的循环。

我们先来听一下坦尼娅的故事。坦尼娅四十来岁，以写作为生，她大学没有读完即辍学，最近在考虑重返学校读完学位。她的父母来自非洲的尼日利亚，她出生于荷兰，在波士顿长大，曾经在俄亥俄州

① 保罗·威利斯：《学做工》。

生活过一段时间，目前和9岁的儿子威尔住在剑桥，孩子的爸爸一直在监狱服刑，已经离婚。她在俄亥俄州申请了低收入家庭住房补贴，为了与母亲住得更近而回到波士顿。刚开始住在布鲁克兰，只是因为那里可以接受之前申请到的房租代金券，“我并不想住在那里，那是白人的富人区”。换句话说，住在白人的区域并不是坦尼娅渴望的事情，而仅仅是现实考量下的选择。

美国的居住区域是按照收入来分布的，这在事实上造成了居住区域的阶级化和种族化。中小学教育经费来自各居住区的房地产税，所以房价越贵的地方学区就越好。客观地讲，为了减少学区与收入挂钩造成的种族/阶层隔离的状况，波士顿已经做出了努力，1966年成立的“大都市教育机会理事会”（MCEO, the Metropolitan Council for Educational Opportunity）有37个白人占多数的郊区镇学区自愿参加，接收住在波士顿市的非白人孩子，“致力于提高学校的多样性，减少种族隔离”[①]。据我了解，布鲁克兰学校里的生源大多数来自住在学校附近的家庭，其他少数包括受益于MCEO的有色族群的孩子，像坦尼娅一样领取政府住房补贴的家庭（包括白人）。另外，每周工作20个小时以上的布鲁克兰市雇员即使住在其他地方，孩子也可以在布鲁克兰上学。但是，好学校也并非一块净土，内化的种族意识往往在学校延伸，种族/阶层歧视的话语在学校得到再生产，处于弱势地位的少数群体往往发现他们很难融合进来，身份认同比在普通学校经历更多挫折。坦尼娅是周围唯一的黑人，尽管布鲁克兰的公立学校闻名遐迩，她却不想将孩子送到那里，显然，成为少数所可能招致的异化和

---

① 参见 https://en.wikipedia.org/wiki/METCO。

孤立是她对好学校的一个顾虑。

威尔最初的教育经历是在波士顿市多切斯特的蒙台梭利学校①，由于没有足够的钱支撑这种私立教育，无奈之下坦尼娅还是让孩子就近上了公立学校。第一次上的是一所据称所有的公立学校里“最有贵族气质”的学校②，坦尼娅说她儿子是班里唯一的黑人学生。有一天，她担心的事情还是发生了：“有个孩子说威尔的肤色像大便（poop），我赶去跟学校交涉，最后还叫了警察。当时是五月份，学期快结束了，但我还是马上让孩子退学。”可能因为事情过去了很久，坦尼娅说起这件不愉快的往事一脸淡然：

> 新的学年，威尔去了布鲁克兰另一所公立学校。刚上没几周，有一次我去接他，他手里拿着一件崭新的衣服，我问老师怎么回事，老师说学校搞了一个捐赠衣服的活动，给低收入家庭的孩子。但问题是，他已经有冬天的衣服了，更重要的是，我没有要求这种帮助啊！而且最糟糕的是什么你知道吗？老师是当着他同学的面给他的，全班就他一个人（领到衣服）！我当时真的非常非常生气（very, very upset），整个事情看起来就是他们想把我儿子归入一个被称作低收入的隐喻性盒子里，根本不了解也不想了解我儿子的情况：那就是，他有家人，若他有什么需要，他的家人愿意为此牺牲一切。

① 在采访中，有些家长提到在家教育与蒙台梭利和华德福这样的学校在教育理念上的亲缘性，它们类似于在家教育和公立学校教育的中间形式，得到一些家长的认同。

② 这是我和一些家长聊天时听到的评论。

原则上，基于“政治正确”的多元文化政策抑制歧视性话语的公开表达，因此，当坦尼娅听说儿子的肤色被如此评论，“感到非常震惊和极大的侮辱”，校方也向她和她的儿子道歉。比公开歧视更常见的是以隐性形式存在的偏见，渗透在学校生活的很多方面。赠衣事件表面上看是学校的好意，但在坦尼娅看来，暗含着对“低收入者”的异常化和自上而下的“恩惠姿态”（patronizing）。“低收入”的隐喻性含义是坦尼娅急于摆脱的重担，她告诉我，希望赚到更多钱，可以不用领政府的补贴，因为“不想让威尔一直困在低收入这个盒子里”，为什么不想？她没有明说，我猜想是怕孩子接受外界强加于低收入群体的刻板观念，进而自我贬低，甚至自暴自弃。

在贺拉斯·曼的设想中，公立学校的一个使命是让有着不同种族不同文化背景的孩子在共同的地理空间里建立友谊，这种融合被认为对个体和社会都有好处。如果说从一开始这就是一厢情愿的美好愿望，那么在当代美国，种族和阶级多样性在学校的体现仍旧是非常有限的，反映了美国社会长期存在的事实上的隔离。学校不但难以填平早已存在的种族阶级鸿沟，反而有可能使之再现和加深。在这里，我想再细致地分析一下那些因某些优惠政策而进入好学校读书的弱势群体孩子的处境。学校所赖以运行的规范以中立的面目出现，但事实上学校的文化和教学范式反映了优势阶层的趣味，所有这些是弱势群体孩子的家庭和阶层所不熟悉的。这些规范配合以奖惩机制的运用，将拥有更少文化资本的他们置于更牢固的控制之下。

罗蒙娜曾到女儿所在的牛顿公立学校做过义工，她亲眼看到一个移民的孩子被老师另眼看待，被责骂（chastise）。因为自己也是工人阶级移民的后代，她感同身受，“我觉得很不舒服，那个孩子的父母忙着工作，没有时间来学校做义工。就是来了，我想他们也不会说什么的，移民家长一般都相信权威，老师说什么就是什么了”。那么在学校里，什么样的孩子更受老师和同学的欢迎？罗蒙娜说是像她女儿那样听话的。一些公立学校的孩子告诉我，备受青睐的学生，要么擅长运动，要么言谈幽默，学习好不好倒是次要的。许多人提到学校里根深蒂固的“同辈压力”，“互相攀比，比穿的，比用的，在脸书（facebook）上炫耀”。在中产阶级家庭的孩子为主体的好学校里，就文化装备而言，工人阶级的孩子显然处于下风，在学业、体育乃至穿着打扮上赶上同辈并不容易。对于正处于个性塑造期的孩子来说，当在学校支配性文化中处于弱势地位时，主观心态上往往表现为困惑和自我孤立。在这种情形中，不同阶层的孩子共处一校的理想下，往往隐藏的是更大的伤害。安迪的观察印证了这一点，“在我女儿的学校里，那些低收入家庭的孩子跟别人都不怎么来往”。

在经历了两次不愉快的事件之后，最终促使坦尼娅下决心离开布鲁克兰的正是对于这种处境的洞察，“有时候，威尔会哭着回家，或者做着作业哭起来，因为他觉得自己很‘笨’（dumb），他这种感觉又因为学习确实落在全班后面而变得更加严重。看到他这个样子，我一心想带他离开布鲁克兰，因为我想到了将来，很怕孩子在学校环境里产生自卑感”。坦尼娅带着孩子搬到了剑桥，这里的公立学校是城市多元化人口的缩影：

论质量，比不上布鲁克兰的学校，但这儿有各种各样的人，我很喜欢，威尔也确实比原来更开心更适应了。我们从布鲁克兰走的时候，他的阅读已经有很大提高，现在我们在迈数

> 学这个坎。他三年级的老师建议他上 IEP（个性化教育计划，individualized education program）课程，从教育的角度，这个计划是按学习进度将学生分类，为的是帮助他们进步。但我当时就拒绝了。即使设计它的初衷是好的，可是从我的角度，作为一个黑人，我觉得它是用来隔离学生的，特别是贫穷的黑人小男孩。我不想让我的孩子背上这样的污名（stigma），特别是现在他对数学的反应又和当初对阅读一样（我很“笨”），…… 在学校仿佛有一种压力，所有人的学习必须同一个进度同一个水平，可这根本不现实。孩子，就像所有的人一样，有不同的学习风格和方法，只要给他们时间，而不是压力，他们总能把需要学的东西学好。

福柯认为，“（学校）这样的机构是用来学习读写的，即使是以儿童利益为最大化，在寻求统治的过程中也服务于规范化功能”[①]。学校是统一标准的制定者，不符合标准的被隔离出去，进行修正。坦尼娅觉得，所谓个性化教育，不是为不同个体量身定做的计划，而是为了达到规范而进行的补课。威尔被归入此类，他开始将这种分类内化为对自我的怀疑（“我很笨”），贫穷黑人小男孩在 IEP 课程的高比例也让坦尼娅担心孩子产生阶级意识的萌芽，并形成一个自我孤立的群体。如布迪厄所言，“来自低阶层的儿童会由于成就低所造成的客观限制，而调整自己的抱负，自动把自己排除于某些事物、人物和位置，并成为自己的生存心态”[②]。

保罗·威利斯笔下的“家伙们”——一群贫穷的工人阶级子

① 詹姆斯·D. 马歇尔：《米歇尔·福柯：个人自主与教育》，第 118 页。

② 邱天助：《布尔迪厄的文化再制理论》，第 56 页。

弟，就是一个不屑与学校正统文化为伍的群体。威利斯发现，他们发展出来的反学校文化其实是“创造力和理性念头”的产物，“该文化‘看透了’对这一基础教学范式的各种重复性操纵性的修饰”[①]。我在田野中也发现，少数群体往往有一种“受害者情结”（culture of victimhood），他们把学校看作是针对他们的游戏，而不是机会。王丽红在波士顿的公立学校教书，她告诉我班里有很多黑人学生让她头痛，“很难管教，你一说他，他的反应就是‘你批评我，还不是因为我是黑人？’结果，很多老师因为怕他们投诉种族歧视，干脆不敢管了”。如“家伙们”一样，这些黑人孩子洞察的结果是拒绝玩这种游戏，可惜的是，他们没有区分开学校和学习，连学习也一起排斥。

结果，贫穷的黑人孩子要想通过公立学校跻身成功者行列非常困难。据安迪介绍，那些最顶尖、最富有的大学预科学校（the most selective, and wealthy prep schools，属私立高中的一种）提供的助学金高得惊人，比如在安多佛菲利普斯高中，13%的学生享受全额奖学金，一分钱不用交，菲利普斯埃克塞特高中（Phillips Exeter Academy）、圣保罗中学（St. Paul’s School）和乔特罗斯玛丽中学（Choate Rosemary Hall）也类似。这些学校非常想吸引背景各异、才华横溢的学生，为此不惜放弃学费。但即便如此，能够被录取的贫困家庭的孩子实在是凤毛麟角，原因很简单，他们在学业上没有做好充足的准备。

坦尼娅不一样，对学校的洞察并没有让她陷入受害者情结而自暴自弃。她说这几年让孩子在家上学，将来回学校上高中。威尔的理

① 保罗·威利斯：《学做工》，第65页。

想是成为工程师，他已经打定主意要上大学。坦尼娅发现，波士顿地区在家教育孩子的黑人家庭很少，一年了也没认识一个。有评论指出黑人在家上学是对民权运动的背弃，好不容易争取到的与白人同校的权利就这样放弃，但她说自己跟别人不一样，“我这个人一向固执（stubborn），我是站在黑豹党和民权运动这一边的。但是学校培养的人只会工作，而我希望我的儿子会思考，学校教我们守规矩（stay in lines），而我觉得世界上有许多问题必须不守常规才能解决（stay out of lines）”。

第三节 “选择”的逻辑

说起为什么在家上学，几乎每一个家庭都有一个独特的“迁徙”故事，即为何放弃传统的学校，走上一条充满风险和未知，同时也是探索和机遇的道路。但在各种经历的叙述中，有一个共同的关键词，那就是“选择”。每个人都强调在家上学是一种主动的选择，选择意味着在有意识地理性思考之后自愿采取某种行动。这一节我将探讨“选择”对于这些家庭的意义，它背后的逻辑，以及“选择的自由”的阶级性。

贝克将当前西方发达国家所处的社会定义为第二现代性阶段，认为“选择是当代个体的特征”①，从阶级、教会等传统范畴中解放出来的个体在快速变化的世界中有了许多选择的机会，但同时也是不得不

① 乌尔里希·贝克、伊丽莎白·贝克-格恩斯海姆：《个体化》，第16页。

做出选择。“选择的自由”成为新自由主义体制下政客、商人呼吁大众投票和消费的口号，但是好几位家长却向我揭穿所谓“选择”的迷思。比如罗蒙娜认为美国是一个缺乏自由的社会，我说美国不是标榜自由的社会吗？她解释道，“没错，我们的确比很多其他的国家享有更多个人自由，但这些大多是第一修正案意义上的自由。美国人也有强烈的追求自由的愿望，但在生活中，我们内化了种种外在的限制，视其为理所当然，以至于浑然不觉。比如超市里数以百计的产品给人以自由选择的错觉，但其实它们都差不多，选哪个都一样”。

她这样描述在家教育对她的意义，“在这之前，我并没有真的觉得缺乏自由，但做出这个选择一下子让我有一种被解放的感觉。我开始意识到，即使在双手被束缚的困局之中，也有选择的可能，而且，选择社会规范之外的东西（罗蒙娜90年代初开始在家教育，当时还未合法化）让我一下子看到原来存在那么多种生活的可能性”。从罗蒙娜的兴奋之情可以感觉到在家教育为何对她如此有意义，因为对她来说，这是一种真正的个人选择，而不是被商业文化和政治宣传绑架的虚假选择。

选择的自由并非对所有人开放，行使选择权的空间很大程度上取决于经济状况，换言之，拥有多少自由与阶层紧密联系在一起。几乎所有的受访者都向我表示，能够在家教育是一种特别的荣幸（privilege），因为大多数人家里都有一位家长全职在家（或者在家工作），仅靠一个人的收入满足整个家庭开支。在这种情况下，只有中产或以上阶层的家庭才能既负担得起在家教育，又能过不失体面的生活。如罗杰所言，“工人阶级、低收入家庭实际上很愿意把孩子放在公立学校，他们希望每天放学的时间越晚越好，这样工作的时候就不用担心孩子了”。换言之，当处于资本主义经济链条底层的父母们每天不得不为柴米油盐而劳碌奔波时，选择的自由对他们而言，与其说是奢侈，不如说是恐惧，他们迫切需要公立学校这个免费的托儿机构。

当然，这种选择也意味着经济上的牺牲，我观察到大多数家庭生活都比较简朴，这里面固然反映了观念上的倾向，但也是现实所致。论及面临的最大挑战时，不少人都提到金钱的因素，梅根坦承，如果将来送孩子上学，一定是迫于经济压力。受此限制，在家教育的家庭都有各自的应对策略，比如像凯蒂一样搬到比较便宜的学区。凯蒂的家在洛林戴尔，我夸赞房子又大又漂亮，她说，“我们本来想在布鲁克兰安家，但只能买得起很小的房子，同样的价钱在这里买就大很多，两个孩子有更多空间可以跑来跑去，而且反正我们不上学，学区好不好也无所谓了。”凯蒂的先生在波士顿学院技术部门工作，她本人有博士学位，如果不做全职妈妈，她与先生两个人的收入应该足以在布鲁克兰或牛顿买一栋比较好的房子，就像其他中上层家庭一样。许多家庭承认在家教育需要有相当的物质基础，但如凯蒂一样，一旦做出选择，就在生活中做出一些妥协，比如减少开支，以确保计划顺利进行。

还有些家庭最终走上这条道路是由于有限的收入不足以支撑私立学校的费用。仍以安迪为例，虽然他自己的上学经历和伊万·伊利奇的著作为他在心理上接受在家教育做好了准备，对三胞胎女儿学校的失望和妻子的支持都为他从女儿高中开始实施在家教育提供了现实的基础，但是他告诉我，真正让他下定决心的是出于经济状况的考虑，“当时首先想到转去私立学校，但高昂的学费让我们不得不重新打算。[①] 三个女儿一年下来至少十万美元，对我们来说非常困难，而且我想不如把这钱省下来将来上大学用”。“那为什么一开始没有考虑在家上学，而是先想着转私立学校呢？”我不解地问他，他解释道，“因为这毕竟是很少人走的路，要冒很大的险啊”。

安迪的话点出了“选择的自由”的另一面，那就是风险。照贝克的话来说，选择性人生或自主人生也意味着风险人生，“自主的人生可能转眼就变成破裂的人生”[②]。能不能承担得起选择的后果，假如耽误了孩子怎么办，这些都是选择在家上学时必须评估的风险。相比之下，每天把孩子送去学校，等于把责任委托给别人，父母因而会有一种无须承担责任的错觉。即使孩子有什么问题，学校也可以充当被指责的对象。所以能不能最终行使选择的权利，经济状况固然重要，思想观念上愿意质疑现行的制度，愿意冒险，也是一个决定性的关键因素。

在这个快速变化的高风险社会里，很难说哪个选择是永久不变的了。许多父母在访谈中向我强调，即使欣赏认同在家上学的理念，也无法保证这会持续多长时间。琼丝的做法比较典型，她说，“我们每年都会做一个评估，看明年继续在家上学还是回学校”。很多因素影响着下一步的决定，除了经济状况，最重要的是看孩子的需要。艾丽莎对学校体制有非常彻底的批判，但当我问到如果她儿子想上学怎么办，她有些犹豫地说，“从内心深处来说，我希望他不要，我会跟他

---

① 2019 年，美国家庭收入中位数为 68,703 美元，麻州是 87,707 美元。麻州的私立中学学费平均为 32,300 美元，为全美最贵，与私立大学不相上下。参见 https://www.statista.com/topics/2154/poverty-and-income-in-the-united-states/; https://educationdata.org/average-cost-of-private-school。

② 乌尔里希·贝克、伊丽莎白·贝克-格恩斯海姆：《个体化》，第 3 页。

好好讨论，问他为什么想上学，我们应该做出怎样的改变以满足他的需要。但我想，最终还是会尊重他的意见”。罗杰的激进也曾令我印象深刻，他的小女儿在家学习了一段时间之后，希望回到学校，她与姐姐不一样，“热爱流行文化，喜欢学校”。罗杰尽管内心有些不情愿，但仍然同意女儿的请求，每天高高兴兴地为她准备午餐饭盒带去上学。

小　结

做出在家上学的决定对一个家庭来说并不是件容易的事情，像坦尼娅考虑了好几年才最终决心一试的人并不少见，它涉及到多重因素的考量和权衡。已有的研究强调父母在整个决策过程中扮演的支配角色，如约瑟夫·墨菲认为，无论具体的动机为何，最根本的原因是父母想控制（control）自己的孩子和孩子的教育。[①]“控制”一词与我在田野中观察到的不符。本研究力图证明，这些父母在将孩子撤出学校时，不仅希望摆脱种种阻碍孩子自我实现的教育枷锁，也在寻求他们作为父母这一角色在孩子教育上的担当和主导作用，其决定背后彰显的是“孩子的需要”的优先性，而不是父母的需要。

尽管具体动机千差万别，我认为主要可以归入两个范畴。首先，很多家庭选择在家教育，是为了摆脱学校范式中隐含的规训性，其中更有一部分人主张家庭是教育的最好场所，将在家教育视为第一选

① Joseph Murphy, *Homeschooling in America: Capturing and Assessing the Movement*, p. 45.

择。其次是出于对学校教育形式的不认同，如认为公立学校有反智主义倾向，私立学校有精英主义倾向。公立学校的标准化改革趋势在一定程度上激化了这种不满。坦尼娅是我田野中的唯一例外，作为一个黑人单亲妈妈，她走向在家教育是出于无奈，出于对学校阶级再生产的洞察。无论何种动机，“培养自主的个体”都是隐含在这种决定背后的根本旨归。

最后本章分析了“选择”的阶级意涵。尽管“选择的自由”已成为我们这个时代所标榜的特征，但由于选择与未知的风险相联系，不是人人都能够享有这种自由，也不是人人都想要这种自由，经济能力和意识形态上的储备至关重要。与学校所包含的固定逻辑相比，在家教育有着灵活机动的象征意义。而选择的逻辑从本质上来说正是这样一种流动的逻辑，随情境而变的弹性逻辑。

第四章

教育回家：家庭学习共同体

从哈佛大学坐公交车，只需几站就到了南希家。这次访谈相约已久，因她与家人一直在海外旅行而搁浅。屋内琴声悠扬，一位老师在指导南希 12 岁的女儿埃米莉练钢琴。寒暄中她与我分享旅行的收获，“我们不仅仅是游客，还参与当地的文化和社区服务，与孤儿院的孩子们做游戏”。从愉快的假期归来，日常的学习怎么安排呢？南希拿出一张纸给我看，“这是埃米莉写的她今天的安排：钢琴、西班牙语、数学、整理家务、合唱还有写作。西班牙语和数学都是在网上的免费课程，数学是在可汗学院。[①] 我们全家每周五晚上都去合唱团，写作是埃米莉和另一家的三个孩子一起，由我在家里教。目前他们在编一个小说，自己设计人物和情节”。正聊着，埃米莉的钢琴课结束了，她过来跟我们打招呼，南希用商量的口气询问，“等一下学西班牙语怎么样？”“我想先写小说好吗？”南希微笑着点点头，转过头对我解释，“这几个孩子一人写一段，脑袋里天马行空，喜欢得不得了”。时针指向十一点，埃米莉从桌子上抓起一片面包就往楼上跑，南希低

① 可汗学院（Khan Academy）是风靡美国的免费网络课程，提供数学、物理、天文等多种课程的教学，许多在家上学的孩子都使用这一资源。

声说，“这个年龄的孩子正在发育，天天都吃不饱似的，我觉得自己像一个饲养员（feeder），不停地准备吃的！”她一脸夸张地大笑起来，不一会儿从楼上传来埃米莉兴奋的说话声，南希说，“你听，她在用 Skype[①] 跟小伙伴聊他们的小说呢！”

在从南希家汲取的片段里，日常生活中的许多细节都被教育重塑，这是她家无数日常场景中的一个缩影。南希有教育学硕士学位，曾在公立中学做过十多年的老师，目前全职在家。[②] 这也是在家上学家庭的典型结构性安排：父亲赚钱养家，母亲照顾家里。表面上看，这些家庭的教育活动与中产阶级“协作培养”的逻辑没什么区别，即为培养孩子投入大量时间和精力。[③] 但访谈中，几乎所有人都表现出对这种抚育方式的抗拒和区隔，斥之为“精英主义”，原因何在？其行为实践又彰显出怎样不同的逻辑和结果？

通过民族志细节的记述和梳理，本章和下一章将探讨这两个问题，并分析动机和行为、话语和实践之间的连贯与断裂。本章将聚焦家庭内部的教育实践，具体分为两部分，第一部分将展现父母们自己的叙述，以表明他们在对学校教育持续反思的基础上，形成一种特定的主体性，为之后进行的教育重构奠定了能动性基础。第二部分论述家庭是如何被重构为一个学习共同体的。当教育回归家庭，教育并没有被人为地分割为一项单独的事务，而是渗透在家庭的各项活动里面，成为了抚育（parenting）的一部分。

---

① Skype 是一款即时通讯软件，可视频聊天、多人语音会议、文字聊天等。

② 南希正是我在波士顿第一教会认识的杰思敏介绍的家长。

③ 安妮特·拉鲁：《不平等的童年》。

第一节　去学校化阈限期

当家长的申请被学区批准，正式获得了在家教育的身份，很多人，尤其是受学校负面经历所困扰的家庭，发现自己一下子陷入茫然的境地。逃离那些令父母和孩子痛苦的东西是一种宽慰，但新的状况又使他们处于一种不安的模棱两可的状态。尽管在官方的分类体系里，已有明确的身份标示，但在心理上进入了一个调适期，或者范热内普（Van Gennep）所描述的仪式过程中的“阈限阶段”：脱离传统的教育模式，此前的社会准则已丧失效力，但新的社会关系和准则尚未建立。他们又再次面临教养策略的选择：是仿效学校范式，将家庭复制为另一个学校？还是与学校范式彻底决裂？或者采取一个折中方案？

事实上，在倡导在家上学的文献和家长的访谈中，都提到在脱离学校和正式进入在家上学之前，需要经历一个“去学校化”（deschooling）的过渡阶段。这是指曾经上过学的孩子花时间解压（decompress）和恢复，摒除曾经支配他们的学校观念，逐渐在新的教育形式中找到立足点。一位妈妈将这个过程形象地比喻为“宇航员从太空重返地球大气层”。

这段时间与上学的时间成正比，即学校经历越长，“去学校化”所花的时间就越长。按一位家长的话说，“在学校一年至少需要一个月去学校化”。海伦的儿子，算上幼儿园的经历，一共在学校待了三年。她告诉我，“去学校化的第一个阶段用了十一个月，现在虽然离开学校一年零四个月了，我觉得还在继续去学校化”。“那孩子在这段时间做什么呢？是不是什么都不用学？”我对这一超越教育分类范畴的名词充满好奇。“是啊，”海伦笑着向我描述最初那几个月的生活，“最重要的是忽略掉日历，想象成放假。到处走一走，一起用乐高拼一座城市，玩橡皮泥，去图书馆看一看，到外面踢踢球，去最近的博物馆美术馆逛一逛，在家里建一座城堡，吹吹气球。一起读书，爬山，看电影。一点一点尝试，看孩子离开学校的环境之后如何根据自己的情况学习，观察他对什么感兴趣。”

“去学校化”在试图消除学校的影响时，首先是解放被学校规训的身体，从结构化的时间和空间中脱离出来，与一度被区隔化的外界和日常生活重新连接。看似无所为的无秩序生活事实上蓄势而发，孩子重新将自身和世界看作探索的对象。父母也不是什么都不做，恰恰相反，他们在一旁密切地注视，积极地参与其中，以期度过这个阈限期后，改变原有的生活和文化结构。正如一位妈妈说的，“在家教育是有意识的抚育（conscious parenting）”。与以前把孩子交给教育机构相比，为人父母更像是一项有计划的事业，这项事业从去学校化阶段就开始了。

表面上看，去学校化的对象是孩子，但父母们一致认为，更需要摆脱学校控制的是父母。在现代社会，学校早已成为文化共识的根本要素，“学校自己能建立思想形态，经由实行而成为共同思想的生存心态”[①]。作为在家教育的责任者，父母浸染于学校环境的时间比孩子长得多，很多刻板印象或思维模式已经内化，就像丹妮丝所说，“决定在家教育是挣脱学校模式的第一步，但认识并全心拥抱去学校化的过程是另一个关键步骤”。她坦承对这种教育形式从最初的反感到成

① 转引自邱天助：《布尔迪厄文化再制理论》，第 240 页。

为忠实信徒（believer）用了两年多时间，“我的父母都是大学教授，周围很多朋友也来自学术界。要去除以前那种结构、纪律、期望、成就之类的想法很不容易”。

家长的去学校化类似于彼得·伯格所说的“再社会化”①。按伯格的说法，社会化是一个持续不断的过程，在社会中生活，总会涉及对主观现实的修正。再社会化是一种比较极端的主观现实被转化或者替代的情况，如宗教信仰转变。这是一个非常艰难的过程，困难之处在于它的否定性，不再停留在对学校的抱怨和质疑，而是彻底转化原有的定型化的思维范式，重建一套基于新的认知体系的思维框架。

这需要很长的时间，事实上，在比较权衡不同的教育形式时就已经开始了，但是主观事实转型的程度存在个体差异。由此看来，“去学校化”超越了其涵盖具体时段的破冰意义，获得了一种象征的意味，隐含于整个在家教育创造性的实践之中。学校是父母意识中时时指向的对象和参照物，去学校化的过程体现了两种文化获得方式——家庭和学校——之间的斗争。

一、重新审视“学习”

在日常交谈中，父母们常常乐于与我分享他们思想的转变以及这种转变带来的快乐，“学习”是得到最多反思，也讨论最多的话题。在很多人看来，学习不是教的结果，它是自然而然或者在无意中发生的，它被描绘成人与生俱来的能力，正如约翰·霍特所说，“鸟会飞，

① 彼得·伯格、托马斯·卢克曼：《现实的社会构建》，汪涌译，北京：北京大学出版社，2009年，第129页。

鱼会游，人会学”。既然是一种天赋，那么任何形式的强迫都是不必要不可取的，学校的教学范式在这个意义上被视作是有问题的知识灌输。一位母亲拿自己的例子来说明这一点，“老师教的东西你还能记住多少？高中的化学考试你现在还能通过吗？我有工程学的学位，但若再去参加大学的数学考试，肯定一门都过不了。应付完考试就忘，算是真正的学习吗？”通过与教学二元对立、以考核为指向的被动学习模式划分界线，父母们强调真正的学习以学生为中心。那这样的学习如何进行呢？“顺着孩子的好奇心，”安迪尝试讲得更生动，“让孩子跟着他的嗅觉走（follow your nose），就像小狗一样，闻到什么感兴趣的东西就会停下来。”

在这些父母的表述里，好奇心是在家上学的核心词汇。以孩子的好奇心为学习的唯一指向，这意味着父母重新审视既定的层级的知识分类体系。一位妈妈这样向我剖析她的心路历程，“刚开始那段时间心里总不踏实（shaky），有一次我问托尼，‘你今天学到了什么？’问完我就想，我为什么想知道这个？是在寻找他学习的证据吗？为什么读写算术比孩子凝视着窗外发呆更有价值？为什么一天都坐在书桌前比去博物馆更可取？答案很简单，并非哪个本质上更好或更有价值，这都是学校设定的评价标准”。

一旦从学校权威发展出的权力 / 知识论述中解放出来，什么样的知识更有价值，应该什么时候学，就取决于孩子的兴趣。而学习的范围也突破了学校所规定的书本内容，进而囊括整个生活世界，生活与学习之间人为的界限被打破。凯蒂和我谈话时，她 6 岁的女儿也在旁边，凯蒂让她告诉我现在在学什么，小女孩奶声奶气地说，“量子物理学”。看到我吃惊的样子，凯蒂解释道，“我们去科学馆，她对宇宙的起源和构成、银河系这些东西非常着迷，自然而然地就学上了。她有兴趣，我们就买了相关的书，现在她已经懂很多了”。量子物理学是大学阶段才接触的科目，但这些人为制定的条条框框在好奇的孩子面前受到了有力的挑战。按很多家长的说法，人活在世上，没有哪一天不在学习，学习可以发生在任何时间任何地点。采访奥莉维娅的时候正好冬奥会在索契举行，奥莉维娅说早上吃饭的时候，孩子们聊起冬奥会，她趁机问起索契在哪里，孩子们说不知道，然后就一起上网查资料，“妈妈，索契在俄罗斯！咦，怎么是亚热带气候呢？索契是疗养胜地哦……”孩子们兴奋地叽叽喳喳。“你看，这不是学习又是什么呢！”奥莉维娅自豪地向我宣告。

上面的例子表明，相对于学校教育模式，在家教育所推崇并实践的“学习”与生活无缝融合，具有随机性和自发性的特点。好几位家长都提到在当今社会，信息触手可及，“还像以前认为的那样，只有规规矩矩坐在课堂里才能学到知识，就太落后了！”“好奇心”与“直觉”、“本能”、“天性”等词语有相近的意涵，这在理念上与卢梭提倡的自然教育相吻合，自然教育重视情感多于理性。在家教育对这些理念的推崇使其与学校教育形成明显对比，因为学校教育在传递知识的过程中，总是重视制度化的理性训练。①

二、从“学习自觉”到“精神自觉”

在家上学最让家长们感到自豪的正是对好奇心的呵护，这一点是他们自我认同的重要方面。不同于一般父母对教育所做的不连贯的零

---

① 皮埃尔·布尔迪厄：《区分：判断力的社会批判》，第 111 页。

星的思考，这些父母通过一种完整的话语和话语实践将“学习”视为哲学反思的对象，和通往主体性建构的起点。话语产生和扩散的场所是在家上学家庭的圈子，约翰·霍特等人的著作是重要的理论源泉。我认为这是一种基于群体逻辑的深思熟虑的观念，受费孝通先生“文化自觉”概念的启发，我姑且称之为“学习自觉”。

但是，“好奇心”在美国主流教育话语中不是一贯受到推崇吗？在家上学在这一点上似乎也未见得标新立异。在一次访谈中，我表达了自己的疑惑。安迪这样解释其中的差别，“没错，‘追随你的好奇心’、‘听从内心的召唤’，这些一直在我们的文化理想里。但另一方面，美国社会有一个隐含的共识：所谓美好的社会，就是当每个人都最大程度地实现自我利益的时候，哪怕以牺牲别人为代价。而这就是学校模式支持的学习理念：考上大学，获得成功”。在这里我们看到两种对立的学习理念或者说文化获得方式：为了获得文凭而学习与顺着好奇心而学习。在这些家长的表述里，为了文凭而发展出的制度化知识趋于标准化和形式化，是人为的刻意的，而好奇心带领下获得的知识则属于另外一个象征着自然和情感的世界。

一些研究指出，尽管当代美国的中产阶级家庭重视情感交流，但这些家庭用来教养孩子的标准与占统治地位的公共机构所推举的标准之间有着密切的兼容性。[①] 如何通过协作培养，取得竞争优势，以便取得成功才是家长最看重的。中产阶级在美国是人们普遍认同和向往的身份，上大学是实现中产阶级生活的典型路径，如布迪厄和帕瑟

① 安妮特·拉鲁：《不平等的童年》，第270页。

隆所指出的，“文凭的重要性并不在于技术或人本主义的进步，而在于社会排斥”[①]。好的文凭可以帮助人们在竞争中获胜，跻身于中上阶层。制造业工作传统上也是中产阶级生活的另一种可能，但近三十年来，全球化和技术时代的崛起，制造业被日渐外包到发展中国家，导致美国的中产阶级开始萎缩。海伦感叹道，“以前我上学那会儿（70年代），不爱读书但其他方面有专长的孩子，比如艺术或机械，也可以过得不错。但现在，尤其是中产或中产以上阶层的人都认为，只有好好读书考上大学才是正道”。

绝大多数在家教育的家长们极力推崇以好奇心为导向的学习，并非单纯出于热情，而是如保罗·威利斯对反学校文化的论断，家长们对文凭的回报“进行一种相当微妙的、动态的，也可以说是‘机会成本’的评估”[②]。这种洞察包括两个方面，首先是为了获得文凭所付出的经济上的代价，比如安迪认为：

> 美国梦从现实来看，实现的机会非常非常少，而且现在上大学贵得离谱，四十年前我上普林斯顿大学的学费是（每年）2800美元，现在翻了二十番。这对中产阶级家庭来说压力尤其巨大，因为有钱人能付得起，低收入家庭的优秀学生有望获得大学的助学金，唯独中产家庭两不靠，很多人为此负债累累，我女儿的一些朋友一毕业就背上了十万美元的债务。所以真的要想一下，值得为此投入这么多吗？

---

① 保罗·威利斯：《学做工》，第168页。

② 保罗·威利斯：《学做工》，第165页。

以文凭为导向的学习牺牲掉的不仅仅是金钱，更重要的是独立的思想和健全快乐的生活。罗杰说他认识的一个台湾来的女孩，只知道学习，成绩非常优秀，极有可能被常青藤大学录取，“但我还是觉得乔迪目前的状态最好，她喜欢功夫，已经练到黑带，还玩爵士乐和吉他，做义工。你看她，多么快乐和独立，比起成绩，有自己的思想才更重要”。

对于外在的成功和内心的满足，表面的光鲜和真实的快乐，不少父母有清醒的洞察，并将一些社会问题的根源归结到内含于教学机构的威权模式。海伦对我讲述了她的看法：

> 近年来，美国青年人的自恋现象到了令人瞩目和担忧的程度。我们文化中的自恋与以下事实相关：现在的孩子接受体制性照管的时间比以往任何一代都长。当孩子在这种一对多的威权环境下长大，自然感觉无力（powerless），他们被要求放弃自我感觉重要的东西来适应学校的通用型群体管理模式。日子久了，他们也就习以为常，心里想着反正就那样，他们的个性既然得不到尊重，反过来，他们也不会关心大众的需求，自恋就这样产生了。我们社会的变迁，如弥漫在各个领域的胜利者 VS 失败者的运动文化、真人秀、自拍照都是从我们称之为“千禧一代”[①] 的这一代人中产生。你可能觉得这是个鸡生蛋蛋生鸡的问题，但我觉得所有这些问题的根源都是因为这一代人从来不

① 美国有一个专门的术语“千禧一代”（Millenials）。根据美国人口统计局的定义，任何出生于1982—2000 年之间的美国人都属于千禧一代，占美国人口的四分之一以上。他们在互联网的陪伴下长大，他们的理念和价值观也塑造着美国的未来。

被允许做自己，所以他们从外界寻求快乐，但我怀疑他们是否知道真正的快乐到底是什么。

否定自我的后果除了自恋，还有双面性格的产生。杰西卡告诉我，最初在家教育是抚育孩子的自然结果，但之后大量阅读有关书籍，特别是对学校孩子的观察，让她庆幸没让孩子上学是多么正确的选择，“好几次我们去博物馆看到那些孩子在老师面前很乖顺，但转眼老师不在跟前，就是另一副撒野的样子（wild），这让我想起了《蝇王》①”。海伦联系到成人世界的种种问题，“相当多的美国人到了四十来岁就开始寻求心理治疗，因为抑郁、离婚、成瘾等各种问题，因为直到这时候他们才发现生活出了问题或者这么多年的假象实在维持不下去了”。

艾丽莎更进一步用“中产阶级压迫”②来揭示生活背后的真相。先说一下当天访谈的背景，我从布鲁克兰乘地铁来到艾丽莎家所在的贝尔蒙特，一路欣赏清新闲适的秋日美景，所见行人看上去那么悠闲快乐，稍一对视即露出友好的微笑。到达艾丽莎家绿树环绕的独栋房屋，寒暄中我谈起刚才的见闻，艾丽莎回答道：

是啊，中上阶层生活是很舒服的，从上学开始，他们就一直被灌输自己多么幸运，被教导要举止得体，做个绅士。当

① 《蝇王》是一本重要的哲理小说，借小孩的天真来探讨人性的恶这一严肃主题。

② 在之后的邮件中，艾丽莎告诉我“中产阶级压迫”一词来源于她加入的一个心理互助组织。艾丽莎曾在德国游学，在秘鲁住了十一年，她的复杂经历和身为亚裔、女性的身份让她有了更多的社会敏感性和批判意识。

生活不顺，他们也不能表现出自己的挣扎，还有什么不满足的呢？闭上嘴停止哭泣！因此，你会发现有时候他们跟真实的情感、真实的人性不能连接。表面上，一切都很好，但回到家关上门，就沉溺于电视与酒精，抗抑郁药已超过感冒药成为美国人使用最多的药物。这个社会有各种各样的压迫，基于性别、年龄、种族和性取向等等，这些压迫渗透到了我们生活的方方面面。

海伦与艾丽莎作为她们描述的中产阶级的一员，对自身所处的文化和现代人的困境有深刻的洞察。在她们看来，孩子的社会化主要在学校进行，这是造成日后成年人受多种问题困扰的文化根源。现代社会的权力运行在学校的集中体现就是以身体为目标并作用于个体人格，使之与自我分离，追逐同时也受制于文凭等标志着成功的外在事物。伊万·伊利奇指出，“童年”是工业革命之后发明的概念，它是与学校联系在一起的。正因为此，对拥有童年的很多人来说，童年成为一个负担。[①] 通过反思学校和学习，大多数在家教育的父母在摒弃与解构的同时，也在试图建构新的观念体系，从“学习自觉”进而上升到“精神自觉”的层面。

希望孩子成为怎样的人？这个问题触及到在家教育的核心。罗蒙娜以其二十多年的经验，被很多人视为波士顿地区在家教育的代言人，她总结道，“能够自食其力，能够做自己真正想做的事，关键是自发地去做（self-initiated）”。对这个问题的回答还突出表现在他们对“社会化”的质疑上。“社会化”本是在家上学遭遇最多质疑的地

① Ivan Illich, *Deschooling Society*, p. 32.

方。在日常互动的语境里，“社会化”有着模糊的涵义，除了指适应社会[①]，也指与人相处融洽。艾丽莎以一种坚定的语气告诉我：

> 所谓的“社会化”意味着学习我们这个压迫性社会教的各种谎言和谬误，比如人与人的区别，白人或黑人应该怎样生活，富人和穷人、年轻人和老人又应该如何。它意味着学会假装，感觉不好时嘴上却说好，世界一团糟时也说好。它意味着学会接受现状，放弃反抗和改善的意愿和能力。

如艾丽莎一样，许多家长既已将美国社会问题化，他们所谋求的“社会化”自然与流行的社会文化规则相异。艾丽莎说，她每封电子邮件结尾来自大卫·奥尔（David Orr）的一段引文涵盖了她对这个问题的想法：“显然，我们这个星球不需要更多‘成功’的人，却迫切需要更多的和平缔造者、治疗师、修理工、讲故事的人，在各自的地方美好生活的人，有勇气加入到使世界更加宜居和人性化的战斗中来，而所有这些跟我们文化中定义的成功几乎毫不相干。”

无疑，艾丽莎希望的社会化，不是被主流文化同化为对个人成功的一味追求，而是建立在对他人的理解与共情之上，具有利他主义取向。这些家长认为，当孩子的好奇心受到珍视，他/她的内心就会得到满足，就愿意主动地做自己想做的事。当每一个个体得到应有的充分的尊重，他/她自然就会关心周围的人和世界。如此一来，也就

---

① 彼得·伯格的定义如下：社会化（socialization）可被界定为一种将个体广泛地和持续不断地导入社会或其部分客观世界的过程……只有当个体达到这种内化的程度，才可成为并被称为社会的一员。参见彼得·伯格、托马斯·卢克曼：《现实的社会构建》，第108页。

不难理解为什么很多受访者极力表现出与中产阶级“协作培养”的不同，因为那种精细的抚育模式一心以将孩子培养为精英成功人士为目标。结合美国的文化传统，我认为，在家教育的父母们主体性的特征是：期望以表现型个人主义为武器，对抗社会中盛行的功利型个人主义，培育独特的自主的富于真实情感的个体。话语与事实不一定一致，因此，接下来要考察的是他们的行为实践，重点是看排除了功利性和外部强加的、以自然有机为特点的教育是如何进行的。

第二节　家庭学习共同体的构建

脱离了学校单一的教学场所，在家上学是在社会空间的多个场域内进行的。其中，家庭是“不同形式资本的累积和代际传递的关键场所”①。在布迪厄的社会再生产理论中，经济资本是各种资本转换延续的基础，但他认为在家庭中，文化资本的输送在再生产系统中占据相当大的分量，而且以一种最为隐匿的形式在日常生活中进行。这一节通过考察学习在家庭领域的进行，旨在表明，在家教育的父母们是如何在家庭内部悉心培育一个自然成长的童年的。对这一悖论的发现基于以下受布迪厄的启发而来的认识：所有的教育行动，本质上都是一种权力关系，所谓自然教育也不例外。因此被父母们自然化的好奇心，本身是教育的产物，亦需要教养的熏陶。

与把孩子送去学校的中产阶级父母相比，在家教育的显著之处或

---

① 邱天助：《布尔迪厄文化再制理论》，第 25 页。

许在于，大多数家庭的空间和时间被有意识地组织起来成为惯习生产的场所，使下一代“自然而然”地获得更具社会地位的知识和品味。因此，一方面，父母更加积极活跃地参与到抚育事务中，另一方面，其文化资本的输送更强调自然的逻辑，因而显得更加隐匿。

一、家：文化传承的生产性空间

纵向的文化传承很大一部分是在横向的亲子互动中实现的，每一个家庭都有一些独特的家庭活动。从抽象的层面上看，学习不仅仅是生活中的一项重要内容，亦成为日常生活的组织原则。秉承重塑的“学习”观念，家庭被父母精心编织成具有生产性的空间，其特点是教养过程的不露痕迹。下面我以第二章提到过的阿什莉的抚育策略为例来论述这一点。

与阿什莉的第一次谈话是在波士顿大学附近的一家咖啡馆里进行的。附近有一家医院，阿什莉打算访谈结束后带女儿去看眼睛。见面前几天她让我在邮件里发一些问题提前准备一下，提醒我咖啡馆的环境可能会吵，考虑到录音效果，要找一个安静的角落坐。并告诉我她们坐公交车来，无法准确预知到达时间，她没有手机，所以如果迟到了让我耐心等候。这多少让我觉得她不同一般，一是因为她的细心和专业：这是所有访谈对象里面第一个主动考虑到被录音的，二是现在谁会没有手机呢？她看上去非常朴素，大约五十多岁，女儿安娜10岁，样子很清秀。落座之后，我得知她毕业于一所知名的文理学院，有社会学硕士学位，对于访谈并不陌生。她的许多观点让我印象深刻，但限于时间，无法深入展开。我提出能否下次去她家里再谈一次，她欣然同意。

阿什莉的家在萨摩维尔一片房屋比较密集的街上，是一栋三层小楼，布局紧凑。她提出先带我参观一下，客厅显眼处摆着一架钢琴，有一台老式的电话。饭桌上有一本《新闻周刊》，阿什莉说那是她家订的唯一一本杂志，是了解世界的一个窗口，还有一本日历，每页有一个词汇和相关掌故，每天吃饭的时候可以顺便学一个。墙角的沙发上散放着几本书。到了二楼安娜的房间，安娜很骄傲地问我，是不是很酷？不大的房间里琳琅满目，有手折的千纸鹤和各种稀奇古怪的摆设，再就是触目所及，到处是书。三楼书更多，阿什莉在那里放了几排书架，俨然一个家庭图书馆。透过窗外，有一个小小的后院，被辟成一块块小小的菜地。安娜跑过来展示她的"蔬菜生长"笔记本，我看到本子上画着工整的表格，她与爸爸是笔记本的主人，一起分门别类记录蔬菜的长势和特性等等。阿什莉解释道，安娜对植物很感兴趣，还喜欢烹调，现在又迷上了烤面包。

美国中产阶级家庭的院子一般辟作花园，是一个人际关系连接的场所，其象征作用远远大于实际作用。阿什莉家的菜园承载的亦主要是象征意义，它是安娜的学习园地，家庭关系尤其是父女关系连接的黏合剂，还是一种生活方式在代际间耳濡目染的传递。我提到从一楼延伸到三楼的书令人印象深刻，阿什莉介绍说相较于学校的"备用式学习"（just-in-case learning），她实践的是"即时式学习"（just-in-time learning）。[①]"很重要的是播撒（strewing），就是在家里到处摆上我们事先选好的书、碟、游戏，等着孩子自然地去发现，想读什么看她的兴趣。"

---

① Just-in-case 和 just-in-time 是仓储管理术语，可用来指不同的学习方式，前者指学习很多当前或永远不会用到的知识，后者是只学习需要用到或感兴趣的知识。

显然，对阿什莉而言，家并不是客观的空洞的物理空间，而是被注入了情感和意向、具有重要的文化传承意义的社会空间。首先，阿什莉家以及我在其他家庭中看到的存量丰富的书、乐器和学习器材本身即是以物质形式存在的文化资本。许多在家教育的家庭都有与阿什莉相似的策略，如“播撒”这一词汇在不同场合的访谈里多次被提及。其次，空间中物的种类和摆设方式作为一种无声的强有力的工具，预设并生产着父母特有的品味倾向，自然而然地在代际间传递，使孩子形成一套惯习。① 齐美尔的空间思想从心灵及其互动的角度阐发，颇具启发性，他指出，“并非空间，而是它的各个部分的由心灵方面实现的划分和概括，具有社会的意义…… 相互作用使此前空虚的和无价值的空间变为某种对我们来说是实在的东西，由于空间使相互作用成为可能，相互作用填充着空间”。列斐伏尔从“空间是社会性的建构”这一论断更进一步指出，我们的任务是考察实际的空间生产而非观察空间中的事物。② 值得注意的是，“学习”是使惯习得以空间化的统摄原则，换言之，父母主观上的“学习”观念使空间得以呈现客观性的划分并成为生产和再生产惯习的场所。

“家”的内部区隔被打破，成为边界模糊的学习场域。莉迪亚的孩子都已长大，她回忆起往昔的热闹，不禁笑出声来，“那时候家里经常像过节一样，很好玩的，比如跟孩子们一起把后院里那棵枫树的树液弄出来，慢慢熬成糖浆。我儿子痴迷太空那阵子，凌晨三点我就

① 布迪厄的惯习概念“强调的是个体通常在家中学到并认为是理所当然的一套对文化、社会和自己未来的特质意向”。参见安妮特·拉鲁：《不平等的童年》，第 180 页。

② 齐美尔和列斐伏尔的论述均参见郑震：《空间：一个社会性的概念》，《社会学研究》2010 年第 5 期，第 167—191 页。

起来做好热巧克力，陪他一起到远离城市灯光的地方看流星雨。还有啊，我们把车库的一个角落变成化学实验室，我女儿在里面忙来忙去，我现在还能想起她看到水爆炸的样子，兴奋得不得了。或者常常在寒冷的冬夜依偎在沙发上一起看书，像《了不起的盖茨比》，还有好几本书都是这样看完的”。莉迪亚的话展示了一幅温馨亲密的图景，知识性的学习在融洽的亲子互动中完成。“后院”、“车库”、“沙发”被赋予了与其原有功能不同的意涵，承载了有机学习的意义。正如罗杰在访谈伊始即对我声明的，“一般人老以为在家上学就是固定在厨房桌子边学习，我们可不是这样，我认识的绝大多数人都不会在家里复制学校！”

由此，“家”作为物理空间，不仅仅是消费的场所，更成为生产的场所。妮可获得哈佛教育学院的硕士学位之后工作了十多年，现在全职在家教育三个孩子。她在博客上以“家的力量”为题写了一篇文章，她满怀深情地写道，“在家上学不但彻底改变了我们对学习的看法，也改变了我们对家的认识。虽然许多学习都发生在家庭之外，但家才是连接一切的关键所在。我们的家是一个神奇的创造之地，我们把面粉变成面包，纱线变成衣服，纸张变成画作。它滋养温暖着家里的每一个人，培植梦想，保护一个个小小梦想家”。

工业革命以来，家庭的生产功能逐渐被剥离。在鲍曼定义为“消费者社会”的现代社会里，家除了发挥私领域的情感功能，其成员，包括孩子，还被要求扮演消费者的角色，鲍曼指出的童年的商品化即说明这一趋势。[①] 尤其在父母上班的家庭里，全家人越来越少一起从

---

① 鲍曼：《共同体》。

事一项生产性的活动。“如果孩子需要什么，我们就一起来把它变成现实！”这是莉迪亚在HEIM成立十周年大会上的一句话。在互动环节，她不无感慨地将今天的父母与二十年前她那个时代相比：

> 二十年前，在家上学的资源不像今天那么多，孩子想学什么，我们大人就想办法创造资源。我还记得我们在院子里把家里的旧车拆了，因为孩子想弄清楚车的构造。现在呢，有的孩子想学做饭，父母就到处打听哪里有这样的课程，我的意思是，为什么不自己跟孩子一起做呢？为什么还要报班请老师呢？

当学习成为优先事项，家庭生活的其他方面会相应地淡化，比如家里的卫生。有几次当我对妈妈们的无穷精力和责任心表示赞叹时，她们常大笑着说，“可是我家里很乱哦！”自嘲的笑容背后没有羞愧，而是坦然。妮可在博客上这样写道：

> 首先来定义什么叫乱（messy），成为妈妈之前，我对卫生要求也很高，地板要一尘不染，东西摆放有序。不过我想大多数做了父母的人，不管孩子上不上学，标准都降低了。我和朋友们也聊到这个话题，我们的家是不是比别人家更乱呢？应该是的，这是因为，在家上学的家庭往往是生活和学习、生产和创造的中心，充满了活力！每一天我们的家都得到了充分的利用，读书、写故事、制作手工、发明玩具、填饱肚子等等等等，天天忙碌着生产，而不是消费，自然会把家里搞乱，但这是一个有活力的家必要而且重要的副产品。所以我的态度是，拥抱

混乱吧！要知道这是暂时的，终有一日家会重新变得整洁安静，但是现在，我欣然接受孩子们所带来的快乐，以及混乱。

通过重新评估“混乱”的含义，妮可将其视为自然教育的必然结果，与学习带给家庭的创造力和活力相联系，以论证“混乱”在这种情境下正面积极的意义。

二、教育作为生活方式的传承

“教育回家”在文化传承上的意义在于家庭一整套生活方式更加畅通无碍地在代际间传递。布迪厄的“惯习”概念用在这里非常贴切，“惯习（habitus）是一种类似生态圈的概念，涵括着一个人生活之中各种的物品与实践。从他的食物、衣着、喜爱的戏剧种类、喜欢的画家到偏好的休闲活动，凡此种种共同组成了孕育这个个人的生态圈”[①]。这些复杂的生活品味共同界定了一个人的阶级地位。我的访谈对象多属中产阶层，这是一个非常笼统模糊的概念，这里的重点不是辨析它的概念界定，而是从它出发谈论这一阶层的惯习再生产。毋庸置疑，中产阶级内部有多样性，但我所接触的家庭大都受过良好教育，经济上有一些富余，属于布迪厄所说的“小资产阶级”：与工业家相比，他们有强大的文化遗产，往往在艺术界、教育界和学术界谋职，布迪厄认为他们是品味的制定者和引领者。这一节将探讨在家教育的父母们作为一个特定阶层，是否共享某些精神气质（ethos），以

---

① 彭昉：《不以物喜？消费社会中的人、物及其意义》，http://www.cc.ncu.edu.tw/~csa/journal/52/journal_park399.htm。

及它如何潜移默化地影响下一代。

我曾经受安迪夫妇之邀参加他们家的朋友聚会，印象非常深刻。安迪是一位独立建筑师，祖辈来自英国。凯瑟琳出生于法国，在阿根廷度过童年，后随家人移民到美国，她毕业于英国切尔西艺术与设计学院，在一家公司任设计师和艺术总监。自从与安迪在 HEIM 十周年大会上认识之后，他一直热心地与我邮件往来，回答我的各种问题。他的家离哈佛不远，是一栋外观简朴的小楼，静静地掩映在绿树丛中。客厅里高低不等的书架满满当当的都是书，粗看书名，里面不乏《论美国的民主》等社科著作。餐桌上摆放着很多精致的物品，如镂空的小灯笼，彩色的千纸鹤，摇曳在蓝莲花烛台里的烛光，几个盛着水的小碗里漂浮着几朵小花，从外面的冰天雪地一走进来，整个人都被一种惬意的温暖包围。当天的客人有的是摄影师，有的是安迪夫妇俩的同事，有一位曾经是设计师，现在辞职创建了一个致力于帮助尼泊尔女性的公益组织。在分享各式茶点的寒暄中，他们交谈的第一个问题是，“你现在读的是什么书？”（What is your current reading?）从三点到六点整个下午的时间都在谈论种族主义、非洲旅行和尼泊尔女性等比较严肃的话题。安迪告诉我这样的聚会一两个月一次，以前三个女儿在家时，遇到感兴趣的话题也经常参与。父母本身所拥有的教养、趣味和他们的社会网络为孩子营造了一个非刻意的成长环境，孩子们在耳濡目染中学会了情调和优雅、礼貌和得体、怎样待人接物以及怎样在大人面前发表意见，而这些技能和品味恰恰在日后进入社会后转化为有用的优势。如布迪厄所揭示的，“仪表举止、姿态和礼仪…… 若没有这些特征，至少在这个市场上，所有的学校知识都微不足道或一文不值，这些特征确定了资产阶级固有的高雅，这部分的是因为学校从未或从未彻底地传授这些特征”[①]。

图 4-1　安迪家的客厅一隅

除了追求讲究高度的文化知识，这些知识分子父母还表现出生活的风格化，“只花一点金钱的审美享受和日常喜悦”，许多人崇尚有机天然的生活方式，表现出禁欲的贵族主义（ascetic aristocratism）。[②]比如我第二次到南希家见到的卡米尔，她每周二带着三个孩子在南希家上写作课，之前南希曾向我描述卡米尔家特别富有，属于一辈子不工作都衣食无忧的那种，父亲是法国有名的律师，她和出身望门的先生也是律师。但见面后发现与想象中的大相径庭，眼前的卡米尔长相清秀，头上戴着草帽，穿着蓝色帆布工作服，脸晒得有点黑，头发挽

① 皮埃尔·布尔迪厄：《区分：判断力的社会批判》，第 154 页。

② 邱天助：《布尔迪厄文化再制理论》，第 148 页。

成一个简单的发髻。乍一看，非常朴实，甚至有点土气，哪里像南希所言来自巴黎的上流社会，倒像个农民。交谈中得知她果真刚放下锄头过来，这不禁引起了我的好奇。一周后我去她的庄园（homestead）拜访，从波士顿到她所在的城镇不到一小时的车程，我先坐通勤火车到车站，然后她开车来接我。她的家掩映在森林之中，与人口稠密的市区面貌大不相同。房子周围的大片田地上有几行果树和覆着薄膜的蔬菜，她还养了几只鸡，自己动手做了收集鸡粪的槽。孩子们会以自己的方式参与其中，比如大女儿愿意帮着种菜，小女儿每天去捡鸡蛋，儿子对这些不感兴趣，却喜欢动手做农具，在工具间里，我看到他手工制作的小推车。选择这种在城市居民中比较另类的生活方式，对她有何影响呢？她用“非常幸福”（blissful）来表达自己的感受，“以前我住豪宅，挣很多钱，每天打扮光鲜，但并不快乐。现在呢，整天与植物动物、孩子、柴米油盐打交道，非常有机的生活。感觉就是，嗯，对了！就是这样，就应该这样！这种感觉非常奇妙非常宁静，比以前的生活好太多了”。

对卡米尔来说，通过亲近自然获得了一种类似宗教体验的精神上灵魂上的新生，而且“希望孩子们能由此避免美国那种浪费的生活，懂得珍惜食物”。卡米尔的故事表明，在西方高度发达的现代性下，有这么一部分人，从自己的生活经历出发，批判居于支配地位的进步和成功观，试图在私人领域里发展与自然的更符合伦理的关系，自然被赋予拯救个体的意义。但是，在信息时代，自然与文化不可能截然两分，自然性的恢复依赖于文化的定位。① 卡米尔家雄厚的经济资本

① 尼克·史蒂文森：《文化公民身份：全球一体的问题》，第 90 页。

和她所受的精英教育无疑将她置于优势阶层的地位，使她买得起庄园，追求自然的生活，有机在一定意义上成为一种特权生活方式。

还有的父母出于对环境和社会的关注和责任，有意识地建构生态和世界公民身份。在田野中待了一段时间以后，我发现超过一半的受访人是素食主义者，比如阿什莉、安迪和艾丽莎这几家人都是，阿什莉是唯一一个连手机也弃用的人。阿什莉坦言她家是美国人中非常小的一个群体，即使在在家上学的圈子里也不多：

> 刚来找房子的时候，房地产经纪人觉得不可思议，哈佛的教授怎么愿意住在萨摩维尔呢？应该住在莱克星顿、贝尔蒙特啊，但我很喜欢，这里有很多移民和艺术家，工人阶级为主，跟我自小生活的阶层相似，感觉很亲切。我们没有车，没有电视和手机，也没有多少电器，从二手店买衣服，进行任何消费前都做好预算，很少出去吃饭，自己种菜吃。这可以让我们变得更加清醒（alert），对周围的世界保持更积极的关注。①

阿什莉支持绿党，她希望安娜能认识到，自己不仅仅是美国的公民，更是世界的公民。为此，“我们生活中的每件事都要她的参与，比如参加哈佛的活动和社区活动，像这次的社区会议，就是关于地铁绿线要开到萨摩维尔的事。安娜常常是这类活动上唯一的孩子。她学

---

① 2019年田野回访，阿什莉邀请我去她家吃饭，这是一次非常新奇的体验。吃饭前大家先手拉着手唱歌，阿什莉说这首歌是她家自己创作的，大意是赞颂自然多么慷慨，各种食物多么奇妙，感谢上帝赐予美好的一切。每次餐前唱歌，成为仪式。她先生做了一大盘什锦豆腐蔬菜拌面，食材多样五彩缤纷，口感淡雅却层次丰富回味悠长。

习煮饭，洗衣服，出门前查好公交路线，跟我们一起记账。我们家每年到了年终都会捐款，三个人坐在一起商讨该往哪里捐，每个人的意见都很重要”。

这种反消费的另类生活方式与阿什莉的成长背景有关，她来自爱荷华州一个贫穷的农民家庭，父母破产失去了农场，曾一度无家可归。后来父亲白天当送奶工，母亲晚上工作，以错开时间照顾六个孩子。他们都是非常有自尊的人，尽管符合申请低保的条件，也可以领学校免费午餐和食品券，但都没有去申请。按她母亲的解释，他们是天主教徒，孩子多，又不想被别人质疑既然养不起孩子，为什么还生这么多，结果就是经常挨饿。阿什莉是兄弟姐妹里面唯一上大学的，后来从事社工工作，与社会上的弱势群体接触很多，“我对安娜的希望就是善良，这是最重要的。从周围的世界吸取爱，像新陈代谢一样（metabolize），再反馈回去。这是活出来的人生，存在于与他人与世界的关系中。快乐不是生活的目标，而是在这样一个实实在在的过程中自然产生的”。阿什莉用了“新陈代谢”这一具有有机体意涵的词语将个体与外界、与社会的关系自然化：能量交换，共生互惠。在安娜身上，阿什莉的理念似乎取得了成功，在咖啡馆她会主动帮我们端食物，大人谈话时，她在不远处静静地看书。到她家里那次，她淘气地从楼上溜下来给我展示她种的菜，我夸安娜能干，阿什莉笑着说，“家里就她一个孩子，我们没电视也很少用电脑，她得学会自己找乐子”。

发生在家庭领域的教育投资最具有社会决定性，其中文化资本的累积和输送一刻都不会延迟，父母在孩子身上投入的时间越多，文化传承就越充分。[①] 与一般家庭相比，拥有大量可支配的时间是在家上学显著的优势。正如一位叫苏珊的妈妈所说，“简单来说，（在家上学）就是让我和孩子们在醒着的 90% 的时间里都在一起。我们有无数机会建立联系，即使有时有摩擦，也不得不应对，反正又不能通过上班上学来回避。（在家上学）还意味着一天三顿饭都在一起吃，学习成长和日常生活融合在一起”。有了充裕的在一起的时间，父母们往往积极地激活所拥有的资本并将其最大化地利用。安迪回忆道，“午餐是我和孩子们谈天说地的时候，如果那天的时间允许，我们经常一聊就是两三个钟头。没有什么事先规定的主题，一般是孩子们叽叽喳喳的，各种想法天马行空，我就在旁边感兴趣地倾听，适时地引导，跟她们一起想办法，互相启发。有点像苏格拉底式对话，这会刺激孩子们不断思考”。因此，谈话被有意识地建构为一种学习的方式，在安迪给我展示的大学申请材料中，这些谈话作为“综合性学习”被列入其中。

生活方式的全方位传承，还表现在他们重视家庭作为一个整体的参与。许烺光在对美国家庭的批判中指出，美国父母与孩子的世界有清楚的界线，“父母强烈地拒绝孩子进入成人世界……孩子只好努力发展自己的世界”[②]。而在很多在家上学的家庭里，这条界线往往被刻意淡化。这一点在上文安迪和阿什莉两家的故事中已有表明，还有一个是罗杰的例子，他有意将自己的人际网络开放给孩子。罗杰出生于 50 年代，是他成长于其中的工人阶级社区唯一上大学的孩

① Pierre Bourdieu, “The Forms of Capital,” In J. Richardson (Ed.), *Handbook of Theory and Research for the Sociology of Education*, pp. 241-258.

② 许烺光：《宗族、种姓与社团》，第 233 页。

子。他与父亲关系紧张，父亲是来自底层的意大利移民，歧视黑人，在家里打老婆孩子：

> 我不想让孩子生活在那样的家庭里。在我们家，孩子什么事都一起参与，每次我跟我那些诗人和艺术家朋友见面，乔迪要是有空，并且感兴趣，就跟我一起去。就像今天来见面前，我告诉她有一个中国学者想了解在家上学，你想一起来吗？她就来了，要是上学可没这时间。乔迪是一个非常聪明非常独特的孩子，用橄榄球运动的行话来说就是，她接过我给她的球就开始使劲跑。她充分地利用了在家上学，创造了属于她自己的最好的体验。

乔迪很有口才，善于层层论证，许多观点与父亲一样激进。然而，她这种令罗杰自豪的批判性特质，或许如罗杰所说，是天纵英才是努力上进，但更是文化资本点滴输送的结果。

这里需要指出的是，一个家庭的生活方式往往具有延续性和惯性，正式在家教育之前，很多父母就花费大量时间和孩子在一起。“比如修车的时候，孩子也一起更换车上的刹车片，拆卸引擎和变速器，”正如安迪所说，“这是一个连续的过程，我和凯瑟琳在孩子刚出生时就读书给她们听，这种习惯一直坚持到她们大一点能够自己读了。阅读就像生长在她们身体里的一部分，后来的 SAT[①] 三个女儿的

---

① SAT（Scholastic Assessment Test）考试全称为学术能力评估考试，是由美国大学委员会（College Board）主办的一场考试，其成绩是世界各国高中生申请美国大学入学资格及奖学金的重要参考，它和 ACT（American College Test）都被称为美国高考。

阅读都几乎满分。所以学校有时不明白，为什么投入那么多财力和努力，学生还是不喜欢学习。那种人为的强加的方式很难吸引学生”。父母们喜欢把这个过程形容为有机的，如同在传统社会一样，文化在父母和孩子之间以面对面的方式于不经意间传递。安迪对于资本主义文化有一个精彩的比喻，“在某种程度上，我认为我们的文化是游牧式的，它的特点是迁徙和攫取”。与这种占有式的个人主义相反，他将在家教育描述为另外一种抚育和生活理念的实践：以定居和培育为特点的农耕文化。

但事实上与传统社会不同的是，这种有机的生活相当程度上是处于优势阶层的家长依据自己的价值判断和审美趣味设计出来的，带有鲜明的个人印记。在孩子社会化的过程中，许多家长对什么才是有价值的有明确的界定，并将他们认为有害的事物或因素屏蔽出孩子的生活。下一节我们将目光投向父母的抚育策略和亲子关系，以论证他们是如何将家庭塑造成一个不受消费文化侵蚀的神圣空间和一个具有蓬勃生命力的学习共同体。

第三节　民主化的亲子关系

在关于亲子关系的研究上，以布迪厄的文化再生产理论为代表，首先预设了父母作为传承方，进行自上而下的文化资本传递的合法性，将亲方和子方置于一个二元对立的分析框架之中。这无疑凸显了抚育的一个根本性质，即它体现了一种权力关系，亲子关系是在不断的权力建构中得以发展的。费孝通先生称父母对孩子的教化权力是亲子间冲突的根源[①]，这是社会化过程中社会规范与个人本性之间的冲突。在传统社会科学关于抚育的研究中，有两点共识：一、抚育的基本问题是如何在规范与自由之间建立恰当的关系；二、尽管如此，父母在教化过程中的权威却被视为不言而喻和不容置疑的事实。

但是现代性的到来对整个社会形成了巨大的冲击，它深入并渗透到社会的基础结构，其中一个表现是对于个人自由的重视，与启蒙时代"作为个体"不同的是，新的时代要求每个人"成为个体"。[②]从20世纪初开始，"陪伴式"的家庭模式日渐成为主流，私领域的情感民主成为一种理想的亲密关系情境，这不仅仅是对两性关系的文化期待，也是对亲子关系的要求，如吉登斯所说，"父母与孩子之间的关系可能是民主的吗？可以是民主的，也应该是民主的，恰如一个民主的政治秩序一样。……实验性地与成年人享有同等地位是儿童的权利"[③]。如此一来，内在于抚育事务中的张力得到前所未有的彰显，父母的权威不再是天经地义，而是成为被反思被质疑的对象。

与以往不同的是，这种质疑不是来自子方，而是来自于父母自身，这可谓现代性兴起之后在亲子关系上的一个重大发展。《中镇》的作者就观察到，在20世纪20年代的美国，许多父母认为自己面临的处境是上一代所未曾经历的，他们对变化了的社会规范和日益高涨的自由呼声感到茫然和无力，"如何养育孩子"上升成为一个具有道德意义的问题，因为在新的文化观念里，孩子不再是二元对立模

---

① 费孝通：《生育制度》，北京：商务印书馆，1997年。

② 乌尔里希·贝克、伊丽莎白·贝克-格恩斯海姆：《个体化》，第13页。

③ 安东尼·吉登斯：《亲密关系的变革》，陈永国等译，北京：社会科学文献出版社，1997年，第245页。

式中处于弱势地位的孩子，而是理应受到尊重的“小大人”（young adults）。进入21世纪以来，对亲子平等的要求正造成父母更大的焦虑，杰弗里·迪尔（Jeffrey Dill）在对美国家庭大量访谈的基础上指出，抚育的悖论在后现代社会愈加明显，一方面，父母对于管束孩子在道德上愈发感到不正确，但另一方面，在我们的社会，父母仍是抚育的主要责任方，以社会标准责成于子女是抚育本身的要求，由此衍生出的矛盾是抚育在后现代性下所面临的独有的境况。①

我们似乎可以假设，在家教育使得家长们承担起更大的教化责任，权威与规训将得到更大的应用，内在于抚育中的张力会更加明显。那么，事实是否如此？这种叠加对家庭内部的亲子互动有何影响？在田野工作中，常常有受访者在回顾在家教育的经历时向我感叹，收获最大的并不是在教育上，而是这个过程中创造的人与人之间的紧密联系。亲子关系无疑是最让他们骄傲的，而这一成果的获得恰恰是由于充分尊重了孩子的个性。通过考察波士顿在家教育家庭亲子关系建构的特定逻辑，接下来的民族志记述希望能够提供一个这方面的范例。

以孩子的好奇心为导向，培养有独立思考能力的孩子，这种培育目标要求父母重新思考并定位自己的角色。在我设计的访谈问题中，有一个问题是“你是怎样教孩子的？”有趣的是，大部分家长都会纠正我的用词，正如苏珊试图澄清的，“不，我不教孩子，我只是一个推动者（facilitator），做父母的如果能点燃孩子的好奇心，把

① Jeoffry Dill, *Culture of American Families: Interview Report*, Institute for Advanced Studies in Culture, University of Virginia, 2012, pp. 9-11.

这种能力发掘出来才是真正了不起的成就”。与我在田野工作前想象的不一样，很多父母并没有同时身兼教师一职，这就将父母与孩子从学校模式下处于结构对立的关系中解放出来，为亲子关系的民主化奠定了基础。

格蕾丝与我分享的故事很能说明家长作为推动者，如何努力为孩子寻找资源。盛夏的一天，我来到格蕾丝位于沃特敦（Watertown）的家采访，看到我一路走来满头大汗，她打开风扇，从冰箱里拿出自制薄荷饮料。清凉安静的屋子，让我一下子想起了电影《廊桥遗梦》中女主人的家，随处可见的手工艺品传递着一种温馨亲切的质感，从这些各式各样的小玩意儿开始了我们的寒暄。她骄傲地向我介绍这些都是她两个孩子做的，女儿在芝加哥大学读大二，儿子刚从罗德岛设计学院建筑系毕业，其时正带着他的作品（太阳能房屋）在欧洲各国展出。儿子很小的时候，她就发现他喜欢艺术，于是留心各种机会让儿子探索自己的兴趣，

> 我们去各种各样的展览，他一下子迷上了做首饰，央求我带他去跟老师学，那时候他才10岁！是老师门下最小的学生。他还在杂技团表演杂耍，从16岁开始，至少有四个夏天在法尼尔厅前面的广场上表演，赚了不少钱。如果上学的话，这些事是绝不可能做的。我们几个家长在一起时常说，一切都是为了孩子们眼中闪烁的火花。

毋庸置疑，由于年龄、经验等结构性不平等因素，父母掌握更多资源和资本，在与孩子的关系上占据优势。但即使试图将自己的意

志施加给孩子，父母也倾向于通过对话建立信任关系，达成更具弹性的协商性承诺，换句话说，父母的支配性权力退隐并转换为“影子权威”。在这里有必要强调“权力”与“权威”的区别，古德指出，“一般说来，社会学家所说的‘权力’是指一个人自行其是，哪怕其他人不服从也一样。‘权威’是指某人在发号施令时，其他人是否认为正确或合适，是否相信他”①。因此，在民主的亲密关系里，“只要权威承认并尊重自主原则，那么权威也有正当性”②。本质上这是一种“滚动的契约”，取决于父母和孩子双方的参与和意见。

安迪是在家上学的坚定支持者，我曾问他若孩子不愿意继续下去怎么办？他这样回答：

> 我们当然不会强迫孩子，那违背在家教育的本意，因为（它的）意义在于提高孩子们对自己教育的掌控感，让他们享受到学习的自由，而这些在压力下永远无法做到。开始肯定有一段时间的说服工作，但我们的态度是本着信任的精神进行尝试，万一不行，我们总可以做出改变或者回到更传统的形式。我想出发点在于为了孩子们最好的利益。最开始几个月，我花了很多时间来帮她们意识到，只要做一点准备就会取得怎样的成果。然后当兴奋取代最初的疑虑，我就退后，让她们自己高飞。所以关键是让孩子自己感受到（她们）在做很棒的事情，在成长。

---

① 威廉·古德：《家庭社会学》，魏章玲译，台北：桂冠图书股份有限公司，1988 年，第 118 页。

② 安东尼·吉登斯：《亲密关系的变革》，第 246 页。

安迪的这段话说明了父母权力转化为内在权威的动力机制，在这个过程中，父母意志经过互动和协商对孩子产生了由外而内的作用，内化成为个体的自主性原则。权力向权威的转化是对父母教育策略的考验。比如几乎所有的父母都十分警惕商业文化在电视节目和广告中的渗透，阿什莉认为，“电视里充斥着性、暴力和消费主义，让人变得被动和懒于思考”。丹尼尔和坦尼娅虽然强烈地反对消费文化，但都不反对孩子看电视，而是将它作为培养独立思考能力的工具，“我会和孩子一起讨论，让他们学会有判断能力和批判性地看待问题。但孩子们很少要求看，因为顾着做更好玩的事情去了，比如烤蛋糕啊，在外面玩啊，不太想得起来看电视，我们也从不当着孩子的面上网玩游戏”。安迪的经验是疏导：

> 我们家原本是严格禁止电视的，后来发现很难，就改变方式。我们租了一些有深刻内容的经典电影，又加上孩子们特别爱看书，电视的吸引力就没那么大，当然有几个节目是全家喜欢一起看的。所以我们的办法是，对我们认为不恰当或有害的东西不去阻止，而是提供更有意思的东西。你知道，有些东西越不让看就越想看，也许这算是一种家长太极拳吧！

在我看来，安迪很善于以柔克刚，他曾经津津有味地回忆起一次旅行的经历：

> 孩子们 12 岁的时候，当时刚读完简·奥斯汀的小说，我买了廉价机票，带她们去奥斯汀的家乡实地考察。一路上我觉得

> 她们太被动了，就想了个办法，在希思罗机场租好车以后，我假装太累了，说我要睡一觉，在睡醒之前，希望她们找好路线，然后把地图丢过去就闭上眼睛。我听到她们叽叽喳喳地说话，“天哪，这怎么办呢，爸爸睡着了，哦，那我们看看地图吧……”我忍住笑，过了十几分钟假装醒过来，孩子们已经全搞定了！[①]

讨论在家上学如何引发了更为民主化的亲子关系，我认为将其放在这些家庭所处的中产阶级文化中会获得更为清晰的认识。美国文化的公共舆论强调父母应学会与孩子分离，正如贝拉所说，“对于高度个性化的美国人来说，父母同子女的关系，总有那么一点异常的味道，因为儿童生理上对成人的正常依赖，被认为在伦理上是不正常的”[②]。有一位妈妈这样描述她周围的美国家庭，“孩子一出生，（关于独立的）文化灌输就开始了，‘他得学会独立，让他哭去，别管他（指幼儿睡前哭泣训练）’，‘他得自己振作起来，你可不想让他永远黏着你’，‘就得让他自己受点罪好长点教训’，这样的话还有很多很多。所有这些劝告都在把我们和孩子分隔开，切断我们之间的联系”。这种分离性文化一直延伸到孩子进入青春期。上学的孩子与父母相处的时间其实不多，各种课外活动占据了孩子放学后的时间，假期则参加夏令营。有一位孩子在上学的妈妈说，“我有一年暑假没给孩子报夏令营，周围的朋友认为我简直疯了，他们说这么长的时间可

---

① 安迪的妻子凯瑟琳因身体原因不便出行，访谈时她特地向我解释，是她自己选择留在家里的，她很感谢安迪带孩子们旅行。

② 罗伯特 · N. 贝拉等：《心灵的习性》，第 107 页。

怎么过啊！”对此，罗蒙娜的看法是，“美国的夏令营文化之所以流行，是因为平时不怎么和孩子在一起的父母其实不知道怎么与孩子相处，而且他们觉得这样可以培养自立精神”。

事实上，在家教育的父母们，如果不是更加，至少也同样认同独立的重要性，但许多人对此进行了更为细致的阐述，主张“分”而不“离”。一位妈妈用两个词的对比来表示这种区分：“我觉得（父母对孩子）应该是哲学意义上的超脱（detachment），但不是脱离（disengagement）。”她进一步解释道：

> （在家教育）意味着（父母）密切地参与到孩子们中间，敏锐地观察，帮他们找需要的材料，建议他们参加合适的活动，讨论他们认为重要的问题。孩子们需要自由，但同样需要父母的指导。如果我说不出孩子早上具体干了些啥，他们在读什么写什么，并不意味着我对孩子们疏忽。恰恰相反，我所着眼的是整体情况，而不是细枝末节，我的目标是培养孩子们身上的无形资产，如批判式思维，对学习的热爱，对世界的积极参与。

“分”而不“离”无疑对父母抚育中的尺度拿捏提出了更高的要求，情感民主使良好的亲子关系获得原则性保护。在此，我们需要明确的是，融洽的亲子关系绝不是在家上学这种教育形式的必然产物，而往往是父母付出时间和情感、有意识追求的结果，尤其是通过积极介入、亲密互动来获得与孩子在情感上，而不仅仅是角色上的连接。戴安·雷伊（Diane Reay）将抚育中的关系或情感维度视为中产阶级父母培养孩子所赖以使用的一种资本和调节手段。[①] 下面的例子将说明亲子关系为什么对在家教育的家庭尤其重要，它不仅可以帮助化解抚育过程中经常出现的亲子冲突，更根本的是有利于父母对孩子施加影响，平衡个体自由和父母权威之间的张力，因而成为这些家庭追求的重要目标。

在家上学的圈子里对电子游戏有许多争议，如同对电视的态度一样，许多父母担心游戏让孩子变得习惯暴力、懒于思考。但也有一些人支持孩子玩游戏，如有一位叫辛西娅的妈妈就认为：

> 游戏可以引发即时的讨论和学习，还可以创造与孩子联系的机会。首先，看着他们玩，这是个什么游戏？他们想在游戏中达到什么目的？看着他们解决问题，成功了跟他们一起欢呼，失败了就安慰他们。别小看游戏，也别小看他们的努力。下一步是帮助他们！做一点功课帮孩子达到目标。最后一步，你可以自己玩，这时候，孩子反过来可以帮助你了。如果你不喜欢玩也没关系，重要的是和他们在一起，这样以后当他们说起取得的最新进展，你也能明白他们在说什么。

所以，在辛西娅看来，电子游戏的价值很大程度上在于它提供了一种情感连接的中介。她指出，当你和孩子建立起强有力的密切的联系，不管借助什么话题：电子游戏、电视、冰球还是恐龙，你都在通

① Diane Reay, “A Useful Extension of Bourdieu’s Conceptual Framework?: Emotional Capital as a Way of Understanding Mothers’ Involvement in Their Children’s Education,” *Sociological Review* 48(4), 2000, pp. 568-585.

过行动关心并支持你的孩子。这样一来，当他们觉得沮丧的时候，会更愿意到你这里寻求帮助，你也会感到更容易与他们分享你对生活的观察，你的经验，和你的爱。

对于游戏的负面影响，辛西娅不是没有觉察，但她没有在孩子的自由和自己的价值判断之间简单地做出非此即彼的选择，而是以亲子关系为优先考虑事项，建构了这样一条解决问题的路径：首先尊重孩子的个人选择，通过参与和互动与孩子建立互相信任的关系，从而更能有效地对孩子施加影响。辛西娅告诉我，她认为美国社会中出现的青年行为问题，其根源就在于父母和孩子之间缺乏深层次的联系，“分而不离”的教养理念要求在具体的日常实践中致力于关系的培养，从而超越自由与权威之间的对立。

在滕尼斯的概念体系里，家庭本来就是以血缘和地缘相连接的共同体，我提出“家庭学习共同体”的概念，是为了强调家庭关系的活力，这种活力建立在以“学习”作为日常生活组织原则的亲子之间大量互动的基础上，我认为这是在家上学家庭与一般家庭的最大不同之处。安妮特·拉鲁在《不平等的童年》中这样描述中产阶级家庭的协作培养：家庭外有组织的活动深入到整个家庭生活的核心，忙碌的时间表使家庭成为“狂乱之家”。父母在自己的工作之余，带着孩子在不同活动间奔忙，孩子同时还得上学和完成学校的课业，超负荷的节奏常常使一家人都疲惫不堪。“有时候，中产阶级人家的房子简直就只是一个在众多活动之间的短暂间隙滞留的地方。”[①] 成功哲学背后的资本主义经济逻辑往往影响到亲子关系，使其掺杂着理性算计的意

① 安妮特·拉鲁：《不平等的童年》，第 74 页。

味。一位妈妈这样评论：“很多父母愿意为孩子上大学出钱，但是带有条件的，比如你必须学医或者学法律，否则不会那么痛快地支持。”费孝通先生在描述他的美国印象时也提到了“有条件的爱”[①]。相较于这种工具理性的色彩，在私有化教育趋势下发展壮大的在家教育在家庭内部更多地展现出一种表达性的情感性的逻辑。[②] 但是，这并不意味着在家教育排斥世俗意义上的成功，并不存在一个非此即彼的二元意识形态框架。下一章对家庭之外的学习网络的描述将进一步探讨这一问题。

小　结

从学校教育转移到在家教育，许多家庭都经历了一个阈限阶段，表现为对旧有学习观念和学习方式的摈弃和对以“好奇心”为导向的学习的倡导。这体现了两种文化获得方式的斗争：制度化的理性的学校教育和自然的情感化的家庭教育，以及中产阶级内部的差别。

本章着重指出，建立在反思和批判基础上的文化洞察促使这些家庭寻求新的学习模式，而被自然化的好奇心，事实上本身是教育和教养的产物。与“自然教育”的消极自由意涵相反，在家教育的父母们付出大量劳动，精心悉心地为孩子创造一个自然成长的童年，从家庭

① 费孝通：《美国人的性格》，第 12 页。

② Janice Aurini and Scott Davies, “Choice without Markets: Homeschooling in the Context of Private Education,” *British Journal of Sociology of Education* 26 (4), 2005. 这篇文章认为新自由主义体制下发展起来的在家教育实际上所奉行的是市场的对立面，即情感性的逻辑。

空间布局到生活方式，无不彰显着更为全面和更为有效的文化资本的传承。由此，身处优势阶层的父母们得以摆脱“平庸”的学校文化，将更为“自由”的贵族文化趣味潜移默化地传递给下一代，这在客观上是对其阶层地位的复制和延续。同时，新的学习观念和方式将家庭结成一个有活力的学习共同体，亲子关系的情感性纽带大大加强，亲子关系朝着变革的方向发展，因此从我在波士顿田野调查的情况来看，在家教育有助于维系现代性条件下日渐淡薄的家庭观念。

第五章

教育回家：学习网络的延伸

父母为孩子营造的学习网络远远不限于家庭内部，许多人向我强调，波士顿非常适合在家上学，因为这里有各式各样优质丰富的教育文化资源。父母们以家庭为核心，并扩展到社会空间的其他场域，整合包括图书馆、博物馆、社区大学等社会机构和网络、社区等多种资源，为孩子创建了一个绵密的学习网络。他们强调在家上学的社会化优势，凸显他们与学校上学家庭的差异，如不再局限于围墙之内受制于刻板的时间和空间安排。确实，他们作为能动的个体，灵活地选择适合自己的资源，从结果上更为高效；但另一方面，在自由选择的逻辑下，把孩子送去各种机构，为上大学做各种准备，与中产阶级将孩子视为培养工程的做法并无根本差异。作为一个社会人，他们对孩子未来发展的期待很难真正超脱中产阶级价值观，他们对社会生活的意义以及个人价值的理解始终与他们的社会经济地位密切相关。

第一节　“城市学校”

我常从一些家长那里听到对“homeschooling”这一称谓的

质疑[①]，他们认为自己的教育行为多数既不发生在家里，也不是对学校的复制，怎么能是“家庭学校”呢？凯蒂说，“我们经常拿这个词开玩笑，因为我们真的是难得在家！”随着时间的变迁，“homeschooling”的内涵事实上也发生了巨大的变化。20世纪七八十年代的“家庭学校”未被纳入法律框架，教育范围基本局限在家里，父母取代教师，是唯一的教育者，而且还要躲避教育当局和公众的质询，因而这个词语带有封闭的负面意涵。当代的家长们不满这种标签化的沉闷形象，他们意图以自己的行为实践表明，通过挑战地理空间的区隔，在家上学是对传统教育形式的颠覆和创新，其中形式的灵活和内容的活力是他们自我认同的重要方面。

安迪用“城市学校”（city school）来指称“在家上学”：

> “在家上学”只是一个统称（umbrella term），是用在文件上的，我们自己家是说“城市学校”。我一直觉得学校在学业上的挑战不够，以前孩子上学的时候，我就带她们周末去参观博物馆和各种展览，去看城市的排水系统如何运作等等。八年级向剑桥学区递交了在家上学申请之后，所有的时间都可以用来学自己感兴趣的东西了。我们有时自己开车，有时利用人少的淡季和便宜的打折机票，带着三个孩子到处旅行。整个世界都是我们的教室，我们去了康涅狄格州的飞机制造厂，纽约的联合国总部，华尔街等很多地方，旅行是以学习为导向的，回来后

① Robert Kunzman 观察到，“‘homeschooling’中的‘home’一词正迅速成为一个不当的用词（misnomer）”，参见 R. Kunzman, “Homeschooling in Indiana: A Closer Look,” *Education Policy Brief* 3 (7), Bloomington: Indiana University, Center for Evaluation and Education Policy, 2005, p. 4。

大家常常就某一个题目写篇文章。

安迪的教育方式是应用杜威“在生活中学习”理念的鲜活个案，如他所说，教育以一个连续统的形式存在，在家上学只不过将其优势发挥到极致。安迪是独立执业的建筑师，经常在家工作，他告诉我，“坦白讲，若不是我有这么灵活的工作时间，也没办法用这种方式。”

哈佛继续教育学院曾对三姐妹（其时 17 岁）做过一次采访，发表在哈佛校报上。安迪在邮件中转发给我，她们在报道中这样自述：

> 我们受的教育很大一部分是在“旅行学校”（travel school）中度过的，我们都喜欢历史，爸爸带我们去英格兰看了第一座铁桥，罗马和那不勒斯的考古遗址，彼得·祖索尔的瓦尔斯热澡堂，我们明白了科学、技术、建筑和历史都是交织在一起的，我们在课本上读到的东西一下子变得栩栩如生……（一个女儿说道，）我去年做的一个作业是关于西奥多·罗斯福总统在明尼苏达的薇诺娜做的演讲，去年夏天爸爸开车带我们全国旅行的时候，我来到了他当时站着演讲的地方！旅行让一切知识都更加透明了，而不是只停留在课本上。知识与经历往往在教育中被分离，在现实中却是互相联系的。

在城市学校和旅行学校中被重构的学习往往打乱学科之间的界线，安迪说，“旅行激发了孩子们对人文、数学和科学的兴趣，她们在城市学校里发现，很多事物都是需要各种学科的参与才能有一个整体性的认识，所以对那种将科学与人文学科二元对立的做法很反感，她们的各门学科都很均衡”。

阿什莉向我介绍的“即时学习”理念除了使用“播撒”（strewing）的方法，另一种方法是“serendipity”（意外发现珍宝的运气），尤其适用于旅行中：

> 比如说孩子在路上偶尔发现一只蜗牛，她想知道蜗牛吃什么，就去查资料。但在学校的话，可能到六年级，才正式学到蜗牛是什么纲什么属的知识。上次我们去参观殖民地时期的威廉斯堡，住在现代化的度假村里，却在那些重建的殖民地房屋里发现了类似我们家的生活方式，安娜为此兴奋不已，对那个时期的美国历史充满了探索的兴趣。

对在家上学的家庭而言，旅行模糊了常规生活中固有的分类范畴，如学习和玩耍、理论和实践，甚至不同时空的界线和亲子之间的权力关系都趋于消弭。“在旅行中学习”被塑造为一种优于学校模式的方式，因为它是自然有机的，在与外界广泛的接触中可以增强独立思考的能力。而且，正如一位妈妈所说，在家上学的好处是可以避开人多的公众假期，经济上也更为划算。很多人的家庭生活中充斥着大大小小、规模不等的旅行。从短途来说，波士顿众多的文化机构是这些家庭可资利用的重要资源，其中图书馆最常被提及。每一个镇都有公共图书馆，对居民免费开放。波士顿公共图书馆是美国最古老的图书馆，二楼的少年阅览室（teenage room）定期为孩子们提供各种主题的活动，如怎样欣赏日本动漫等等，他们也会应个别读者的要求提供帮助。这里的工作人员告诉我，这几年，在家上学的孩子确实增多了，经常有家庭与他们联系，希望得到某种帮助。

蕾切尔的孩子对如何查家谱感兴趣，于是她与图书馆约好时间由工作人员陪同讲解。我那天也去了，大约一个小时的时间里，有两位工作人员陪同蕾切尔、她的三个孩子和我，参观图书馆的不同区域，还看到波士顿在不同历史阶段的地图。孩子们约好下次再来的时间，回家后还要完成一些相应的功课。整个过程中，两位讲解员非常专业亲切。之后蕾切尔的大女儿在二楼看书，她带两个儿子到一楼参加图书馆免费的数学俱乐部。宽敞的房间里只有七八个孩子，有两个老师在旁低声辅导。其时正逢波士顿的寒冬，我在一楼和二楼看到几个流浪汉在桌子边看书，在挂着精美壁画和布满绿色台灯的辉煌大厅里，毫无违和感。

许多父母在访谈中都提到了图书馆的重要作用，阿什莉对此毫不讳言，“真的很感恩，我们的这些传统机构还能像往常一样，发挥着重要的功能。如果没有图书馆，我们的教育无法进行，到现在为止，我们已经借了几千本书了”。罗蒙娜深情地回忆道，“一年到头，一遍一遍地记着要带一些大帆布袋去图书馆，要不每次都是厚厚的一摞书拿不回来”。我在布鲁克兰图书馆负一层的儿童阅览室里看到，许多家长推着婴儿车带着蹒跚学步的孩子，有的在静静地看书，有的在轻声地读给孩子听，或彼此柔声交谈。图书馆不但成为一个学习的场合，也是不同家庭建立人际连接的地方。阿什莉在萨摩维尔图书馆组织的读书会[①]得到图书馆在场地和时间上的支持，每周二上午，有

① 阿什莉告诉我，这段时间的主题是哲学，从柏拉图、亚里士多德到当代的哲学家，涉及伦理学和形而上学。

七八个家庭的孩子在一起阅读分享。

除了图书馆，波士顿还有许多优质的资源，而且交通非常便捷。新英格兰音乐学院的乔丹音乐厅是世界上音响效果最好的音乐厅之一，每年有六百多场免费音乐会。各种博物馆和展览也是这些家庭频频光顾的场所，如波士顿艺术博物馆、科学博物馆、新英格兰海洋博物馆等等在美国都享有盛名。它们还为市民提供一定限额的免费票券，在家上学的孩子可以利用非周末的时间使用这些免费票或优惠年票。有一位妈妈这样表达她的感受，“孩子上学的时候，天天忙着上课和作业，那时候就觉得这么多好的资源却没办法充分利用，好可惜”。比起不得不周末使用这些资源的上学的孩子，这些家庭认为自己有更多的选择和自主权，正如阿什莉所说，“我们不用跟他们挤周末啊，周末我们什么都不安排，那是我们的家庭时间”。

第二节　重估“社会化”与“志愿者精神”

对在家上学的家庭而言，“城市学校”还有超越学习的功能：发展健全的人格和人际关系。我在位于波士顿市中心的公园街教堂认识了玛丽亚，当时她先生带孩子与其他小朋友一起画画，我就跟她攀谈了起来。她是基督徒，但对自己的定位是“unschooler”（非学校教育者），说起教育的目标，她说，“我希望孩子成为上帝所喜悦的人，还有很重要的一点就是要学会如何与人建立联系，现实生活中，很多人以自我为中心，无法与他人的生活连接”。在家上学则不同，“比如昨天去理发，我 5 岁的女儿会跟理发店的师傅讨论理什么发型。跟爸爸去邮局，也会跟邮局的各种人说话，我们的很多活动都会带上孩子，鼓励她们跟各种人打交道”。我说，上学的孩子也会有这些经历啊，她说现在美国的文化太商业化，太过于保护性，一般大人都教小孩子不要跟陌生人说话。

接下来我将这些家庭的话语实践置于更大的美国社会语境中，以表明他们是如何在对主流意识形态批判的同时，试图重构“社会化”与“志愿者精神”的。尽管表现出对抗的主体性，但事实上其主体性的建构仍是不自觉地受制于其所属的中产阶级思想意识形态。

杰弗里·迪尔在对当代美国家庭文化的调查中写道，尽管父母们都同意“举一个村庄之力养一个孩子”①，但是大多数父母都不信任周围的邻居和其他大人，因此父母竭力把家变成一个封闭的受保护的区域。事实上，父母对孩子的垄断性权威被认为是美国家庭亲子关系可能出现断裂以及青少年叛逆的主要原因之一。②不少父母认为，911事件对美国人心理的最大影响就是不安全感剧增。丹尼尔向我推荐一本书：《自由放养的孩子》（*Free-range Kids*）③，他指出，“正如书中所写，美国的文化越来越偏向内部（inside），强调安全，怕孩子被绑架，因此宁愿孩子待在家里看电视玩游戏”。之后我也留心观察到，几乎没有小孩在街上随意地玩耍。户外玩耍被限制在一个个边界分明

---

① “It takes a whole village to raise a kid.” 据说是一句非洲谚语。《举全村庄之力》也是希拉里·克林顿一本书的名字。

② 参见许烺光和米德在书中的相关讨论。

③ 这本书的作者勒诺·斯科纳兹（Lenore Skenazy）是《纽约太阳报》的专栏作者，她曾经在专栏中写到如何让9岁的儿子自己坐纽约地铁找到家，从而引起轩然大波，被斥责为“美国最坏的母亲”。为此她写作了一本书，并发起了“自由放养运动”，鼓励家长们区分真正的危险和媒体强加于我们头脑中的危险。“自由放养”被视为“直升机式养育”（helicopter parenting）的反义词。

的安全区域，而且有大人陪同。琼丝向我抱怨，现在的人似乎越来越多管闲事（nosy）了，如果看到孩子在街区游乐场里一个人玩，就会责备那孩子的父母，甚至可能会报警。她11岁的儿子要去康科德找朋友玩，琼丝把孩子送上巴士，却被司机要求下车，“他说这么小的孩子不可以独自坐车，我还记得他看我的眼神，非常不赞许的样子，好像我是一个坏母亲”。

“社会化”问题在公众的想象里常被建构为在家上学的缺陷，但正如张鹂在对中国流动人口的研究中指出的那样，“刻板印象倾向于提供单一的阐释，但它并不总是铁板一块，因此在特定条件下受压制的群体可以与之争辩甚至将其颠覆”①。在家教育的父母们围绕着“社会化”和“志愿服务”话题创造了一种相反的话语。南希跟我讲起第一次接触这个群体的情景，“几年前我去阿灵顿艺术中心参加一个活动，正好碰上十几家人聚餐（potluck），就跟他们聊起来。我问社会化问题怎么办？结果每个人都笑了起来，他们说，在家上学的最大优势恰恰是社会化。学校的社会化过程才奇怪，在家上学能够更好更有机地进行社会交往。我们的孩子可以与各种不同年龄的人交往，活在真实的世界中”。这些话打动了南希，她只有一个女儿，正觉得她太孤单，于是就也开始在家上学了。

“真实”、“开放”，是他们认为在家上学“社会化”的区别性特征。罗蒙娜这样对我表示学校模式下“社会化”的虚假和封闭，“现实生活中，谁会把40岁的人跟同样年龄的人放在一间屋子里说：好，一天中的大部分时间只能你们在一起交往？”卡米尔以在南希家上

---

① 张鹂：《城市里的陌生人》，第42页。

写作课的例子来阐述在家上学社会化的有机性，“你看，这四个孩子最大的 14 岁，接下来是 12 岁、11 岁和 9 岁，他们相处得很好，大的照顾小孩子的节奏，小的会尊重大的，没有等级之分，大家互相包容。学校才是一个人为制造出的机构，同样的年龄，学习同样的东西，同样的进度，而且孩子对这些丝毫没有发言权”。

我在田野中一个强烈的感受就是这些家长大都有极好的口才，非常善于阐述自己的观点。卡米尔做过多年的律师，她的英语带有悦耳的法语口音，说理生动而又逻辑严密，令人难以反驳。说到“公立学校是培养公民的最佳场所”，她斥之为迷思：

> 拿老鼠作比方，如果没有足够的空间，这些老鼠被困在一个狭窄的地方，会互相攻击，但是如果有足够的空间和食物，情形则大不一样，人也是如此。在学校里，相同年龄的孩子共处在有限的空间里，就容易出现很负面的东西，如欺凌、嫉妒等等，孩子不上学则可以避免这些。不同年龄的孩子在一起，可以遇到各种各样的人，交各种各样的朋友，各种种族/宗教背景，非常多样化。因为我们整天都在外面，并不怎么在家，我们的空间是非常大的，而不是像困在盒子里一样。孩子们表现得非常有礼貌，并尊重别人。

我说，“你说得对，但是欺凌或其他不公平现象正是真实世界的写照，在家上学会不会人为地将孩子保护在一个充满爱的环境里，从而难以适应真实的社会？”她指着屋外的小树和覆着薄膜的菜地说：

> 没错，但是要看什么年龄。就像这棵小树，如果你跳到上面，肯定树就被压断了，但如果是一棵大树，你跳上去反而可能会刺激它长出新的枝条。所以逆境可以促使人成长，这句话没错，但问题是他要有能力克服逆境。困难应该依据孩子的年龄来设置，在孩子大一些的时候，他会有足够的资源和能力冲破逆境，将困难化作前进的动力。就像屋里这些花，你不可能说，好吧，真实的生活就是在寒冷的室外待着吧，它会死掉的！所以，并不是逆境不好，但时间点（timing）是一个很重要的因素。

另一个妈妈的观点相似，“人们通常认为饱经风霜（tattered skin）才能更有作为，可是我觉得孩子有安全感才能变得更强大，为什么不能让孩子在美好的环境下（a beautiful skin）长大呢？那样我们的社会才会更美好”。

围绕着“什么是真实的社会化？”“哪一种教育才能更好地适应真实的社会？”在家教育的父母们创造了一套与学校模式相对抗的逻辑和话语，以表明在家上学的社会化并不是被遮蔽，而是更富有人性，能够培养出更好的社会人。但在我看来，没有了学校围墙的限制，这些孩子又进入到另一片小天地中，尽管范围可能更广，但更趋于阶层性的聚集。爱玛也承认，用“cocoon”（茧）这个词来形容也并非不恰当，但她接着争辩道，“有时候也真的不是自己想这样的，我女儿以前认识一个黑人女孩，很想跟她交朋友，但那一家人好像很戒备，不愿意跟我们多来往”。爱玛是白人，她猜测那家人的反应是种族之间隔离的心态所致。

按照他们的逻辑，学校在培养志愿者精神方面也是有问题的。罗蒙娜认为，“培养公民意识并不是灌输抽象的概念就万事大吉了，而是要实实在在地让孩子参与进来。学校一般要求孩子参加某个专门的项目，孩子进到某栋大楼里，做老师要求的事，做了就完了，并没有真正地从心里融入社区。志愿者精神应该是潜移默化地内化到孩子心里的”。

事实上，我在田野中发现，只要愿意，做义工的机会非常多。作为家长，我曾经在公立学校的图书馆帮着卖书，艺术节上卖烤饼。周六去州政府大厦附近的教会帮忙为无家可归的人准备午餐，这个活动每周六都有，只需在网上申请即可。志愿服务有年龄限制，需 18 岁以上，罗蒙娜的女儿经过一番争取，17 岁在麻省总医院做上了志愿者。满 12 岁的孩子可以在教堂礼拜时帮着照看低龄儿童，教会会为其出具志愿服务证明。帮别人看小孩也可以收取报酬，每小时 8 美元左右，许多在家上学的孩子都有这种经历。正如有些人所说，志愿服务是美国的一种核心精神，我曾经在柯立芝角（Coolidge Corner）的地铁广告牌上看到这样的一行大字，“Did you give this year?”（你今年给予了吗？）我在聊天中得知许多美国家庭到了年终都有捐款计划，以支持某一项他们认为重要的事业，如援助贫困地区，或用于治疗某项疾病。

我对在田野中观察到的“给予文化”印象极为深刻，当我与一些受访人提及我所受到的震撼时，他们却对此表示出了忧虑。罗蒙娜是一位活动家（activist），她在 HEIM 的工作，完全是义务性质的。她说，“是的，志愿者精神是我的一项基本价值观，构成了自我认同的重要一部分。但是很不幸，这种精神在美国社会正逐渐减少，因为人们越来越依赖政府和专业人员，我小的时候（六七十年代），消防部是由志愿者管理的，消防车也是大家轮班开”。阿什莉批评了志愿服务越来越被用作工具性用途，“对许多人来说，志愿者服务只不过是生活的一项内容。这样说吧，他们把生活分成一个一个的盒子，把必须要做的事情往里装就完事了，如健身，做义工，并没有投入真正的感情。”

在不少父母看来，志愿者服务正被异化为外在于人的一项工具，而不是作为人本身的目的。他们认为这与学校的培养模式有莫大的关系，而且学校所鼓励的义工服务常常带有功利性目的，如有助于被大学录取。安迪在谈话中提到，吉莉安在哈佛的时候，震惊地发现很多同学完全不知道贫穷为何物，既没经历过也不知道它的影响。我说哈佛不是很重视社会奉献吗，被录取的学生应该做过一些志愿服务啊，安迪这样解释，“是的，社区服务在美国人生活中占很大比重，一般从孩子很小的时候大人就鼓励孩子参与，以前高中毕业必须有社区服务这一项才行，现在没有这种规定了。但高中学生还是会积极参与，因为大学招生官很看重这一项，它体现同理心和人性关怀（empathy and humanity）。但其实很多学生只是流于表面，并没有真正理解志愿者精神的意义”①。

那么在家上学是否就能培养出更好的公民呢？罗蒙娜认为在家上学让孩子有更灵活的时间参加志愿者活动，但培养孩子的公民意识，父母才是关键。“实际情况是，并不是很多在家教育的父母都具有公民意识，这点我感觉很遗憾。”卡米尔也说，“榜样示范非常重要，如

① 许多义工项目由学生自己发起，参见布鲁克兰公立高中与此相关的介绍 http://bhs.brookline.k12.ma.us/clubs--activities.html。

果父母本身是好的公民，能够在日复一日的生活中给孩子们带好头，孩子自然会耳濡目染成长为好的公民，这跟采取什么样的教育没有太大关系。光表面上教是没用的”。“但并非所有的父母都可以给孩子好的榜样，”我说。她回答道，“是的，所以学校才有存在的理由，学校有各种背景的学生，可以提供孩子社会化需要的广泛性”。如第三章中莎拉和梅根一样，卡米尔的这种观点在我的访谈对象中并不少见，阿什莉也表达过“公立学校更适合移民”的看法。这些家长显然自我认同为更具公民意识，也更有教育能力的父母。这种精英意识使他们在心理上与大众阶级区隔开来，并为在家上学的选择找到合理的辩护。

家长们还以孩子的实践来说明志愿精神确实内化到了孩子的意识中，卡米尔举例说 2013 年 4 月波士顿马拉松爆炸案发生后，三个孩子想以自己的方式帮助受害者，于是在家里烤了蛋糕到路边卖，所得收入全部捐出去。卡米尔向我强调，“这完全是他们三个自发的主意，我听了之后决定支持他们，那个周末的活动暂停。只有在家上学才具有这种灵活性。在学校的话就不一样了，要么可能老师先提议，然后学生顺从地去做，要么根本没时间做这种事情，四五月份正忙着准备考试呢。这不是老师的问题，而是整个学校制度的问题”。罗蒙娜也举自己家的例子，“孩子从小就跟着我参加各种活动，一开始只是在一边看着，到了十二三岁的时候，我就问孩子自己想做什么样的志愿者活动。比如我儿子喜欢动物，就在科学馆义务做这方面的工作，我一个女儿对心理学感兴趣，义务做自杀者心理热线”。安迪曾在给我的邮件中驳斥了一种“在家上学容易使孩子陷入自恋”的流行观点，“我的三个女儿都做了大量的社会服务，比如夏洛特管理一个志愿项目，为波士顿移民和低收入者的孩子办了二十个课外活动班，她们三个一直在里面教课……我可以很自豪地说，这些事情都是她们自发去做的，从来没有经过我的事先授意或教导”。

这些父母强调孩子从事志愿服务的自发性，以与学校模式下的工具理性色彩形成对照。我在访谈中问的一个问题是，“你认为在培养孩子方面，什么最重要，道德品质、学习成绩还是社交技能？”不出意料，几乎所有的父母都将道德品质放在首位，正如罗蒙娜所说，“归根到底，我们都要回答这样两个极其重要的问题，我想成为什么样的人？我想过什么样的生活？只有拥有好的品质，才能回答好这些问题”。那么这是否意味着在家教育完全摆脱了工具理性，一心在公共服务中培育更具公民意识的社会人呢？下面我将介绍卡米尔的大女儿伊琳做义工的个案，以回答上面的问题。我所关注的是卡米尔对志愿服务的理解，她的这种可被理解为“惯习”的性情倾向如何潜移默化地影响伊琳，志愿精神如何被塑造为融自我利益和公共利益两个维度的象征资本，从而被理解为既能增进个人的公共责任感，又能为她在社会的竞争中赢得优势。

伊琳是一个非常漂亮的小姑娘，比她的弟弟妹妹都更爱说话，她从 8 岁开始每个周一从上午八点半到下午四点半在萨摩维尔的两个托管中心做义工。星期一正好是伊琳 14 岁的生日，我与她度过了一整天，观察她是怎样照顾其他孩子的。那天卡米尔把我介绍给负责人之后，就带着两个孩子匆匆离开了。这个托管中心有五十多个孩子，都是两岁到 5 岁之间，大多来自剑桥和萨摩维尔，每月费用一千多美元。伊琳主要是协助老师工作，比如分发饼干水果，有小孩闹矛盾了，就去调解，我看到她把正在哭的小孩抱起来轻声地安慰，显得非常温柔熟练。但很多时候，都无事可做，只是在一旁看着他们玩。中午十二点半，孩子们吃完饭去午睡，一个个躺在小垫子上，听老师给大家讲故事，一本接一本，讲了一个多小时，我在那里都快睡着了，还有很多小孩没有睡，伊琳时不时地走到孩子们中间，安抚着他们。

下午两点，我随伊琳去另一个托管中心，路上先要到公交车站接一对刚放学的姐弟，分别10岁和5岁。走了两分钟看到一片草坪，伊琳提议大家坐下来休息一下，她解释说，孩子坐了很久车很累，一般在这里玩一玩。大的孩子捧着一本《哈利·波特》，小的跟伊琳在草地上嬉闹着，还有板有眼地教她说捷克语（他们的母亲来自捷克）。我发现，伊琳已经会说很多了，她接送他们两年多，日积月累，这也是很好的收获。玩了十来分钟，大的说想走了，我们就慢悠悠地往托管中心走去，路上碰到一个老人在遛狗，伊琳上前很自然地跟她攀谈起来。原来这只狗与她家的品种一样，她们聊了一会儿如何保养狗的牙齿，然后愉快地道别。这个托管中心共有十个孩子，大多数都会说两种语言，收费比上午那个更贵。老师是在墨西哥长大的美国人，她对伊琳赞不绝口，说六年来有她的帮助是莫大的福气。下午四点半，卡米尔的朋友薇薇安来接伊琳去学空手道，然后送我去地铁站。她每年在卡米尔一家回法国度假时给她看管房屋，说起对在家上学的看法，她说从没见过比伊琳三姐弟更有礼貌更好相处的孩子了。期间我跟伊琳聊天，她表示非常喜欢小孩子，也很高兴有机会做这样的义工。

在伊琳这个年龄，花费一整天的时间照顾小孩，而且坚持了六年，这很不同寻常，妈妈对此什么态度呢？卡米尔告诉我，首先，这是伊琳自己的想法，妈妈表示支持。最初她七八岁的时候，妈妈需要付钱给托管中心，后者才同意她在那里义务工作，因为她也就是个孩子。但逐渐地，这个中心发现她起的作用非常大，就不收费了。到另一个托管中心是因为那里来了一个只会说法语的小男孩，就请伊琳过去帮忙，那个小孩就不觉得孤独了。卡米尔指出做义工不但能帮助到别人，而且有助于形成良好的自我评价，她从别人的反馈中知道自己有如此大的价值。其次，伊琳从中学会很多东西，比如如何带小孩子，学会耐心、公正、有爱心，学会有技巧地解决问题，管理自己的情绪。再者，从长远来看，将来她申请大学的时候，这么多年带小孩的经历在这一片地区都是很少见的，其他人很难相比，显然她就更有优势。

布迪厄在分析阶级与文化的相关性时指出，对文化高低的定义是具有专断性的，而非事物内在本质的特征。对社会上“高雅文化”的鉴赏力和品味，如参观博物馆，是一种社会的建构。中产阶级孩子从父母那里继承的这些文化资本，符合名牌大学和社会主流机构的期待，而工人阶级的孩子却难以在家庭内习得这种“高雅”品味的惯习。与在“何为好的品味？”的问题上有阶级性的差异一样，在“何为有价值的活动？”这个问题上也有阶级差异。在卡米尔的个案中，志愿者精神和长时间的志愿服务并不是浪费时间的行为，而是被建构成一项有价值的象征资本。事实上它确实与社会主流评价体系中的“精英”品质相符，因而可以帮助孩子在社会上赢得竞争优势。换言之，作为家长，卡米尔在女儿略显“另类”的志愿服务问题上，并没有将功利性的考虑排除在外，而是将自我道德的完善、个人成功以及社会服务糅合在一起。

个体的自我发展与对社区的贡献是相辅相成的，正如亚里士多德所提出的，公民要想在实现美好生活的同时又培养美德，以自身为目的的实践是关键。当人满足了自我实现和成就感的需求，就可以拥有幸福和美德。①因此，志愿者精神对许多在家教育的父母而言非常重要，在他们看来，在学校组织的志愿者服务中，价值理性往往被工具理性所遮蔽，从这点上来说，在家上学的优势在于有充足和弹性的时间实现这些目标。

第三节　在家教育的参与方

在所谓的“城市学校”里，在家教育的实施者（conductor）依旧是个体家庭中的父母。除此之外，在家教育还涉及不同家庭之间的联合②，以及各种公共或商业机构的参与。除了随机、自发的学习，有组织的结构化的学习在在家上学的孩子中极为普遍，包括父母或孩子自己组织的活动，各种机构为孩子提供的课外班。到了上高中的年龄，社区大学和哈佛继续教育学院是非常普遍的选择。下面我将以几个家庭为个案，探究他们为孩子所做的教育安排，及其背后的心态逻辑和其中的悖论：反对学校的制度化学习，却如何又投入各种机构的怀抱。我将分析学习的“自然”原则之上的另一原则：自我选择。在家教育的父母们将其与新自由主义的“选择”话语相区分，突出它的情感面向，但仍自觉不自觉地滑入阶层复制的结构不平等之中。

---

① Nick Stevenson, *Education and Cultural Citizenship*, SAGE Publications Ltd., 2011, p. 6.

② 家庭之间的互惠联合可实现学习（academic，狭义而言）和社交的目的，两者混融在一起，难以分开，这方面内容将在第七章详述。

一、市场化趋势

根据南希的描述以及我的观察，卡米尔的家庭属于这个圈子里比较少有的上层阶级[①]，拥有强大的经济资本和文化资本。伊琳戏称妈妈比出租车司机还忙，一天到晚开车带孩子去不同的地方上课或参加活动。以周一为例，早上送伊琳去托管中心。然后带儿子去上小号课，回家跟两个孩子一起学习（阅读和法语），送小女儿去学骑马，这期间她再带儿子一起学习，然后带小女儿上舞蹈课，最后与伊琳会合，一起上空手道课，一周日程表排得满满的。

琼丝一家属于典型的中产阶级，她的先生在一所大学的信息技术部门工作，她有城市规划专业的硕士学位，在一家公司上班。家里请了一个大学生帮工（au pair），每年需支付对方一万七千美元。照她的话说，最大的挑战是如何为孩子的这些费用买单，她一个人的收入正好抵这些开销，先生的收入用来支付食物水电等日常花费，所以一个月下来所剩无几。因此在孩子的教育上，琼丝不得不精打细算，更多地利用价格低廉的公共资源，例如大女儿周六在塔夫茨大学的社区音乐学校学小提琴，儿子在麻省理工一个大学生义务任教的数学课外小组学习，暑假将参加波士顿建筑学院为高中生举办的一个项目，小女儿在麻省理工的乐高机器人班，还去社区组织的游泳课上课。足球课是一个在家教育的妈妈组织起来的，请了一个保加利亚退役球员，一次课才 6 美元。偶然的机会，我发现好几个受访人的孩子都上这个

---

① 需要指出的是，这不是当事人的自我认定，美国人不喜欢谈论阶级，偶尔谈及，也多以中产阶级自居。

足球课，尽管他们分布在波士顿地区不同的城市。另外，琼丝的孩子们还每周在一个位于萨摩维尔的自主学习中心待上一天。

我在田野中得知，在不同的班之间穿梭是这些家庭的常态，朱莉因此戏称自己的孩子上的是“汽车学校”（car school）。安迪的妻子凯瑟琳分析道，“这与我们在波士顿有关系，有这么多优质的资源，家长们会觉得，为什么不为自己的孩子寻找最好的呢？”我在邮件组里经常看到这方面的信息，各种院校机构、官方民间、社区私人提供的免费或低价的活动之多，常常令人眼花缭乱。

比如若要聘请私人家教，就有许多本地的名校毕业生或者其他有专长的家长可供考虑，特别是后者，我称之为在家教育圈子里的“教育内包”。朱莉就是卡米尔和琼丝两家孩子的数学家教。还有一些已经“退休”的家长，孩子长大不再在家上学了，就为其他的孩子上课，如莫莉（Maureen）在波士顿城区为许多人知晓，她住在剑桥，每周去牛顿、沃瑟姆、阿灵顿给八个不同的班上文学课，每次课收10到15美元。我在丹尼尔的家里也看到罗蒙娜给四五个孩子上写作课（里面没有她自己的孩子）。相比将孩子送到托儿机构的“教育外包”，这种“教育内包”现象不同于家庭互惠，它有营利的因素，但又混合了情感和合作性质。格蕾丝告诉我，不只是家长，有些曾经在家上学，现在已经上了大学的孩子，也会回来辅导小孩子，她两个女儿就以这种形式上了一年的数学和物理课。

“为什么想到请这些学生呢？”我问格蕾丝。

“因为他们也一直在家上学，大家的学习理念和方式相近，很好沟通，而且他们也曾经在学习或成长中遇到相似的问题，辅导起孩子来有说服力有针对性。再说，这些大孩子也是我们看着长大的，知根知底。”

“收费怎么样？”我继续问道。

“不贵的，就是给这些大孩子一个兼职的机会，对大家都好。”①

除了充分利用圈子内的社会资本和资源，家长们越来越多使用的是一种叫作“自主学习中心”（self-directed learning center，以下简称“中心”）的商业性教育机构。它是私有化教育大潮下的产物，近年来纷纷涌现。我在波士顿的那一年，又有两家新的“中心”在这一地区成立。罗蒙娜说起这一趋势显得有些气愤又无奈：

> 真的是层出不穷啊（mushrooming）！你不要误会我的意思，我不反对这些机构，但是有一点要搞清楚，这不是在家上学。既然你们接收孩子，那就去申请执照啊！像现在这样，打着“在家上学”的旗号，我感觉他们在利用“在家上学”。他们自称“替代性的教育”（alternative education），拜托，那是“替代性的学校”（alternative schools）好不好！他们希望的就是家长每天都把孩子送到那里，那不是学校是什么呢？没错，社会应该提供多种教育选择，教育不应该被标准化。但我关心的是独立的在家教育，而不是被虚拟学校或者这种“中心”所破坏。这是一种难以阻挡的趋势，在家上学俨然成了一个市场，正在变得越来越商业化。

---

① 除了“教育内包”，家庭之间还彼此提供一些生活上的服务，最常见的就是“小时工保姆”（babysitter）。按照法律规定，12 岁以上的孩子就可以提供这种服务，不少在家教育的母亲和孩子都曾经有过帮别人照看小孩的经历。

罗蒙娜的不安是有道理的，考察在家上学的动机，许多家长不甘于由学校控制孩子的教育，意在寻求父母在孩子教育上的担当和主导作用，而且许多人在生活中有意识地抵制消费主义的渗透，如今将孩子送到“中心”岂不是一种悖论的体现吗？

事实上，围绕着这种市场化的趋势，在家教育群体已开始出现分化。莉迪亚和罗蒙娜等二十年前就开始在家教育的家长，感慨如今丰富的资源削弱了父母探索的主动性，让他们变得疲于奔命，与那些致力于“协作培养”的中产阶级家庭没什么两样。莉迪亚在 HEIM 成立十周年大会上的发言中感慨道，“花上几十美元报班，在众多活动中驱车来往，这中间会失去什么呢？比如穿着睡衣跟孩子拥在一起读书，在一个无事可做的下午无意中有了惊喜的发现，或者当别的孩子都困（cooped up）在学校的时候，几家人在秋天的瓦尔登湖边消磨掉半天的时间，直到日落才散……”莉迪亚认为，市场对“在家上学”的影响是把这个群体变成一个个网络（networks），貌似热闹温暖，但实际上，她引用约翰·盖图在《愚弄我们》（*Dumbing us Down*）一书中的话，让人有种城市居民所熟悉的“明明身处人群之中，却感觉孤独的奇怪感受”。

与这些资深家长不同的是，许多人对自主学习中心持支持和欢迎的态度。丹尼尔说他知道这些机构没有申请执照，“但那又怎么样？有执照就可以更具效力吗？你看看许多政府机构倒是正式批准成立的，还不一样办事效率低下？我觉得这些“中心”的存在对于那些单亲家庭，和不得不工作的父母有很大帮助，这样他们就能实现在家上学了”。在我回国后不久，艾丽莎兴奋地告诉我现在她儿子每周有两天去弗雷明翰（Framingham）的一个学习中心，“非常棒，孩子在那里交了很多朋友……我也有更多属于自己的时间了”。

市场的介入给更多中低收入家庭以在家上学的可能性，最典型的例子就是坦尼娅了。她与艾丽莎一样都是单亲家庭，虽然都有母亲帮忙，但工作的压力使得兼顾在家教育非常艰难，也是在我从田野返回两个月之后，她在邮件里谈到她的近况：

> 现在我把威尔送去了一个叫LF的地方，每周在那里待三天，每天几个小时。我并不觉得它像公立（和私立）学校那样，是另一种制度化形式的学习。首先，它不是由政府出资的，课程安排、教学形式不受政府控制；其次，这儿没有考试没有分数，而且，想学什么由学生自己说了算，然后“老师”（instructor，想不出更好的词了）会在课堂以外的环境里给学生指导，跟学校模式一点也不一样。威尔喜欢建造东西，所以在这里和老师花很多时间做与建造有关的活动，现在他们在造一个机动化自行车。威尔很喜欢这里，因为他不用等着由老师安排时间告诉他该学什么。

我问她LF的收费情况，她没有明说，“挺贵的，但也没有贵到让人上不起的地步。价格是我要考虑的，不单纯是付不付得起的问题，而是价格本身就可以产生区隔作用（segregating agent）。确实也挺为难的，你知道，剑桥公立学校的学生非常多样化，我特别喜欢这一点，而LF就没那么多样化，真的很难两全啊”。

尽管这些“中心”也奉行以孩子为中心的教育理念，但正如莉迪亚等资深家长所指出的，问题的关键是教育的主导权在谁手中。把孩子送到“中心”，父母表面上仍享有主导权，但实际上却减少了与孩子相处的时间，以及在不知不觉中传递文化资本的机会。这便是市场给“在家上学”出的难题，其核心仍是两种文化获得方式之间的斗争。处于优势阶层的父母一方面希望能够通过生活的风格化，潜移默化地在代际间传递“自由”文化的趣味，市场化可能造成在家教育越来越趋同于学校教育模式，对贵族文化的养成是一种威胁。但另一方面，作为父母，他们又希望有效调动所有的经济社会资源用于孩子的培养，“中心”显然有意地迎合这些父母的期待，以并不高昂的费用和自由的教学风格吸引着家长们。

二、哈佛继续教育学院

虽然在家上学圈子里对自主学习中心的态度有很大的分歧，但有意思的是，没有人对哈佛继续教育学院和社区大学提出质疑。到了高中阶段，一个普遍的做法是将孩子送到上述两种机构，这里我将以哈佛继续教育学院（以下简称“哈佛教育”）为例，分析其中的缘由，以揭示在这些父母的逻辑里，以好奇心为导向的学习是如何与制度化的学习相容的。

安迪在学区为三个女儿申请在家上学后，除了“城市学校”（在家上学的代名词）、在剑桥高中的少数课、在家里进行的“综合性学习”（苏格拉底式的谈话），另外主要就是在哈佛教育上课。他回忆了当时的情形，并数次向我表达对哈佛教育的赞赏：

> 老师大都来自哈佛大学，也有从其他大学来的。我当时想去试一试，就联系他们，但我担心他们不接收，因为当时孩子

们只有14岁。所以我在咨询的时候特意把年龄说得很含糊，只说是高中生，他们说年龄小的孩子一般在科学、语言方面不错，但有些学科要求情感上比较成熟，比如文学。我认同这一点，于是孩子们就开始在哈佛教育修生物和拉丁语，结果一发而不可收，在这条路上走得特别远，高中四年，每个孩子在这里修了20多门课。我心里特别感谢哈佛教育，真正是一所极好的完美的机构！我觉得它的最大优点就是年龄的多样性，她们的同学里甚至有八十多岁的老人，这种环境让孩子们学会更加自如地和成年人打交道，不会觉得胆怯。

在安迪看来，哈佛教育的价值在于其卓越的师资，和打破年龄的界线。显然，对于高中生来说，哈佛教育的老师在资质上要优于剑桥的公立高中。访谈过了几个月，我参加了哈佛教育2014年春季的宣讲会（Information Session），会后互动环节与招生的老师交谈，她告诉我，这里的课程适合各种水平的学习者，没有入学门槛，只需要有学习的热情。学生最小的才12岁，也不乏六七十岁的老人，所以一个课堂里什么年龄的学生都有。这些年越来越多高中生选择哈佛教育，其中在家上学的孩子也显著增多。非学分课程每门1250美元，学分课程每门2500美元，高中学生可享受50%的优惠，因此与社区大学差不多（社区大学对高中生也有优惠，每门课是650美元）。虽然哈佛教育在很多家庭受到极高评价，但由于它的课程开在晚上，生源大都限制在离剑桥比较近的区域，而社区大学的课在白天，它的生源分布在更广的区域。

图 5–1　哈佛继续教育学院宣讲会

为什么从学校机构出来，却又进入另一种机构呢？难道那不是封闭的环境、统一的内容吗？家长们不约而同地诉诸“让孩子选择”的话语。阿什莉听了我的疑问，自我辩解道，“安娜才 10 岁，我只是这样打算（将来上哈佛继续教育学院），到时候还是要她来决定，只要是她选择的就好”。安迪说，“那不一样，重要的是孩子可以选择上什么课。如果她不喜欢那里的老师或同学，或者别的什么，可以离开，而在学校则不可以”。

“选择”意味着经过比较之后做出有意识的理性的决定，与家长们一直强调的“遵循你的内心/好奇心/直觉”似乎有着内在的矛盾。辛西娅这样对我解释，“不，并不矛盾，很多人都本能地知道什么才是最好的，但出于怯懦和从众，不敢跟随内心的声音，我们则做出了勇敢的选择”。在我看来，与其说是选择跟随自己的内心，不如说是跟随选择的内心。对家长而言，“选择”是比“直觉”更高层次的原则。

让我们更细致地分析一下报班背后的心理动力与机制。在家长们悖论式的话语背后，最根本的驱动力是中产阶级父母为孩子谋求最好最适合的资源的道德理性，这种愿望既是父母理想自我的投射[①]，也是社会性抚育的目标，糅合了“事业成功”和“自我实现”，价值理性和工具理性兼而有之。我访谈的家长都否认选择在家上学和教育衍生品是为了经济和地位的向上流动，他们都声称是出于孩子个体的需要和兴趣，是孩子的选择，但不可讳言，家长的审美趣味甚至亲密的亲子关系都以惯习的力量影响着孩子的选择朝向父母期待的方向发展。我认为劳伦写给互助邮件组的信很能说明这一问题：

> 亲爱的家长和孩子们，因为报名的人数太少，明天下午1:30的艺术课[②]被取消了，我的儿子加文（17岁）对此感到非常失望。这种事在过去几个月已经发生好几次了。事实上，这门课非常棒，老师特别好，而且，性价比超高！如果你家里有十几岁的孩子，不妨过来看看，即使他对艺术不怎么感兴趣！这门课融汇了美国和世界历史、哲学以及很多有意思的话题的讨论，…… 加文上了好多年，开始的时候他说不怎么喜欢艺术，但我想让他去，就劝他说，“这可是波士顿艺术博物馆的课哦，世界著名的博物馆，肯定特别棒！”于是他去了，结果证明我

---

① 费孝通：《生育制度》。

② 每周五下午，波士顿艺术博物馆都有专门为在家上学的孩子提供的课程，每次9.5美元，可以在里面待一天，陪同的家长免费。

是正确的，加文从此对艺术着了迷，甚至大学都想报艺术学院，真的！都是因为这门课，这位老师！……

劳伦热情洋溢地推荐这门课，当年她以同样的热情引导孩子对艺术产生了兴趣。这些父母的社会经济地位，他们所受的教育，在很大程度上预设了孩子的选择也是与精英的审美价值相契合的，而这无疑增加或至少保障了孩子在传统路径上获得成功的几率。如安迪的女儿在哈佛教育选修了拉丁语，他这样讲述他的考虑，“拉丁语是欧洲语言的通用语，在医学、哲学、法律等专业术语方面非常有用。凯瑟琳在私立学校读书的时候学过，我在公立学校没学过，到了大学阅读更深层次的著作时明显感到受限制”。由此，已经很难在父母的选择和孩子的选择之间划出界线了。另外，我发现几乎每一个在家上学的孩子都学了一门乐器，频繁光顾博物馆等文化机构，父母想方设法地引导孩子志愿服务（通过以身作则的潜移默化作用）。总之，他们所受的精英教育使他们比劳工阶层的家长更清楚社会主流机构所推崇的标准，什么是更有价值的，这种判断作为一种特有的惯习影响到他们具体的抚育策略和选择。

“选择的逻辑”同样适用于他们对于大学的态度。许多家长表示，上不上大学看孩子的需要，由孩子自己决定。但是他们也承认，大多数家长虽然反对制度化学习，却鼓励孩子上大学。如安迪所说，“在美国这样一个羞于谈论阶级，或者人人都自称是中产阶级的社会，大学，尤其是享有声望的大学，是阶级结构的代理人（proxy）。近年来，中产阶级大幅萎缩，大学毕业生的收入中位数比高中毕业生高70%，所以现在渴望上大学的人越来越多了”。在各种排名机构发布的世界大学排名中，美国大学常年处于霸榜地位，其教育质量的优异是毋庸置疑的。美国的大学高度自治，在形式上非常灵活多样，既有小而精的注重本科教育的文理学院，也有学科设置完备的综合性研究型大学，还有入学门槛低学费便宜的社区大学，而且满足学业要求的学生在这些不同的大学之间转学也比较容易。格蕾丝向我指出了哈佛继续教育学院如此受欢迎的一个重要原因，那就是它提供的成绩单有助于在家上学的孩子申请大学，否则单凭家长组织的课程和家长开具的成绩单，他们也不确定是否足够有说服力和竞争力。

安迪的三个女儿在家上学期间非常努力，安迪在邮件中详细地描述了她们的日程表，堪称“严苛”（rigorous）：

> 每个学期，白天在公立高中上两门课，晚上在哈佛教育修两到三门课。一般上午上完高中的课后就做哈佛教育的作业，有时在家里，有时在咖啡厅，还有的时候在图书馆。中午吃饭往往是我们一起谈天说地的时候，也就是我说的“综合性学习”。每周三次去学芭蕾，从下午3:30到5:30，然后直接去上哈佛教育的课，一直上到晚上9:30，下课我接她们回来后一边吃晚饭一边做高中的作业，一般从晚上9:45做到大约11点。

回忆起三个女儿最终被一流大学录取[①]，安迪夫妇的反应是“如释重负”（extremely relieved）。他随后向我解释，“不要误解我的意思（Don’t get me wrong），这并不是说我们在家教育是奔着名牌大学的

① 分别为哈佛、牛津和斯沃斯莫尔学院（Swarthmore College，美国顶尖的文理学院之一）。

目标。你知道，在美国，大学申请是一个很复杂的过程，要推荐信、文书等各种东西，学校一般有指导顾问帮助学生应对这些问题，但像在家上学这样的非传统教育没有这样的指导体系，所以孩子们都是自己弄的（DIY）；而且好大学竞争非常激烈，究竟招生官会如何看待我们提供的这些非标准的证明材料，我们心里也没底。所以让我们感到高兴的是孩子们最终得到了认可，有了很好的选择”。安迪始终强调自己与那种工具理性主导的为文凭而学习的教育的区别：

虽然学习很有挑战性，但我们从没有让女儿上过什么考试培训班，即使是考 SAT 和 AP（大学先修课程）也没有花钱请人辅导。省下的培训费让她们拿去在申请季自己去英国参观大学。我们努力让她们从中学会独立思考，这才是学习本身的意义所在，而不是你死我活的零和竞争。而且她们有很多自由，不必好多年都困在一栋教学楼里面。从小学习芭蕾舞让孩子们懂得工作伦理和纪律性，但是以一种有趣的方式懂得的，而且在这里收获了最好的朋友。高中最后两年她们通过一个叫萨摩布里奇（Summerbrige）的团体给一些低收入家庭的孩子义务辅导功课。哈佛继续教育学院特别棒的一个地方是学生在那里能接触到真正的招聘信息，路易莎十二年级的时候在哈佛马修实验室争取到了助理的工作，我记得她当时看到实验室的招聘启事，虽然很动心但又有点胆怯，因为她怕自己年龄小而被拒绝，我说服她不妨试一试，最后她得到了那份工作。夏洛特在哈佛肯尼迪学院申请到了一个项目的助理职位，吉莉安在哈佛的一个生物实验室做了一年兼职，还在哈佛属下的一个非营利组织给英语为非母语的人教英语。到了夏天就完全不同了，我们通常在全国各地“公路旅行”（road trip），然后剩下的假期，孩子们去凯瑟琳父母在法国诺曼底的农场，在那里做做杂务读读书，跟表姐妹们一起，主要就是放松。这对于她们高强度的学习是一个很好的缓和（counterpoint）。虽然我认同大学的价值，但是不得不说如果为了大学这么一个遥远的未来，而牺牲当下的生活和内心的成长，是很不值得的。

为了进一步阐述自己的观点，他还介绍我看一本书《优秀的绵羊》（*Excellent Sheep*）[①]，他说，“从书中你可以看到，即使上了哈佛的学生也不一定内心有足够的安全感，和追求自我的勇气。我同意你说的成功不一定带来幸福，但那要看获得成功的方式，如果是遵循内心真实的激情，而不是外在的期待，我想那样的成功是幸福的”。

事实上，在家上学的孩子被大学录取的比例很高。我从田野回来后不久，就得知罗蒙娜的小儿子被哥伦比亚大学录取，罗杰的女儿乔迪去了加州大学伯克利分校。过了几年，又得知伊琳被好几所知名大学录取，最后她选择去了明德学院（Middlebury College）。[②]这种结果丝毫不让我感到惊讶。从安迪的叙述中，我们分明看到一个本身受过精英教育的家长对孩子精心培育的故事，它本质上亦是稀缺的经济社会资源被用于少数个体上的精英教育，因此，这样培育出来的个体

① 作者威廉·德雷谢维奇是耶鲁大学教授，辞职后写作此书，对美国的精英教育进行反思。他认为这套系统下培养出来的学生大都聪明有天分、斗志昂扬，但同时又充满焦虑、胆小怕事，很多在藤校就读的学生没有使命感和目标感，自我膨胀、自以为是。参见百度百科“优秀的绵羊”词条。

② 明德学院（Middlebury College）位于佛蒙特州，是美国顶尖的文理学院之一。

得到精英大学的青睐顺理成章。但在教育过程中，他们又竭力克服精英教育可能具有的工具性，更加尊重孩子的个性。

也有些父母对上不上大学淡然处之，琼丝告诉我，“在家上学的主旨是以孩子的兴趣为中心，我有个朋友的孩子不想考大学，对电焊感兴趣，后来就当了电焊工”。“还是上大学对未来更有保障吧？”我问道。“不会啊，像电焊工、水管工、开锁匠，这些传统上都可以给你稳定的中产阶级生活，而且上大学那么贵，也不一定能找到好工作。”① 接着她以自己先生的受教育经历说明体制内教育的流动性，“他上学的时候成绩特别不好，都是 C 和 D 之类的，后来上了社区大学，两年后把学分转到另一个大学，最后一路上到了哈佛！所以这个制度肯定是与主流的学校体制接轨的。没错，在家上学可能会遇到困难，但是，我们这个社会总是能有一些这样的机会，让你最终可以实现你的梦想”。乔迪曾给我举过一个例子，以说明在家上学对主流教育观念的“颠覆”，“并不总是上大学的，关键是追随你的内心。我有个朋友一直在家上学，他想当街头歌手，然后去年就去了纽约，甚至一度睡在街头，后来他想回来了，现在在波士顿的社区大学读书”。

我没有与乔迪继续探讨，但也许她内心意识到却不太愿意承认的是，她的朋友之所以享受追寻自我的自由并能成功地就读于社区大学，家庭的文化资本和经济资本是其赖以发生的重要基础。毕竟如罗杰所说，“社区大学也是要花钱的，乔迪在那里同样是上高中的课程，

---

① 美国前纽约市长布隆伯格 2013 年 5 月在一次每周例行广播讲话中指出，“对成绩平平的普通人来说当水管工或许是比上哈佛更好的选择，上大学学费太贵，还要还贷款……你不需在整整四年时间里，每年花费四到五万美元学费，还挣不到任何钱……水管工还是很不错的，收入高不说，也不用担心他们的工作被外包或被计算机代替”。参见 http://business.sohu.com/20130524/n377003904.shtml。

课本就要几百美元，而在公立高中这些都是免费的”。而且，父母多年潜移默化的资本传递和价值观的灌输在相当程度上影响到他的价值观的形成，包括最终选择社区大学，作为未来实现中产阶级生活的第一步，相比之下，他的这些自由是资本匮乏的底层家庭的孩子所难以企望的。

最后再来分析一下“选择”的后果。在不少家长看来，“选择”或者“让孩子选择”的逻辑将孩子置于中心地位，有利于孩子的健康和幸福。我在公园里遇到的法国妈妈维吉尼亚，指着远处玩耍的孩子说，“你看，他们玩得多开心啊！如果你在学校里受到欺负，你只能忍着，有的还以暴制暴。但在这里，你可以选择离开，另外找朋友”。阿什莉认为“选择”有利于形成更深厚的友谊，“关于友谊，重要的是选择跟谁在一起。选择涉及到同意（consent），安娜一旦在某个活动上认识了新的人，我都会问她怎么样，要不要邀请他 / 她加入我们的读书小组，安排一起玩（playdate），或者两家人一起吃个饭什么的。安娜会想想是否真的喜欢这个朋友，是否与她在一起会变得更好，这样友谊就会得到巩固和深化。尽管孩子们在学校貌似有很多时间，但他们的交往受到各种力量的干预。Mix（交往）不等于Mingle（融合），如果你跟谁在一起都没得选择的话，很难形成深厚的友谊”。

选择与什么样的人交往，选择参加什么样的活动，从积极的角度来看，这在一定程度上可以打破地域隔离引起的教育不平等，来自不同城市的孩子有更多机会在一起，比如萨摩维尔的孩子可以与牛顿、布鲁克兰的孩子参加同样的活动，不同种族和不同经济状况的孩子可以享受同样的资源带来的便利。因而，“选择”的流动性逻辑对于结构性不平等可能会造成冲击和改善。“选择”也会带来消极的一面，因为这意味着孩子可能最终使自己陷入一个自己制造的“飞地”（enclave）中，里面聚集的都是与自己趣味相投的人，从而如有些学者担心的那样，孩子社会化过程中接触到的只是与自己家庭相似的价值观，尽管有大量参与真实世界的时间和机会，却难免具有过滤和筛选后的片面性。

小　结

“在家上学”的场所并非如其称谓所示仅局限于家里，本章考察了父母为孩子精心营造的学习网络，从家庭向社会各个领域的延伸和拓展。其中包括由大量长短途旅行所构成的“城市学校”，这种被自然化的学习方式，与在家上学所强调的自然教育相契合。“社会化”与“志愿者精神”也在批判和反思主流社会文化的基础上被加以重构。近年来，在家上学的参与方越来越多元化，市场化是一个很明显的趋势，对它的态度引起了这一群体内部的观点分歧。虽然对市场的反应不一，但家长们却倾向于将达到高中年龄的孩子送去社区大学和哈佛继续教育学院学习。

本章分析了上述学习形式并指出，在家上学本质上是一种修正式的精英教育。尽管家长们在脱离学校教育之后，对自己所处的结构限制有相当的洞察，并表现出对抗的主体性，比如极力与主流的“协作培养”逻辑划清界线，突出情感面向，但在教育的实践中中产阶级父母很难超越其价值观和审美趣味，其中所谓“特立独行”的教育内容，并不与主流文化相悖，反而往往能够帮助他们在未来更易获得成功，并延续其阶层地位。“选择”意识形态的流行表明这些家庭并不与他们声称反对的新自由主义决裂，而是利用它更好地整合有利于孩子的资源。这种“选择”逻辑也可能使他们陷入一片自我选择的同类“飞地”，这在一定程度上不利于孩子的社会化，并且会复制既有的阶层隔离。

第六章

妈妈老师：性别与母职的重构

“探索者”（Explorers）[①]是一个由一些在家教育家庭组织的合作社，位于波士顿郊区的一个小镇。五月的一天，风和日丽，很多孩子在外面奔跑嬉戏，我在长廊上跟几位妈妈闲聊。她们不时爆发出爽朗的笑声，极富感染力，我不禁赞叹道，“你们的性格好阳光啊！”一位叫朱莉的妈妈说，“作为妈妈，你必须得开朗啊，特别是成天跟孩子在一块儿。孩子在家上学，可不是闷在家里，要接触新的事物，喜欢跟人打交道才行呢”。

朱莉的这番话揭示出在家教育的性别属性，以及家长在情感面向上的表征。在家教育被称为“女性的运动”[②]，妈妈们的身影活跃在各个场合，罗蒙娜以她在这个圈子里二十多年的经验，证实了我的观察，“没错，就那么几个象征性的爸爸（token dads）”。这些妈妈看起来精力充沛，以全职在家为多。在性别分工方面，与传统的美国家庭一样，女性是家庭事务的主要负责者，包括琐碎的日常家务和抚育工作。爸爸除了赚钱养家，在家承担的大多是陪孩子做趣味性比较强

---

① 出于学术伦理，此处使用化名。

② Mitchell L. Stevens, *Kingdom of Children: Culture and Controversy in the Homeschooling Movement*, p. 2.

的事情，如一起做项目、动手组装模型等等。当然，事实上在家教育发生在各种各样的家庭里，如单亲家庭、双亲双薪家庭、双亲单薪家庭（如父亲在家母亲在外工作）等等。但由于这种教育对于时间和精力的巨大要求，通常有一位家长（以母亲为绝大多数）在家。

在关于在家教育的文献里，孩子被放置在中心的地位，而父母常趋于隐形，但抚育本来就是一项集体事务，在家教育更是如此。本章将目光投向在家教育的主要实施者——母亲，从性别视角继续探讨这一教育形式，包括她们对母职的理解和建构，以及情感的协商和赋权（empowerment）。我将重点关注全职在家的妈妈们。访谈中当我问到为什么选择在家上学时，有些妈妈先从为何选择全职在家开始解释，作为一种生活方式，两者存在着极大的关联性和统一性，因此这一章可看作对第三章的补充。

本章意图探讨以下几个问题：这些受过高等教育的女性为何愿意牺牲事业，全职在家养育孩子？这种选择又如何影响她们的性别认同与家庭关系？她们如何协商作为个体的女性身份和母亲身份的冲突？抚育被称为没有薪酬的爱的劳动，她们是如何应对可能出现的情感倦怠（emotional burnout），以何种策略进行情感赋权（emotional empowerment）的？

生活在当代的美国女性面临着文化上的双重期待，而两者内在的矛盾常常使她们陷入一种两难的境地。莎伦·赫思（Sharon Hays）在《母职的文化冲突》[①]一书中认为，一方面，个体化时代的女性被

① Sharon Hays, *The Cultural Contradictions of Motherhood*, New Haven and London: Yale University Press, 1996.

要求“为自己而活”，追求作为个体的自我实现。在这种语境下，有没有家庭不是重点，而拥有一份有薪工作，成为理想女性身份建构的核心。但另一方面，美国文化中又存在一种被称作“密集母职”（intensive motherhood）的性别化的意识形态，其核心含义是母亲应该把孩子的需要置于优先地位，在孩子身上投入全部的情感、时间与财力（emotionally absorbing, labor-intensive and financially onerous）。表面上看，在家教育的母亲们选择了具有压迫意味的母职，牺牲了个体的需要，但是在访谈中，几乎所有的人都不认为这是一种牺牲，而是一种“荣幸”（privilege）。这一章关于母职的讨论揭示的不仅是在家教育母亲们的处境，也凸显了个体化时代女性所面临的结构性困境以及她们的主体性能动实践，让我们从中审视自我和母职的社会价值和文化意义。

第一节　作为自我的母职

受过高等教育的女性为何选择全职在家？本节探讨她们在决策过程中衡量折中哪些不同的考量。我归纳出两种主要的动机：相信母亲是抚育孩子最好的安排；以及母职被视为某种个人问题或危机的出路，两种动机下或明或暗的主线是对自我的张扬和追求。在关于性别和母职的文献里，母职往往被描述为与女性自主相对立的社会结构，其暗含的“为他人而活”的自我牺牲精神与“为自己而活”的理想女性身份有着某种张力和矛盾，全职母亲往往不得不被动地迎合这种性别化的不平等意识形态。与这种悲观论调不同，我访谈的这些中产阶级女性选择全职母亲的角色而不是有薪工作，并非消极地复制传统的两性结构性安排。恰恰相反，在她们的话语中，这种选择模糊了两者被建构的界线，是积极抗争资本主义工具理性的能动实践。

一、拥抱母职

三十多岁的凯蒂拥有非常多元的教育背景，她 15 岁成为职业吉他手，大学学习城市音乐人类学，并开始关注波士顿的音乐教育和社区行动主义。硕士学的是城市艺术，毕业后从事教育管理工作，博士阶段的专业是政治哲学。成为母亲之前，她并没有想好要做什么样的母亲，但孩子出生后，她发现自己的想法是原先没有意识到的，“我想用传统的方法养育我的孩子，每天陪着她睡觉，母乳喂养，用婴儿背带把孩子抱在身上，一出生就用便盆而不是尿不湿”。凯蒂初为人母的反应连她自己都感到意外，她告诉我，“孩子刚出生的时候，我还跟先生说回去工作的事。但我后来才意识到，做母亲是这样一门光荣的艺术，是女性所有工作中最至高无上的”。

在大多数女性的一生中，生育都是一个重要事件，它标志着个人生活从一个阶段过渡到另一个阶段，实现了人生角色的转换，阈限期之后女性的思维方式和心智结构都可能发生变化。詹妮弗·洛瓦（Jennifer Lois）在对在家教育的妈妈的访谈中也发现，有些全职在家的妈妈非常热衷于谈论成为母亲是如何不期然地改变了自己，詹妮弗·洛瓦称之为“情感顿悟”（emotional epiphany）。[1]克莉丝·博

---

① Jennifer Lois, *Home is Where the School is: The Logic of Homeschooling and the Emotional Labor of Mothering*, p. 48.

贝尔（Chris Bobel）在她研究的“自然母亲”（即崇尚以自然方式养育孩子的母亲）中发现了类似的动力机制，她称之为“震撼—转换故事”，“母亲们对新生婴儿的强烈情感让她们自己都感到震惊，这促使她们重新调整生活”①。詹妮弗·洛瓦在书中描述过这样一个典型的故事，一个妈妈休完产假之后，准备给老板打电话告知返工时间。她拿着电话，望着床上熟睡的无比可爱的小婴儿，眼泪止不住地流下来，难以想象以后只能晚上和周末才能见到孩子，于是马上在电话里向老板辞职。②

有的母亲的强烈情感与孩子的来之不易有关。南希五十多岁，寻觅多年都没有找到自己的如意郎君（Mr. Right），可是又很想做妈妈，于是通过精子捐献才有了埃米莉。她坚持母乳喂养直到埃米莉 4 岁，这在美国属于非常另类的做法，她为此做出这样的解释，“我看过一本书，说有一种猿猴吃奶到一定年龄就会自动不吃了，所以我想人也是一样，等着埃米莉哪天自己不想吃了。我也没想到这么久啊，哈哈，可是你知道吗？跟人们猜测的相反，埃米莉非常独立，一点都不黏我，两三岁就会自己走很久的路去邻居家玩，不要我陪”。

凯蒂和南希采用的“亲密育儿法”（attachment parenting），属于“密集母职”的一种形式。莎伦·赫思认为这种意识形态对女性强加了不切实际的、过高的责任，加重了女性的负担，尤其是使工作女性处于家里家外“两班倒”的状况。朱迪斯·沃纳（Judith Warner）认为当代美国母亲生活在焦虑之中，部分原因是由这种压迫性的文化期

---

① Chris Bobel, *The Paradox of Natural Mothering*, Temple University Press, 2002, p. 26.

② Jennifer Lois, *Home is Where the School is: The Logic of Homeschooling and the Emotional Labor of Mothering*.

待引起的。关于全天候家务和照顾小孩对于女性的影响，一般的观点都倾向于将其视为限制性的桎梏，相联系的心理感受通常为千篇一律、孤立、乏味。[①]在贝蒂·弗里丹的笔下，这种感受被描述为家庭主妇的那个"无名的问题"[②]，她指出，由于家庭本质上缺乏有形的结构及酬赏制度，而且日复一日重复同样的琐碎的工作，受过教育的现代女性并不能从家庭主妇的角色上得到成就感及自我实现。

但是"亲密育儿法"在许多全职在家的母亲当中受到推崇，她们如凯蒂一样，"等孩子到了两三岁，看到别的小朋友被送到托儿所，我内心很抗拒这样做，然后到了4岁我也不想。就这样一年一年下来，我看清了自己的真实想法，其实我就想这样继续下去，让孩子在家上学"。所以在家教育常常是全职母亲身份的自然延伸。与凯蒂的经历相似，莎拉拿到语言学博士学位之后，她的职业规划是在大学里一步步取得终身教职。没想到孩子的出生让她设计好的人生轨道拐了个弯，"我爱我的孩子，想亲手把她养大，这样的生活（全职在家教育）很好，我看不出托儿所有什么必要"。从表面上看，这些母亲似乎不自觉地落入了父权社会的陷阱，牺牲个体的自主性以扮演好母亲的角色。

要想理解这些母亲如何赋予自己的生活以意义，应该结合更大背景下美国文化中关于性别和母职的话语。从年龄来看，她们大多出生于20世纪60年代至80年代，成长于女性主义蓬勃发展的时代。与大多数女性一样，她们也认为50年代那种理想化的家庭主妇形象过

① 蓝佩嘉：《跨国灰姑娘》，第46页。

② 贝蒂·弗里丹：《女性的奥秘》，程锡麟、朱徽、王晓路译，广州：广东经济出版社，2005年。

时了。女性主义运动改变了理想女性的文化模式，如贝蒂·弗里丹在《女性的奥秘》一书中倡导的，女性可以有孩子，但是她也要在家庭之外有自己的工作。她应该财务独立，在家庭生活中享有一定的情感自主。在这种情况下，母职和女权本质上存在着不可调和的矛盾，我访谈的这些全职母亲与同时代的其他母亲一样，清楚所面临的选择困境。

首先，"真正的选择"是在家教育的妈妈们捍卫自我选择正当性和道德性的武器。在她们的表述中，母职的选择正是遵循自己的内心，母职等同为真实的自我，是真正女性主义的体现。许多妈妈对社会上流行的母职和自我的二元建构感到不满，坎迪丝说当她的孩子还很小的时候，有人问她，"除了做妈妈，你有自己的生活吗？"她一时语塞，但后来想道，"事实是没有，但我的生活与妈妈的身份完全融合。我不缺少社会交往，有很多时间来表达创造力，爱，善良，成就，笑声等等，而这些恰恰包括了我的孩子。这种将'妈妈'和'我'分裂开来的想法真是糟糕，现在在美国要承认'我喜欢跟我的孩子在一起'几乎成了一种禁忌"。正如一位妈妈所说：

> 确实，给孩子擦鼻涕，孩子吵架了去做裁判，没完没了地做热狗，这些琐碎的小事一点都不酷（sexy）！刚开始真的很讨厌做妈妈，我甚至用Excel表格规划出喂奶和换尿布的时间。但是我一点都不想再回到那些无意义的竞争（rat race）里去，不想理社会上那一套关于个体认同的陈词滥调。我意识到，我成年以来的生活都在追求别的东西，现在，我要做回真正的自己，拥抱母亲身份（embrace motherhood）。

妮可与波士顿地区的另外十九位妈妈编写了一本题为《选择家：二十位母亲赞美在家养育子女并改变世界》（*Choosing Home: 20 Mothers Celebrate Staying Home, Raising Children, and Changing the World*）的书，序言中写道，“有薪工作的性别平等并不能代表终极的社会利益。女性应该有追求自己梦想的平等机会，不管那梦想是什么”。妮可假定如果女性可以被允许真正的选择，大多数人都会愿意在孩子小的时候陪伴孩子。针对美国女性在劳动力市场的减少和全职母亲的增加，奥巴马总统在 2014 年 10 月 31 日发表讲话，计划十年之内再让六百万儿童进入政府资助的学前班，以支持父母工作维持目前的收入。妮可在博客中对此发表评论，“那么多文章都赞成政府的政策，试想，当我们看到‘全职妈妈增多’的标题觉得是坏事的时候，这是一个怎样的国家？什么样的事才是最重要的？看看我们的家庭，有多少已成为空巢，只会消费不会生产，看看我们的街区，有多少已经支离破碎，毫无生气！”妮可曾就奥巴马的讲话与一位单亲妈妈讨论，她叫拉娜，孩子 4 岁。她说，“总统的政策很好，孩子上学我才能工作”。但当妮可进一步询问才发现，在免费的学前班和付费的学前班之间，低收入家庭当然选择前者。但是如果给以真正的选择：送孩子去学前班和在家里看着孩子长大，他们往往选择后者，拉娜就是这样回答的：“如果政府能把补贴学前班的钱给父母，我当然愿意留在家里，我多想能像你一样可以在家里陪着我的儿子啊！”妮可这篇文章的背后隐藏着这样的假设，即母性被想象为女性的一项天然特质，或者说对于成为母亲的女性来说，母职具有优先性，而不是社会学家笔下的受压迫的社会结构。[①]

---

① 沈奕斐：《辣妈：个体化进程中母职与女权》，《南京社会科学》2014 年第 2 期，第 69—76 页。

因为经济原因不能全心拥抱母职才是违背本心和具有压迫性的。

阿曼达是一位拉美裔妈妈，她的先生是非洲裔美国人，当听说我想采访一些其他类型的家庭（大多数在家教育的家庭都是白人 / 异性恋双亲家庭）时，好几位妈妈都推荐阿曼达。她有大学学历，四个孩子在家上学，南希私下对我说她的生活非常拮据辛苦，不明白她为什么一定要在家教育，由于时间总是不凑巧，最终我们没能见面。她在邮件中这样回复我关于"母职"的问题，"真正的女性主义者坦然接受她当前所处阶段的角色，我的意思是，孩子总有一天会离开家，而孩提时代永远不会重来"。这也是阿曼达为什么尽管面临经济上的挑战却坚持在家陪伴孩子的原因，通过对女性主义的重新定义，阿曼达试图与女性主义的通常要素——经济独立——取得某种妥协和协商。为此，妈妈们诉诸抚育的情感逻辑。

苏珊是一位黑人母亲，信仰伊斯兰教，她的家庭属于较为稳定的中产阶层。她拥有文化心理学的硕士学位，先生是一所大学的教授，她的看法与阿曼达一致，认为一个人的一生被分为不同的阶段，每一个阶段被赋予不同的意义，"你可能觉得我是在牺牲自己的事业，为了做一个好母亲。但我不这样看，这个阶段是孩子们最需要我的时候，我更愿意把时间花在他们身上，而不是自私地追求什么事业，这就是养育孩子的意义啊，以后回想起来，也不致遗憾。毕竟等孩子们大了，我总可以重返世界"。

许多妈妈谈起孩子都充满感情，这是一个排除工具理性的情感领域，母职被建构为富有正当性和道德性的文化结构，只有母亲才是神圣而又短暂的童年的最好守护者。南希说起为什么全职在家时说，"很多原因，但是最主要的是我真的很珍惜和孩子在一起的时间，孩子长得多快啊！一晃就3岁了，再一晃就10岁了！”在南希的叙述里，时间成为异常紧缺的资源。克里斯蒂拥有人类学的博士学位，由于忙于工作和做田野，很少陪女儿，前段时间她被诊断患上不治之症（fatal disease），猛然觉得，“家庭时间太宝贵了，我迫切地需要把该做的事情按重要性重新规划”。目前她已经辞职专心在家教育孩子。妈妈们意图表明，拥抱母职并非排斥经济独立的重要性，而是理性地分清缓急轻重。杰西卡指出，“我们这个时代女性主义的核心是‘选择的自由’，社会已形成一种共识，女性和男性一样聪明能干，我可以两者（事业和家庭）都拥有，但是我不能一下子同时都拥有，所以分清主次，排好顺序（sequencing）很重要”。

“选择的自由”是20世纪90年代以来第三波女性主义的核心思想，妈妈们利用这种意识形态来为自己的行为辩护，但她们也清楚地认识到，这种看似随意享用的自由深植于阶级分立的社会结构中。根据皮尤研究中心的统计数字[①]，2012年美国的全职母亲占所有母亲数量的29%，比1999年的23%上升了几个百分点，她们中既有留在家里照顾家人的，也有找不到工作的，或者有残疾或者还在读书。其中只有5%的全职母亲受过高等教育，家庭年收入超过75,000美元，被称作“选择退出的母亲”（opt-out mothers）。我所研究的群体即属于这一极其小众的范围，她们的最大特点是对我强调这是个人的选择，是主动而不是被动为之，她们认识到能够如此是一种荣幸和特权（privilege），而不是牺牲。由此我们看出，她们的选择奠立在足够的

① Pew Research Center analysis of March Current Population Surveys Integrated Public Use Micradata Series (IPUMS-CPS), 1968-2013.

资本支撑和反思能力之上的，这使得“全职在家”的身份成为一种阶级地位的彰显。

以文化资本而论，我将她们界定为“知识女性”，除了“选择遵循内心”，她们合理化母职的另一个武器是把对母职的解读与对资本主义的批判联系在一起，将其理解为道德化的能动实践。阿什莉的女儿三四岁的时候在华德福育儿班上了两年，每周两个上午，她从事社工工作。女儿 4 岁时全家从威斯康辛州搬到萨摩维尔，从此，女儿再没上过学，而她也一直在家，“我们搬来的时候恰逢经济衰退，很难找到工作，我就安心在家带孩子，我非常享受这样的生活，就不想再回去工作了”。第二次在她家里访谈时，她透露了另外一个更深层的原因，“我 19 岁的时候曾经生过一个孩子，送给别人收养了，我从来没有养过他！那真是年轻时的错误决定，这么多年来失去孩子的悲伤一直伴随着我。为了安娜的到来，我已经准备了许多年，能够成为妈妈是上天对我的厚爱，我想好好跟她在一起，把她养大。所以，”她话锋一转，“我生孩子，可不是为了给别人照顾。”阿什莉的这句话我在别的妈妈那里也听到过，很有代表性。她继续分析道：

> 现在的社会习惯于外包（farm out to someone else），我们整个体制依赖着一个非常庞大的保姆群体（babysitter），家长需要孩子去上学，他们才能工作。美国社会已经形成一个共识，那就是要去工作，不管这工作是否有价值，然后赚钱养家。工作比陪家人更重要，我们可以从对待穷人的态度看出这一点，也可以从对待单亲妈妈的态度看出来，比如单亲妈妈把孩子交给别人看管，自己去麦当劳打工，然后回来把赚得的钱给保姆当

> 工钱，即使她赚的也并不比保姆多多少。工作的观念如此深入，甚至剥夺人们在一起的情感需要。

艾丽莎称这种逻辑为“资本主义的阴谋”，背后是消费主义的驱动力。如鲍曼对当代社会的文化分析中所揭示的，资本主义是现代社会的重要标志，它的前一个阶段是以工作伦理为特点的生产者社会，它强调唯有可换取工资的劳动才具有工作伦理所赞扬的价值。我们生活的社会已经从生产者社会转变成消费者社会，主导社会生活的支配性概念已经由工作伦理转向消费美学，其特征就是自我认同在消费中展现，工作的目的是为了满足永不止息的欲望。[①]我参加过艾丽莎组织的家长赋权工作坊（parents empowerment workshop），艾丽莎在发言中表示，“资本主义所到之处，父母受到越来越强的压迫，创造利润的工作比创造亲密和关心的工作要重要得多。父母的解放是一场斗争，为了正义，为了我们和孩子的美好生活”。

事实上，亲职工作（为人父母）在当代文化中的地位是矛盾的，一方面，由于美国是个儿童中心主义的社会，亲职工作的重要性被无限放大，类似“父母是孩子问题的根源”、“父母是孩子最重要的启蒙老师”的说法深入人心，使许多人在教养孩子的过程中诚惶诚恐。然而另一方面，抚育者又与保姆、家务工等被归入照顾服务的范畴，被认为缺乏技术含量，是低等的工作。例如，一项社会调查显示，在职业声望等级表中，儿童保育人员与清洁工的地位相近，均处于职业

---

① 彭昉：《不以物喜？消费社会中的人、物及其意义》，http://www.cc.ncu.edu.tw/~csa/journal/ 52/journal_park 399.htm。

声望等级中的较低位置。[1]

女性主义者很早就认识到，养育往往被建构为性别化的工作，被视为女性专属并沦为隐形，因而养育背后的艰辛和琐碎得不到应有的尊重。**一位妈妈转述了跟她父母的对话，“我认为做母亲是崇高的工作，甚至比博士学位都重要，但我妈妈说，‘你愿意在家就在家吧，但也要拿最高学位。’为什么？‘这样你才会得到别人的尊重。’是啊，我们都知道，在家带孩子永远不会获得博士所得到的那种尊重”**。阿什莉直言：

> 我们这个社会所重视的是一个很窄很有限的范围，我们重视课本的学习、智力的探索，轻视农场工作，甚至轻视艺术。我们轻视为别人服务的价值，美国从菲律宾雇用了那么多人来照顾这里的老人病人，因为菲律宾这个国家重视服务的价值，认为照顾老人很有价值，可是万一哪一天菲律宾人想回去照顾自己的老人病人呢，到时候美国就会很麻烦。我们太重视技术和计算机这些东西了，这些当然好，可是我们同样需要有人为我们拾垃圾、种植食物。

对于亲职工作的价值，她们通过诉诸它的道德意义创造了相反的话语。阿什莉这样阐述全职在家的意义，“并不是只有赚钱的工作才有意义，我希望在养育孩子的过程中，能够让她明白，所谓美好的生活，就是从周围的世界吸收爱，然后再反馈给世界。所谓漂亮的房子，不过是装饰门面的东西，是虚的（window-dressing）”。母职

---

① 转引自 Mitchell L. Stevens, *Kingdom of Children: Culture and Controversy in the Homeschooling Movement*, Princeton and Oxford: Princeton University Press, 2001。

工作正是传递这些价值观的过程。如杰西卡在她的个人博客里写的，“养育可以改变世界，它的核心是革命性的（Parenting can change the world. It’s revolutionary to the core）”。在这种逻辑下，这些母亲的选择便超越了个人私领域，而与更大的社会结构和社会问题联系在一起，带来的是更大的使命感和成就感。

正如许多母亲认识到的，自我管理自我选择的主体形象本质上依赖于中产或以上阶层所拥有的资本。南希直言，“我们有一个家族企业，我在里面有股份，不需要再为了生活而工作。这点非常重要，所以我有很多另类的选择：无神论，未婚同居，母乳喂养，接受捐精等等，别人很少会说三道四”。这不仅表现在只依靠一个人的收入依然可以安稳度日，还表现在她们的高学历和工作经验使她们在心理上有一种安全感，这都预设了重返职场的可能性。性别与母职的主体性建构，或者说她们心目中的性别平等，深深地受到社会不平等的制约。因此贝克指出①，我们希望的应该是“超越选择的自由”，从制度上保障人民可以摆脱限制，实现选择的自由。

二、发现自我

卡米尔一直在法国的私立学校接受教育，并取得法律硕士学位，我从她家书架上的书名看出她对人文社科领域亦有广泛涉猎。但除了法语，她从不教孩子任何东西，她说自己没有权利那样做。她告诉我，“我觉得自己完全就是无知的，什么都不懂，真讽刺，不是吗？我从小热爱学习，超爱读书，学习对我来说特别容易，但是读了这么多年书，总该懂点什么吧，可是恰恰相反！”她的语气充满了某种令

① 乌尔里希·贝克、伊丽莎白·贝克-格恩斯海姆：《个体化》，第87页。

人讶异的悲哀和难以置信。

她的自我批判如此彻底，令我有点措手不及，但这与她辞去律师的高薪工作、全职在家有什么关系吗？卡米尔说起生第一个孩子伊琳的经历，最初她的想法是休完产假就回去工作，但没想到难产大出血，差点丢了性命，她动情地回忆起当年的情景，“当时快不行了，我心里只是暗暗地祈祷，上帝啊，不要让我的孩子这么小就没有了妈妈”。最终她顽强地逃出鬼门关，活了下来，她说活下来的唯一理由就是自己的孩子，因此她对孩子有一种极其强烈的使命感和责任感。勉强工作了一段时间之后，就开始回家做全职妈妈。

这段濒死经历对她的思想产生了巨大的影响，她开始从思考希望孩子拥有怎样的人生到反思自己的教育：

> 虽然我受了这么好的教育，却经常连孩子最简单的问题都回答不了，我感到在我的高学历和我想真正传授给孩子的东西之间存在巨大的鸿沟，因为后者并不来自于书本，而是来自于内心，而我多年的教育居然没有使我具备这种能力，反而压抑了真实的内心，只是被动地学习。当年大家都说我口才好，又加上我爸是律师，老师说我很适合学法律，于是我就走上这条路了，从没有真正地积极地思考到底为什么学习，自己究竟需要什么。

从自我批判进而自我更新，她辞职，种地，在家教育，都表明与过去决裂的姿态。她的先生有相似的教育经历，非常理解她的想法。两家的父母则不然，卡米尔辞职遭到父亲的反对，父亲一直希望她来自己的律师事务所工作，对她花那么多时间种菜养鸡感觉很不可思议，“质问我读了这么多年书，不工作却做这些事情，有什么意义？”

母职对卡米尔而言，不仅仅意味着履行母亲的职责，而且提供了改善自我的契机。贯穿其中的是这样的思考，“我该怎样生活？”崭新的生活方式是这一思考的结果，融合了母职和自我，并模糊了两者之间的界线。由生育而激发的“情感顿悟”往往表现在女性对过去生活经历的梳理，对个人危机的重新审视，并在其中形成新的更连贯的关于自我的叙述。第一章开头提到的莫妮卡对于全职母亲的身份经历了从抗拒到全心拥抱的转变，关键就在于母职为她的人生注入了她认为一直缺乏而又渴望的意义。“我产后有一段时间很抑郁，一度无法离开家去上班，所以刚开始是不得已，在家感觉非常不好，孤独郁闷。但后来喜欢上在家，从充满痛苦的尝试转变成为真正的喜悦。”

转变与莫妮卡和她母亲的关系有关，“我妈妈是越南人，一直是家庭主妇，脾气暴躁，我们的关系不是很好。也许是受亚洲文化的影响，她对我很严格，总是要求我做这个做那个，久而久之我觉得自己缺乏能动性（a sense of agency），总是有一种失去了什么的感觉，这种掌控不了自己生活的无力感直到成年还是让我很挣扎”。迷失感（drifting）贯穿着她的教育和职业生涯，她曾经想过学艺术，但妈妈不同意，后来在弗吉尼亚州一个还不错的大学读了两年就退学了。因为“迷失了方向”，跟随一个朋友到了麻州，在波士顿大学读到毕业。当时恰逢经济处于增长期，莫妮卡很幸运地一毕业就找到一份不错的工作，在一个公司做药剂师（chemist）。老板和同事们都很好，这让她很感恩，但她内心深处并不是很喜欢这个职业。她曾经去夜校学习计算机软件等课程，希望可以换个工作，但到底想做什么呢，她又拿不准。莫妮卡毫不掩饰对先生的欣赏，认为他有她缺乏的某些理想特质，“他是加州理工学院电子工程专业毕业的，做事有方向有热情，他热爱自己的工作，对科学技术这一块非常着迷，特别专注”。

在家带孩子的那几个月，她收获了什么呢？“我内心深沉的爱被一点点唤醒，极度渴望成为跟我妈妈不一样的妈妈，我找到了我生活中一直缺失的目标感（a sense of purpose）。”莫妮卡给老板打电话辞职，没想到老板非常理解她，并提出可以兼职工作以挽留她。后来有了第二个孩子，生活变得非常忙碌，她决心辞职。莫妮卡的先生刚开始对她的决定感到非常震惊，“因为他已经习惯了我的身份：工作的知识女性。虽然我说过想待在家里，但他从没当真，最后看到我真的放弃工作，他挺不开心的”。60年代后期的女性主义运动以来，女性工作的形象已经深入人心，从经济角度来看，两份收入对一个家庭来说也是更好的选择。她为此感到有些内疚，但又这样开解自己，“我已经工作了十年，也取得了一些成功，为什么不能做一些改变，做自己真正想做的事情呢？”

像莫妮卡和卡米尔这种受过良好教育的女性，辞职在家往往需要在内心做大量的心理建设，即使不是为了向别人解释，也需要与内化的观念协商。如苏珊·格林哈尔西（Susan Greenhalgh）所指出的，“虽然女性主义运动开展这么多年，但美国社会对女性究竟应该居何种位置一直莫衷一是（ambivalent）”[①]。从公众舆论来看，有些人认为母亲在家对孩子的成长更有利，也有的人认为工作的母亲可以给孩子，尤其是给女儿正面的榜样。

此外，高知母亲从劳动力市场的退出，往往给人一种“浪费”的

---

① Susan Greenhalgh, Book Review of the Cultural Contradictions of Motherhood, *Population and Development Review*, Vol. 24, No. 1(Mar., 1998), pp. 173-174.

感觉，受过精英教育（这种精英教育始终是依靠全社会供给才能实现的）的家长（尤其是女性）将大部分时间用于教育个别孩子身上，这在个人选择上固然无可厚非，但从社会资源分配的意义上，在高度分工的现代社会，可以说是一种莫大的奢侈甚至“不道德”。我所访谈的全职妈妈们，显然也内化了这种观念，并通过合理化自己的行为实践，试图与之达成妥协，这是下一节的内容。

事实上，将母职视为个人危机出路的母亲也从内心认可母职的意义，此处的章节安排更多地是考虑到叙述的方便，正如一位妈妈所说，“如果你不喜欢跟孩子在一起，是没办法全职在家的”。蕾切尔从塔夫茨大学毕业后，做过各种工作，“大公司中型公司都待过，还做过瑜伽教练，都不怎么喜欢”。目前她一边在家教育一边写小说，“非常享受现在的状态”。还有的妈妈把全职在家的这几年视为“间隔年”（gap years），维吉尼亚原来的工作是风险投资，她相信凭自己的能力以后继续做风险投资也没有问题，“人脉和资本都还在，但我想这几年暂停也算是一种休息，好好想一想自己到底想要一种什么样的职业和生活，以后干点自己真正感兴趣的事情，比如做一点小生意”。

从以上这些母亲的故事，我们了解到母职的阈限意义不仅表现在对孩子始料未及的情感，还表现在它是结构化的成年生活中的一个暂停键，从过去的生活中挣脱出来，并积聚储备新生活所需要的生命力和创造力。经历各异的生命故事中反复出现的主题是“发现真正的自我”，在贝拉看来，发现自我是美国人的核心任务，“意指发现使个人生活产生连贯意义的故事或解说”[①]，但美国人抱定的“自我”理想

① 罗伯特·N. 贝拉等：《心灵的习性》，第 106 页。

在根本上无羁无绊，缺乏客观标准，光靠自己，永远无法发现自我。从这个角度上看，母职可以被看作使自我呈现出连贯性的有意义的文化结构。

我的受访人集中在40到60岁的年龄段，好几位40岁左右才生孩子，对于中年人来说，母职有什么不同的涵义吗？贝拉引用格尔·希西（Gail Sheehy）在《过渡》一书中的观点，“中年是‘离开角色进入自我’，以便发掘‘珍爱自己、拥抱他人的巨大潜能’的过渡时期”[①]。海伦的中年转型就与这种觉醒密切相关。我在好几个活动上都遇见海伦，却一直没有机会约访谈，我只知道她生于60年代，她表现出来的自信和气度让我直觉这是一个有故事的人。回国后我试着联系她，请她回答几个问题，她的回信不仅迅速而且洋洋洒洒五六页纸。关于母职，她这样写道：

> 我39岁生第一个孩子，算是比较晚的。在这之前，我在苹果公司做技术销售，非常独立。我28岁就买了自己的房子，30岁之前存好了足够的退休金。我在这个行业享有很高的声誉，已经做到顶级了，哪天我想回去都可以，说是这样说，我已经不需要依靠事业来定义自己了。2003年我离开了软件行业，不再工作，两年后结婚生子，其实有孩子之前我就摆脱了那种“只有工作你才有价值”的想法。我承认有时候也挺羡慕那些从工作中得到快乐的人，但我永远不会再回去了，那时候多辛苦啊，没日没夜地工作和出差。声望财富我都拥有过，可它们无

① 罗伯特·N. 贝拉等：《心灵的习性》，第94页。

法满足我的灵魂。我很幸运，选对了老公，他做着自己喜欢的事，薪酬很高，所以我才能专心地帮助我的孩子早早地探索并追寻自己真正感兴趣的事。

海伦的故事表明了一个攀登上事业顶峰的中年女性如何厌倦了工作的世界，从功利主义的自我转向私人领域，追求表现的自我。同样的生活方式转折也体现在丹尼尔的讲述中，他是我访谈到的三个爸爸之一，是唯一的全职爸爸。他的妻子在外面工作，他们育有五个孩子，从 9 岁到 16 岁。丹尼尔看上去 50 多岁，满脸胡须，声音低沉，一副不苟言笑的样子，但聊起天来非常幽默。在康奈尔大学取得计算机博士学位之后，丹尼尔在外奋斗多年，事业有成，他很含蓄地告诉我，现在已经积累了相当可观的收入，所以提前退休。谈起现在的生活，他颇怡然自得，“我的朋友，有的在大学里做教授，有的在曼哈顿拥有成功的事业，他们有时候开玩笑，丹尼尔，你赶快出山吧！他们不知道我有多享受现在的生活呢，哈哈，以前的日子只是工作工作，永远有旅行箱在屋角等着。我的妻子喜欢工作，没有问题，我喜欢在家里与孩子们在一起”。长达两个半小时的访谈在他家三楼的书房里进行，偶尔有孩子过来敲门找他，就他们一起做的某个事情（project）问他的意见，丹尼尔还骄傲地向我展示与孩子们共同制作的飞盘。

如何落实那个空洞飘忽而又至关重要的自我？这些已届中年的女性（和男性）厌倦了内在意义被竞争和利益透支的工作，寻求在强调情感联系和奉献的母职（亲职）中发现自我。归根到底，为了成就有意义的自我叙述，人需要的不是完全自立，而是分享、利他的亲密关系和人际交往。

第二节　嵌入自我的母职工作

在全职妈妈的表述中，选择母职与个人自主不但没有本质的冲突，反而一个有意义的自我在母职工作里展开。但是，生活在一种文化中的个体很难逃脱文化对个体的形塑，根据社会建构理论，文化意识形态是个体主观上藉以建构现实的不可或缺的一部分。换言之，工作妻子和工作母亲的理想女性形象在社会化过程中已经内化到个体心中成为主观现实，并塑造其对母职的演绎。这一节探讨妈妈们的因应之道：试图透过嵌入自我的母职工作与主流的文化观念妥协和协商。

一、不仅仅是家庭主妇

莫妮卡在家里待了两年，就到了孩子该上育儿班的年龄，她做出了一个很自然的决定：在家上学。虽然生活状态看上去与以往并无二致，但她这样描述自己的心理变化，“我觉得好开心，我可不是像别人以为的那样只是待在家里！我是在家教育孩子”。这一新的身份弥合了“全职母亲”与以往职业身份之间的断裂，将无报酬的情感劳动和具有专业性质的工作领域连接起来，从而强化了莫妮卡全职在家的正当性和道德性。

妈妈们不愿以有着等级优越性意涵的“老师”身份自居，而是喜欢用更为平等的词汇来描述自己，如“推动者”（facilitator）、“组织者”（organizer）或“协调者”（coordinator），正如一位妈妈所说，

“这个时期要学会谦逊（humbling yourself for a season）”。她们是家庭私领域的核心，但绝不躲避公共世界，尽管母职被表述为外部充满竞争和焦虑的职业领域的对立物，包括教育在内的全方位抚育实践使得她们成为联结家庭与公共世界的交汇点。除了不遗余力地为孩子寻找资源，妈妈们也往往把自己的专业知识和特长融入教育之中。语言在生活中的习得是一个典型的例子，卡米尔大多数时间都与孩子们讲法语，她相信说多种语言有利于培养孩子的思维能力，莫妮卡的先生在加州理工读书时，学过好几年中文，莫妮卡鼓励他与孩子们讲中文。在在家教育的模式下，父母的工作常常不只是“家里的事”那么简单。如莫妮卡利用自己的化学专长，在家里办了一个科学俱乐部，包括自己的孩子在内共有六个孩子。圈子内部的资源互惠或者相对于外包的教育“内包”使母亲们获得了与有薪工作相似的成就感。

杰西卡拥有语言治疗专业的硕士学位，孩子出生后，就不再外出工作，她的先生是工程师，两个女儿分别 6 岁和 3 岁。起初她给女儿搜集并编写儿歌、故事等素材，后来杰西卡创办了一个网站，把一些儿歌放在上面，并出售给其他的家庭。随着女儿长大，她的“教材”已经编写到一年级，她告诉我，“有些是随机创作的，比如在生活中和女儿玩的小游戏，根据女儿的爱好编的故事等等”。网站的副标题是“静心养育，整体性在家上学”（a resource for peaceful parenting and holistic homeschooling）。在家教育与她热爱的瑜伽和冥想一样，都是杰西卡定义的有机生活方式的一部分，通过经营网站获利这件事也失去了冷冰冰的工具色彩，作为副产品，隐入富有情感性的生活之中。

像杰西卡这样，将在家教育转化成事业或以某种方式使两者相连接的例子很多，尤其随着孩子长大，妈妈们有更多时间可以支配，有些人在这期间发展出新的兴趣，开拓新的事业。辛西娅在大学取得机械和商业双学位后，在一家核电站工作了十年，两个孩子中的一个在上学期间遇到问题，辛西娅于是辞职专心陪孩子，渐渐地走上在家教育的道路。她在辞职和抚育的过程中经历了许多自我反思（soul-searching），她创立了一个网站，专门分享关于在家教育的话题，目前已经集结成两本书出版。在给我的邮件中，她写道，“孩子大了，对我来说，有意义的工作也随之变化。我喜欢与大家分享我的生活方式——在家教育，它激发了我对写作本身极大的热情，现在，我打算尝试小说，这是几年前根本想不到的”。在家教育作为个人生命历程中的阈限体验，显然为辛西娅发现新的有意义的事业提供了契机和动力，否则，身为核电工程师的辛西娅很难突破环境的局限，发现潜藏的兴趣。

安吉莉亚是斯蒂芬妮（第三章提到的匈牙利裔妈妈）介绍给我访谈的，我们约好在牛顿的一家咖啡馆见面。之前我只知道她的儿子一直在家上学，一年前申请到了东北大学的全额奖学金。访谈那天，我拿出录音笔征求她的同意，她不置可否，一边拿出一个笔记本，自我介绍说她是一位宗教人类学家，现在从大学退休了，也在做关于在家上学的研究。接着她反客为主，表示对我的研究很感兴趣，一边问我问题一边记录，显得非常专业，那一刻，我感觉预先设定的研究者与被研究者的关系瞬间颠倒。但安吉莉亚也很配合我的提问，她研究的是高中阶段的在家上学，当时已经访谈了十几个家庭。她对这一新的课题投入很多精力，“唯一的儿子上了大学，我们现在是空巢家庭，有足够的时间来做这件事”。

尽管将母职排列为优先选择，不少妈妈仍旧像经历“间隔年”

（gap year）一样，把在家教育视为充电的阈限期，为下一个阶段的回归甚至蜕变做准备。苏珊有文化心理学的硕士学位，她告诉我，“现在最小的孩子 5 岁，不像小的时候那么黏人了，我想追求我自己的梦想 ，不是什么了不起的‘事业’，也不完全跟孩子有关，但是能提升我个人的成就感。去年我写了一本小说，还申请了研究生计划，现在我又一次进了研究生院，换了专业，研究儿童文学和创作”。卡米尔也计划再过几年，就考虑写书或者做心理咨询方面的工作。

还有一些妈妈热心公益，起初与自己的孩子有关，但有的在孩子成人之后，仍旧坚持并当作自己的事业去经营。HEIM 是活跃在波士顿地区的在家教育草根组织，莉迪亚和罗蒙娜是最早产生创建这样一个组织的想法并付诸实践的人。莉迪亚在 HEIM 成立十周年大会上深情地回忆它是如何产生的：

> 十几年前，波士顿没有现在这么多针对在家上学的孩子的产品和服务，所以，一旦孩子有什么需要，我们就自己动手把它变为现实。HEIM 就是在家长们凑钱租的体育馆场地上成立的，这样天气不好的时候，大家可以有个地方去。完全从无到有成立这样一个组织非常鼓舞人心，这对我们的孩子，尤其是女儿更是意义重大，看着她们的妈妈忙里忙外地把这事做成。我还记得我的女儿有一天从 HEIM 的邮箱中拿回厚厚的一摞信，对我咧着嘴笑，“妈妈快看，你创造了一个庞然大物！”

莉迪亚提到女儿的反应时非常自豪，因为她成功地在女儿心中营造了一个勤奋的自我实现的工作母亲的形象，而不仅仅是只围着家庭琐事转的家庭主妇形象。而且更为重要的是，她的行为为女儿树立了一个榜样，这是许多母亲希望孩子传承的一种态度倾向。正如另外一位活跃在 HEIM 的妈妈奥莉维娅（第四章提到过）所说，“我在天普大学取得教育管理的硕士学位，一直做的是我喜欢的公益工作，我希望我的女儿将来也要愿意工作，愿意奉献，这对于她的生活非常重要”。直到今天，莉迪亚和罗蒙娜的孩子都已经上大学或有了工作，她们仍旧致力于 HEIM 的各项活动，如每月一次的沙龙，在家上学孩子的手工艺品展销会等等。HEIM 已成为许多家庭，尤其是刚接触在家上学的家庭首先求助的组织。

以上事例表明，全职在家教育的妈妈绝非扮演传统的角色，也不是保守的反女权主义。贝蒂·弗里丹的《女性的奥秘》出版于 1963 年，她笔下的典型中产阶级女性住在郊区，舒适的生活把家变成了一种集中营，全职家庭主妇们被困于表面上幸福的家庭生活之中，与有意义的工作和政治参与相隔离。一位主妇的心理感受是，“我觉得无精打采，脑子成天不用好像都要生锈了”[①]。因此正如辛西娅所说，“（全职在家教育），只是恰好在形式上与传统的性别分工一致而已，但实质心理感受完全不同”。

相似的结构性分工下面，我们应分析她们的能动性实践。首先，这些妈妈自我定位为“不仅仅是家庭主妇”，这就涉及到对工作的重新定义。在前现代社会，家庭是一个经济合作体，男性、女性还有孩子都工作，但是资本主义制度下的“工作”越来越与工资和业绩挂钩。在家教育的妈妈们试图解构“工作等同于工资”的意识形态，在

① 转引自 Milton Gaither, *Homeschool: An American History*, p. 88。

其中纳入更多情感性的元素，如爱、关怀、亲密等等。依此观点，她们的母职实践本身就是有意义的工作，她们的确是工作母亲，以职业领域的术语视之，除了教师的工作，她们还是建筑师、活动设计者、公共关系联络人、作家、教材编著者、公益组织创立人等等。在某种意义上，孩子有多少兴趣，她们的触角就伸向多少个领域。许多妈妈的“工作”一点一点跨越自己的小家庭，进而包容更多的家庭，这已经不是单纯的尽母职，而是涵盖多个主体的建立事业的过程。

其次，女性主义的主张已经内化到她们心中，比如认可女性拥有独立于家庭的工作，这既是获取自我满足感的来源，也是女性社会价值的体现。大多数妈妈即使全职在家，也像杰西卡一样认为这是人生事务排序的结果，换言之，全职妈妈的角色只是暂时性的过渡性的，许多妈妈会在孩子长大以后以某种形式参与到工作世界中。

第三，全职在家教育的妈妈在某种程度上挣脱了工作女性的“第二班工作”桎梏。艾莉·霍希菲尔德（Arlie Hochfield）在研究中发现[①]，走出家门的职业女性回到家里仍旧被期待承担大部分的家务劳动，但由于家务劳动的无酬而沦为隐形的“影子工作”，被视为女性专属。安迪曾发出这样的感慨，“在美国的家庭里，母亲是社会主义者，而父亲是资本主义者”。女性在家庭领域的贡献被故意地视而不见，这直接导致养育工作被贬低。相形之下，全职在家教育的妈妈们并不认为自己浪费所学专业或者逃避对社会的责任，她们认为自己的选择兼顾母职和有意义的工作，而且不必经历工作女性“影子工作”所带来的父权制压迫。从这一视角出发，在家教育使得母职和养育工

---

① Arlie Hochfield, *The Second Shift: Working Parents and the Revolution at Home*, New York: Avon Books.

作显性化，这对她们的家庭地位有怎样的影响呢？这是下一小节探讨的内容。

二、与父权讨价还价

我认为在家教育的妈妈在家庭中的地位受制于美国文化中两种意识形态的影响：（1）孩子在家庭中的中心地位，（2）自我依赖的两性相处模式。两者分别构成女性地位坐标的横轴和纵轴，个体家庭当然呈现出差异性，但总是体现了两者共同作用下的结构性张力和复杂图景。其中身兼母职和教职的妈妈们在角色范围扩大之后，凭借在家庭中的象征地位与父权讨价还价。

辛西娅曾表示对《女性的错误》（*The Feminine Mistake*）一书观点的不满，"作者说对大多数女性来说，兼顾工作与家庭是最好的选择。但我们应该问的是什么才是对孩子最好的，孩子在我们的文化中总是被看作二等公民，随父母的喜好被推来推去"。我问她，"那在在家上学的家庭中，是不是父母与孩子的关系比夫妻关系更重要？""是的，但我觉得这是为人父母的职责，跟在家上学无关。孩子以前上学的时候，他们也是家庭生活的中心，就因为他们是孩子。"许烺光指出，美国的亲属关系有三个特点，重视浪漫的爱情，以夫妻关系为主轴，孩子占据中心地位。①就在家教育的家庭而言，现有的调查难以支撑以下的结论：夫妻轴已经被亲子轴所取代或者超越。但我确实观察到，美国文化中的"儿童崇拜"在以孩子为中心的教育哲学下得到强化，家庭资源愈发呈现出亲代向子代倾斜。

---

① 许烺光：《宗族、种姓与社团》，第225页。

涂尔干在对宗教生活的研究中指出，神圣事物是一个社会定义自身的主要象征符号。它们代表着我们集体意识中最基本的观念和理想，占据着社会文化象征的中心。① 儿童的生命在现代社会被神圣化，越靠近这种象征的中心，就越享有崇高的地位。母亲，尤其是全职母亲，是主要的照料者和教育的负责人，她们由此获得在家庭生活中较高的地位。托克维尔早在19世纪初就盛赞美国的妇女："虽然美国妇女从不离开家庭的小天地，甚至某些方面附属性还很强，但她们的地位无处不使我感觉还是很高的。"② 从19世纪初开始，家庭就被视为女性领域，而女性对丈夫和儿女的"无私的爱"，则被视为道德最显明的典范。③ 这似乎是一个奇怪的悖论，母职工作兼有"道德"面向和"卑微"面向。

全职母亲的教育者角色在一定程度上克服了"卑微"的面向，突出了"道德"优势。苏珊说在家庭和孩子的问题上，身为大学教育系教授的丈夫完全听她的，"虽然我什么事都告诉他，让他发表意见，但他总是说，我天天跟孩子们在一起，比他更知道什么对孩子有好处"。辛西娅也说她从来没有对丈夫的附属感，"因为我选择辞职回家，就是我已经看到母职工作的价值。他赚钱养家，我做着养育孩子的大部分工作，我们俩都一样，分工不同，但都是有意义的工作"。在家教育的全职母亲们由此获得比父权制度下的性别分工更多讨价还价的资本和话语权，比如在这些家庭里，父亲参与家事和带小孩的比例比较高，如凯蒂家的晚饭都是下班回家的爸爸负责，很多爸爸都在

---

① Mitchell L. Stevens, *Kingdom of Children: Culture and Controversy in the Homeschooling Movement.*

② 托克维尔：《论美国的民主》，董果良译，北京：商务印书馆，2017年，第851页。

③ 罗伯特·N. 贝拉等：《心灵的习性》，第117页。

晚上和周末花很多时间陪孩子。

虽然女性在家庭领域的地位，在叠加教育者身份之后，有巩固和拔高的趋势，但是在财务上对丈夫的依赖始终使她们处于一种较为尴尬的境地。美国的社会连带以强调自我依赖的契约关系为特点，尽管在家教育表现出鲜明的反抗资本主义的姿态，和对“工作”的重新评估，妈妈们仍旧必须要与“成为无薪劳动力”这个事实取得妥协和协商。道义上的崇高和合理与现实生活不一定相容，许多妈妈怀有很强的女性主义情感，这使得她们很不愿意承认经济不独立的事实矛盾，但现实生活中涉及金钱的问题，似乎让她们又滑入传统性别分工的权力关系中。

在苏珊看来，全职在家并没有让她觉得更从属于丈夫，“只是除了用钱方面，如果我有自己的收入，我不会在花钱之前问他的意见。现在，他的收入一部分用在家庭开支方面，比如买全家人的食物和交煤气费。如果在那之外我需要花钱，比如郊游或买件衣服，我就告诉他得用到他的钱，大约用多少等等”。明妮坦承希望丈夫能在孩子身上多花点时间，但随后她又笑着说，“我不能对他要求太高，你知道，我们之所以能够在家里上学，是靠他在外面赚钱呢”。

经济上的依赖为两性关系的民主化增加了不确定的变数，正因为这种情感上微妙的冲突，以及有时候一份收入难以维持舒适的中产生活，许多妈妈尽量在经济的自主性上想出一些权宜之策。凯蒂在访谈中透露她一周两个晚上教古典吉他课，她压低声音调皮地说，“赚点小钱，悄悄地（under the table）”。除了兼职，在家工作是另一种较为常见的对策。罗蒙娜一直在波士顿一家报社工作，工作时间非常灵活，可以晚上去上班，也可以在家上班。她的丈夫是音乐家，收入不高，但工作时间也很灵活。

琼丝是少有的需要离开家工作的母亲，她三个孩子中有两个在家上学，另一个在公立学校，先生全职工作，家里请了一个大学生帮工（au pair）。显然她对这样的安排已经深思熟虑，“我从没想过做全职妈妈，幸运的是，我的工作允许我设定自己的时间表，一般一周工作两到三天。其实我赚的钱刚好够孩子的花销，像支付帮工的薪水，孩子的课外班等等。我觉得现在的安排对每个人都好：我可以获得更多的工作经验，孩子可以在家上学，给学生帮工一个工作的机会，孩子们也愿意与这样一个比他们大不了多少的大学生在一起，就像良师益友”。

琼丝感到满意的育儿分工建立在母职阶层化的象征秩序之上，学生帮工如同“影子母亲”[①]，执行着她的规范和要求，但又无损她作为母亲的权威。同时，少量的工作在满足经济自主性的同时，又不至于吞噬她所有的时间。“影子母亲”还可以由祖辈担当，尤其在单亲家庭。如艾丽莎和坦尼娅都是单亲妈妈，她们自己的妈妈在协助养育方面起了巨大的作用。以艾丽莎为例，有时把孩子带到她工作的铃木学校，大多数时候，有事就放在妈妈那里或者别的小朋友家里，没有这种协作式养育，艾丽莎要想边实施在家教育边工作是不可能的。

由上所述，尽管妈妈们选择全职在家遇到很多质疑和难题，包括许多人认为她们只是复制了父权制下的两性分工安排，但她们通过嵌入自我的母职工作，以及兼顾经济自主和母职的艰难选择，来与父

① Cameron L. Macdonald, “Shadow Mothers: Nannies, Au Pairs, and the Micropolitics of Mothering,” *American Journal of Sociology* 117 (4), 2012: 1251-1253.

权制讨价还价。我们可以看出，这些母亲们投入的时间和精力以及面临的来自外界的压力，与一般的母亲相比，是非常多或繁重的。归根到底，这是一项投资浩大，却充满未知和风险的爱的劳动，为了培养“经济上无用而情感上无价的”孩子①，家长们（尤其是母亲）调动了她们能想到的所有资本和资源。这对她们在情感上有何种意义和后果？这是下一小节探讨的内容。

第三节　在家教育的情感属性

我所接触的在家教育的家庭往往表现出蓬勃的生命力和乐观的心态，但是，在深度访谈中，几乎所有的妈妈都承认焦虑和倦怠等负面情绪的存在。我所感兴趣的是，这些情绪产生的根源是什么？在教育的过程中扮演着怎样的角色？她们是如何进行情绪管理的？

一、焦虑与主体性

关于父母角色的心理体验，很多已有的研究都关注到焦虑情绪。焦虑的产生有多种来源，父母代表社会实行的抚育除了造成亲子关系的结构性冲突，也会在父母心里造成歉疚等负面心理。尤其在个体化时代，如何养育孩子再没有一个标准的规范或脚本可供参考，书店里关于抚育的书五花八门汗牛充栋，正是这种社会压力的表征。“密集

① 维维安娜·泽利泽：《给无价的孩子定价：变迁中的儿童社会价值》，王水雄、宋静、林虹译，上海：格致出版社，2008 年。

母职”和“协作化培养”对中产阶级父母的文化期待，使焦虑成为当代美国父母普遍的心理现象，詹妮弗·西尼尔（Jennifer Senior）称履行亲职犹如经历一场危机。① 而由于抚育常被视为女性的领域，许多女性在职业之外，仍旧承担了抚育的大部分事务，感受到的压力也常常大于男性。用威廉姆·古德（William Goode）的术语来说，她们经历着“角色紧张”（role strain），这是由于对个体总的角色职责要求过多引起的。②

詹妮弗·洛瓦在调查中发现，在家教育的母亲们普遍感到焦虑，这与她们的教育方式有很大关系。产生焦虑情绪的妈妈多是在家里复制学校的结构化学习，容易产生角色的混淆和失败。③ 我所研究的在家教育者大多奉行“非学校教育”理念，很少直接教孩子，苏珊最初打算像学校那样按部就班地上课，结果发现无论孩子还是大人都感觉受挫，难以继续。罗蒙娜有二十多年的经验，她指出，“很多圈子以外的人想，你既然在家里教，肯定要比学校教得好啦，否则干嘛要费这事。一旦家长受这种想法影响，就容易设立目标，要求孩子这样做那样做，而不是按照他 / 她的兴趣。那样搞得大人孩子都紧张”。

必须要强调的是，这里关注的情感不是个体性的，而是发生在集体意识层面上的，是一种文化建构的集体情感结构。妈妈们告诉我，她们最担心的事情就是不知道自己是否给孩子提供了所有他 / 她需要的东西。换句话说，没让孩子上学，自己是否给了他 / 她最好的教

---

① http://blog.ted.com/the-crisis-of-modern-parenting-jennifer-senior-at-ted2014/.

② William J. Goode, “A Theory of Role Strain,” *American Sociological Review* 25(4), 1960: 483-496.

③ Jennifer Lois, *Home is Where the School is: The Logic of Homeschooling and the Emotional Labor of Mothering*.

育？这种时时进行的自我反思常常伴随着意识层面上的不安全感和不确定感，很大程度上是对外界压力的一种反应。在 HEIM 的一次沙龙上，莉迪亚说，“麻州的法律算是友好的，但你还是要在开始之前向学区打报告，征得同意，每个学期还要汇报学习情况等等，学区的这些要求制造了人们的焦虑”。这里凸显了一个悖论式的事实，在家教育体现了教育的私有化，但因为它是常规之外的选择，反而不得不暴露在教育权威机构和外界的公开审视之下。相比较而言，在孩子上学的家庭，家长没有任何义务也没有必要报告孩子的成绩。

换言之，虽然在在家教育中，父母取代学校，成为孩子教育唯一的责任人，但无形中，父母们发现他们处于另一种更隐性和更分散的权力网络中，有多种欲施加影响的规训力量。罗蒙娜回想起当年刚离婚的时候，前夫要求他们的儿子停止在家上学，回到学校去，孩子不愿意，罗蒙娜便没有强迫他。时至今日，她还记得当时前夫说的话，“如果孩子将来没什么成就或者过得不好，你得承担全部责任！”罗蒙娜说，“其实，不用他说，我压力也特别大，只不过他把话说明白了而已。迈出第一步是最难的，很多人一下子发现自己处在了易受攻击的位置（vulnerable）”。

除了来自亲友的质疑，平日里有相当社会距离的人也成为潜在的社会控制力量。“公开的养育”（public parenting）是阿什莉在一次沙龙上提出来的说法，“养育本来是一件私人事务，现在一下子就在众目睽睽之下了，像孩子的爷爷奶奶一开始不赞成在家上学，我们一年年地做给他们看，像证明自己是对的一样。而且平时孩子在外面走来走去，邻居们都看着呢，但如果孩子上学的话，别人顶多只是想象猜测”。另一位妈妈也发言，“我倒没怎么感到外面的压力，反而是我们这个圈子里面，经常互相会问到在上什么课，为什么要上这个课，孩子的表现怎么样之类的，我觉得现在在家上学的孩子越来越多，反而有了些竞争的味道”。

波士顿地区独特的文化生态也形塑了人们的生存心态，如罗蒙娜所说，“别的地方放松很多，比如美国南部，对名校没那么痴迷。我们这里有哈佛 MIT，追求高成就和快节奏的成功文化，要想追求不一样的人生，不把大学看得那么重要，还真不容易”。因此，在家教育并非屏蔽了外界的影响，更大更分散的文化力量取代学校成为新的社会控制手段，渗透在家庭的日常生活中。两者之间的张力在心理层面的体现除了焦虑和不确定感，还有被激发的巨大责任感，这些复杂的情感构成父母作为行动者的主体性。

雪莉・奥特纳（Sherry Ortner）对“主体性”（subjectivity）的定义是，“能够激发行动主体的全部感知方式、情感、思想、欲望和恐惧等等，……是一种特定的历史文化意识”。她以韦伯对资本主义精神的分析为例，指出加尔文新教伦理在信徒的心里注入了一种特定的情感结构，“空前的孤独感”，“韦伯在新教和资本主义精神之间建立联系，表明特定的新教教义和实践既催发了个体的焦虑也规定了解决之道，即积极地投身于世俗活动，可荣耀上帝的世俗工作，和自我克制等等，所有这些在韦伯看来，不仅促进了一种宗教意义上的主体的诞生，也促进了早期资本主义主体的诞生”①。在在家教育的情境中，与嵌入了焦虑感的新教伦理相似的是，父母们心头时时萦绕着这样的问题：“我是否给孩子提供了足够好的教育？”这个带有反思性的问题

① Sherry Ortner, “Subjectivity and Cultural Critique,” *Anthropological Theory* 5(1), 2005: 31-52.

包含着对失败可能性的忧虑。正如卡米尔在回答“在家教育者有何共性？”的问题时所说的，“共同之处在于所有的家长都或多或少有些不确定感和极其强烈的责任感”。情感是人类动机的基本要素[①]，大多数父母将混合有焦虑和责任感的主体性转化为实践中的积极能动性。我认为，只有理解了这一普遍存在的心理机制，才能对父母们如此巨大的资本投入，包括时间、精力、金钱等等，产生更深刻的共情。

二、情感倦怠与情感工作

倦怠（burnout）是在家教育的家长们可能经历的另一个心理体验，“它是一种情感和时间现象”，在日复一日的生活中累积形成，表现为情感资源消耗的速度快于补充的速度。[②]尤其在孩子小的时候，如凯蒂所说，一周七天，每天二十四小时都与孩子在一起，虽然从事的活动多样，但性质上都与抚育事务相关，这直接导致时空区隔的消失，前后台界线的消失。根据高夫曼的戏剧表演理论，在人际互动场合，每个人都会按照社会规则扮演某种角色，就像戴上面具，努力呈现出社会认可的方面，这就是表演的“前台”。同时，每个人都有，也需要有一个后台区域，在这里可以放松一下，甚至暂时忘记自己扮演的角色。家庭作为与工作世界相对的私领域，在现代社会是人们表现随意自在的后台，但对于在家教育的家长来说，却往往被用作有生产功能的前台。尤其是她们有意识地事事做孩子的榜样，这使得家庭亦成为表演的场所。前后台界线的消失使父母们承受更大的压力，支

① 参见宋红娟：《情感人类学述评》，《国外社会科学》2014 年第 4 期，第 118—125 页。

② Jennifer Lois, *Home is Where the School is: The Logic of Homeschooling and the Emotional Labor of Mothering*, p. 93.

出更多的情感资源。

南希一开始没有意识到自己有倦怠情绪，直到女儿的话提醒了她，“有一天，我们在车上听到广播里介绍一本书，书名叫《不堪重负》（*Overwhelmed*），埃米莉说，‘妈妈，你应该买一本看看’。我吓了一跳，‘你觉得妈妈是这个样子的吗？’‘是啊，你现在就是不堪重负的样子’”。南希一下子如梦方醒，她告诉我，“我可不想在孩子面前是这个形象，这对她影响不好，于是我就开始积极调整状态”。南希的内心对话表明她认识到情感工作在抚育中的必要性。艾莉·霍希菲尔德提出“情感工作”的概念并将其定义为，“对情感进行管理以创造一种公开可见的面部和身体的展演”。即根据情感规则有意调节情感的努力，以某种特定的方式影响他人。[①] 她还区分了情感劳动和情感工作，前者见于服务业等有薪工作，个体为了公司的利益在工作中表现出令组织满意的情绪状态，后者出现在与家人朋友的亲密互动中，她认为在私人领域，关系越紧密，情感工作就越强。

母职是一项高度的情感活动，母亲们往往为了孩子而调整外在行为和内在感受。美国文化所建构的好母亲具有一系列性格和情感特质，如温柔、耐心、宽容、智慧、坚强等等。不少受访人还提到“快乐”，母亲的情绪是全家人的风向标，如杰西卡所说，“如果一个妈妈不快乐，孩子还能快乐得起来吗？”这事实上是一个“超级母亲”（supermom）的完美形象，相应地要求大量的情感工作。但对于失去后台区域的妈妈来说，情感工作常常会造成情感负荷过重乃至倦怠的

① 转引自 Elsa S. Wharton and Rebecca J. Erickson, “The Consequences of Caring: Exploring the Links between Women’s Job and Family Emotion Work,” *The Sociological Quarterly* 36 (2), 1995: 273-296。

负面后果。人的精力和情感在某种意义上属于稀缺资源，每天从早上的精力“满格”到夜晚耗尽，周而复始。[①]

但是为了同样的原因（在孩子面前要表现得快乐），如南希的例子所显示的，情感倦怠本身是妈妈们在孩子面前竭力抑制和掩盖的事实，于是新一轮的情感工作又开始运行。事实上，情感倦怠的问题之所以要正视，不仅仅是它对孩子产生的消极影响，更重要的是，它会导致母亲的自我疏离，即角色与情感分离，进而使个体的心理出现失衡。为了打破这一循环，许多妈妈都积极寻求解决之道。

辛西娅有二十年的在家教育经验，她在《你在扮演母亲的角色吗？》一文中质疑情感工作的意义。她认为，如果潜意识中总想着满足“好母亲应该如何如何”的文化期待，亲子关系就会隔了一层，难以结成亲密的纽带。她建议抛开情绪的表演，“做真实的自己，跟孩子们一起疯一起成长，比如一起玩益智游戏，做你自己喜欢的事，如涂涂画画，做蛋糕，如果孩子喜欢就一起来”。在辛西娅看来，情感工作的弊大于利，而嵌入自我的母职工作，角色与情感的融合会避免倦怠的产生。

创造私密自在的后台是另一种有用的策略。高夫曼指出，前台和后台之分，仅仅只是就某一场所的表演功能而言，两者的界线往往体现在象征意义上，而不是具有本质性的地理区分。[②]这就意味着，同一个区域可以在不同的时间和情境被标示为前台或后台，也可以在相同的时间对不同的人而言成为前台或后台。卡米尔的菜园就具有两种

① Stephen Marks, “Multiple Roles and Role Strain: Some Notes on Human Energy, Time and Commitment,” *American Sociological Review* 42 (6), 1977: 921-936.

② 欧文 · 戈夫曼：《日常生活的自我呈现》。

功能，既是她和孩子共同劳动学习的场所，也是她放松身心的地方。辛西娅这样传授她的心得，“孩子们看电影或者玩的时候，你可以在旁边翻翻杂志或者趁机打个盹；在厨房里忙活的时候可以点上一支蜡烛；丈夫下班陪孩子玩，你可以出去散散步”。通过营造一种后台氛围，任何区域都可以变成后台。一天中任何时间的后台放松都可以为人的情感和精力充电。

除了与孩子在一起的时间里创造后台，有些妈妈在家庭领域之外的时间和空间里专门划出情感表达的区域。艾丽莎在这一点上实在是让我印象深刻，她是我的第一位访谈对象和整个田野工作中联系最密切的人，她的心理支持的故事在当下的美国非常具有代表性，也彰显了私人关系领域的希望和困境，有必要在这里详细地写出来。艾丽莎告诉我抚育的过程中有很多挣扎痛苦的时刻，这与她的育儿方式有关，“我觉得让孩子宣泄自己的情感很重要，社会上流行的观点是不要让孩子哭，为此，要么孩子想要什么就给什么，要么罚他待在屋子里。但我设定规则，比如睡觉前想吃糖就是不可以，孩子有情绪很正常，我鼓励他发泄出来，及时清除负面情绪。他发脾气有时候把什么都怪到我头上，我努力倾听，我承认这对我来说挺难的”。艾丽莎有自己的心理平衡机制，那就是做心理咨询，以宣泄抚育带来的负面情绪，“这样我才能维持一个好的心态（in a good shape）”。

我以为艾丽莎指的是常规心理咨询，就没有追问下去。访谈快结束的时候，不知怎么聊到房子问题，我说我租的房子还没搞好，很头痛。艾丽莎突然提议给我做一个心理辅导，她说先示范给我看，只见她拿出计时器，定好五分钟时间，握住我的手开始诉说，说到她的很多压力和困难，说着说着就哭起来，我一下子有些不知所措，毕竟第一次见面，我试图安慰她，她抬起头来说，“你不用回应，听着就好”。整个过程中她一会儿哭一会儿笑，时而发抖，坦白说，我感觉很惶恐，甚至怀疑她是不是有点儿不正常，终于计时器响了，时间到。她一下子平复下来微笑着对我说，“该你了”。

随后我才了解到艾丽莎十几年前加入了一个叫“RR”的组织，她示范给我的就是一次标准的 RR 咨询，这是一种免费的互助式的心理咨询，是艾丽莎生活中极其重要的一部分。她定期参加 RR 的女性解放支持小组和家长支持小组，后者每月初在她家里举行，有八九个人，我参与观察了六次。[①] 艾丽莎多次提及 RR 对她的意义，包括提供重要的情感支持，使她可以照顾好自己的情绪，进而更好地面对孩子，否则，她坦言，根本不可能在家教育。她没有宗教信仰，但我感觉 RR 对她的作用类似于宗教。在波士顿地区还有其他类似 RR 的组织，卡米尔告诉我她曾参加过两次这样的活动，收费不菲，每次集中进行三五天，人们在封闭的室内尽情发泄，甚至可以在地上翻滚。

这些组织和活动服务的对象一般是中产阶层人士，它们所创造的后台情感体验帮助妈妈们释放和消解密集母职中的负面情绪。但是，在家庭领域之外，按严格的时间进行情感表达本身就是对后台体验的反讽：以刻意安排的专门化咨询形式来激发自然放松的感受。结合第五章艾丽莎所批判的“中产阶级压迫”，如“被教导要举止得体，不能表现出内心的挣扎”，我认为，RR 倡导的抚育方式鼓励孩子真实

---

① RR 为化名，我了解到 RR 的一些基本原则：任何人经过一段时间的学习都可以加入，不必有心理学专业背景；两人一组，分别为咨询者和被咨询者，有相等的宣泄时间，期间鼓励咨询者尽情地调动情绪，如大哭、大笑、抖动、打哈欠等等；倾听、引导对方宣泄最重要，不要尝试给出建议；咨询伙伴之间不社交是一个普遍原则，除非在他们进入 RR 之前已经建立了社交关系。

情感的释放，但无形中将压力转嫁给父母，艾丽莎在孩子面前压抑自己，在咨询中宣泄，实质上与她试图挣脱的压迫性的自我表演极为相似，不知不觉地复制了不自然的人际互动模式。因此在我看来，相互咨询并不是避免情感倦怠的根本途径，而只会让人对它更加依赖，使得角色与情感更加分离。

小　结

在家教育具有鲜明的性别化特征，体现了女性在女权和母职之间取得平衡的努力。全职在家的妈妈们通过嵌入自我的母职工作，合理化自己的行为选择，并满足内化的自由女性主义情怀。在家教育是一项高度情感化的母职工作，而且妈妈们的前后台界线趋于模糊和消弭，这两种因素都可能导致情感倦怠，为此，妈妈们能动地使用多种策略，试图对抗和协商负面情绪。其中，在家庭之外创造后台区域是常用的手段，如加入支持小组和心理咨询组织，这些做法都深深地嵌入到美国的心理治疗文化和共同体传统之中，也彰显了它们在个体化时代对私人领域的重要意义。换言之，支持小组和其他形形色色的组织为母亲们创造新的后台空间提供了有用的资源，但根深蒂固的个人主义阻挡了它们从根本上提供自然紧密的人际纽带，体现了现代社会中个体与共同体之间的矛盾。接下来的一章从家庭之间的联系入手，对两者之间的张力提供了更为详尽的民族志论述。

第七章

家庭联合：松散的共同体

一个周二的晚上，罗蒙娜家的客厅里正在举行一场沙龙，参加的人有十位，桌子上摆着水和小饼干，落地灯散发出柔和的光，大家随意地坐在沙发椅子上，畅所欲言。罗蒙娜是沙龙的女主人，访客都是在家教育的家长，有几个处于刚开始的阶段。在一个话题告一段落之后，罗蒙娜适时地问大家是否遇到困难，有一个妈妈表达了她的困惑，“我们才进行两个月，我的问题是怎么在这个圈子里面建立共同体（community）？”

在众多人际交往方式当中，沙龙在在家教育的群体中是比较常见的，但是这些交往不一定能形成持久的紧密的共同体。尤其是近年来，在家教育的动机和方式日益多元化，随之而来的分化也很明显，新手妈妈的问题同样困惑着许多有经验的“资深”妈妈。这一章主要探究以家庭为单位的社交网络是如何在再造的传统社团框架下实现的，之所以称之为“再造”，是因为在以流动性为特征的个体化时代，依托于社团的人际联系也出现新的特征，如松散性、不定期、临时性等等。“个体与共同体”这一美国文化研究中的经典论题再一次浮现，并在在家教育的情境下体现出更为强烈的张力，原因在于：一方面，在家教育本质上是一种个性化的教育形式，自主性是他们自我认同的理想特质，另一方面，在家教育是在与他人的交往中进行的，既是为学习的目的，也是为社交的基本需要。换言之，与一般的美国人相比，这些家庭更强调身份认同，但也更需要共同体以实施教育和克服这种非常规选择带来的焦虑感。

本章考察在家教育家庭之间联合的方式和动力机制，重点论述以支持小组为核心的支持网络以及家庭联合的合作社，它们构成了一个连续统一体，从松散共同体过渡到紧密合作的共同体。支持网络所依托的是“两位一体”的结构框架：HH 支持小组与 HEIM 非营利组织，通过线上和线下的双轨道运行，两者在管理协调和活动安排上相互呼应融为一体。在合作社的关系形态中，我发现了一种利他精神，并借用贝克的“合作个人主义”来形容这种新的伦理。从根本上说，自我利益仍是驱动家庭之间联合的动力，利他精神有限度地局限于合作社内部。从更大的意义上说，在家教育家庭自愿形成的社团折射出当代美国都市生活中一个个小圈子的社会现实和人际交往趋势。

第一节　结社传统的再造

美国人对公共生活参与的热情，与强调个人自由的个人主义一样，是美国传统道德的一币两面，也是美国赖以发展的重要精神资源。[①] 在现实生活中，它表现为自愿结社的形式，托克维尔将结社与

① 资中筠：《美国十讲》，桂林：广西师范大学出版社，2014 年。

家庭、宗教一起，视为抵御美国式个人主义的三大屏障。[①] 近年来，社会学家观察到美国的社区正在衰落，田野中许多美国人也发出同样的叹息，但也有学者指出，美国人仍旧看重人与人之间彼此的联系，只是生活在后工业社会的人们对“参与”（involvement）有不同的理解和实践方式。在 20 世纪 50 年代，典型的公众参与是以服务性社团、好邻居的形象出现的，而现在则是以非营利组织、志愿者和支持小组的形式。[②] 我认同罗伯特・乌斯诺（Robert Wuthnow）的这一观点，但也由此看出，社团的性质和重心发生了转移，公益志愿者精神萎缩，社团越来越退化为服务于自我需要的组织。在家教育家庭的关系网络正是以上三种形式的结合，首先是自发形成支持小组，在此基础上发展出由志愿者管理的非营利组织。引导人们加入这些组织的是个人的自我利益，支配这种人际关系的是契约原则。下面我以波士顿地区最有影响力的一个支持小组为例，分析它的组织架构，以及在家教育家庭之间的联合与分裂。

一、支持网络：线上线下的双轨道

支持网络首先是以支持小组的形式存在的，在这里我以自己加入支持小组的经历来论述它的运作原则。作为田野工作的第一步，我在网上搜索波士顿在家上学时，发现了“快乐在家上学”（Happy Homeschooling，以下简称HH）[③]，这是以牛顿和剑桥为中心，在波士

---

① 罗伯特・N. 贝拉等：《心灵的习性》，第 113 页。

② Robert Wuthnow, *Loose Connections: Joining Together in America's Fragmented Communities*, Harvard University Press, 1998.

③ 此处为化名。

顿地区规模最大、历史最悠久的支持小组。我发邮件联系，说明自己的研究者身份，很快小组管理员安德鲁回复说明加入小组的两个条件：要么正在在家上学，要么考虑将来在家上学，而我的兴趣是基于研究目的，并不符合这些条件。被婉言拒绝后，我询问可否帮我在他们的圈子里发布一条关于我征集访谈对象的通知，并再次言辞恳切地表明自己想加入支持小组的意愿。没想到这次他答应了，回复称“虽然这有点偏离常规，但做一些跨文化交流的工作很好！”接下来我填写了他发给我的“会员登记表”，提供姓名住址等最基本的信息，由此进入了这个有两百多个家庭的支持小组。

我在田野中接触的家庭基本上都是这一小组的成员，它不仅是信息交流的平台和资源中心，还发挥着情感支持的作用，是在家上学得以进行、人际联系得以展开的结构性框架。在此我想进一步分析支持小组的进入条件和组织形态，它们定义和预设了家庭之间的互动形式。HH 最早是由一些居住在牛顿的家庭发起的自组织，采取会员制度，但不收会员费，它是一个开放包容的组织，成员可持有任何意识形态和教育理念，也不受年龄、种族、家庭状况、宗教信仰和性取向的限制。它以两种形式存在：一是网上邮件组，类似于我们的微信群 QQ 群，管理员通过申请后，即自动进入雅虎邮件组；二是现实生活中对应有各种各样的活动，如公园日、手工艺品展销等等。

作为一个团体，成员被准许进入的门槛非常低（某种程度上可以说无门槛），这使得成员资格的象征意义大于实际意义，“所谓成员资格，是指嵌入在某个共同体中的个体所拥有的一套权利义务规范”[①]，以下的民族志记述表明，成员之间没什么实质上的义务，只有最起码的相互尊重等交往礼仪。邮件组的管理员是志愿者性质，只拥有象征性的权威，除了批准新成员，职责还包括当团体的延续受到某种威胁时（通常是有不得体的言论出现时），适时介入，以恢复和维持秩序。由于它的包容性，HH 并不是一个只局限于牛顿地区的地方性组织，它的成员涵盖整个麻州，而他们当前的状态也不一定是在家上学，有可能仅仅是对此感兴趣的人。事实上有许多地域性的邮件组，但人们大都同时加入几个邮件组，如住在牛顿的凯特是牛顿在家上学邮件组的管理员，她也是 HH 的成员，“因为 HH 很活跃，能获得很多信息”。波士顿地区各城镇之间很紧凑，使得 HH 的信息对居住在大波士顿地区的人相关程度都很高。

对相当一部分人来说，HH 仅仅是一个与在家上学有关的虚拟共同体，成员之间面对面的接触并不多。支持小组的实用性和功能性是吸引家长加入的最大动力，也因此为家庭之间的联系涂上了工具性的色彩。每天邮件组里的新邮件多达几十封，内容分为两大类，第一类是来自新手家庭的咨询，如怎样与学区打交道，如何写教育报告等等。形形色色的教育资源对新手也造成极大的压力，有位妈妈在群里求助，“我在这个邮件组里待了好久了，还是没有开始，主要是信息太多了，多到让我恐惧，无法选择哪种课程才最适合我的孩子，等我把每一本书研究完了可能得好几年”。这种情况下，通常群里有相关经验的父母会提供解答。

第二类是信息交换，如寻找或推荐某门课程或老师，劳伦曾推荐

① 黄志辉：《卷入与多重支配》，中山大学博士学位论文，2013 年，第 6 页。

她儿子的写作老师，卡米尔寻找钢琴老师。阿什莉在群里问谁家有二手吉他，她还曾介绍萨摩维尔社区组织的各种课程，如教 11 岁到 15 岁的孩子怎样照看婴儿等等。也有的家长为孩子扩展社交网络，如一位妈妈说她 10 岁的女儿酷爱日本动漫，若有孩子年龄兴趣相仿，可以定期见面交流。邮件组的免费和便捷偶尔也使它成为其他内容共享互惠的平台，如寻找 / 推荐好的水管工、钢琴维修师等等。

邮件组里的互动往往有丰富的现实生活的基础，HH 组织的固定活动按一周而论，有周一的阿斯诺公园日，周三在贝尔蒙特海狸溪公园的公园日，周五在瓦尔登湖的聚会，周六滑冰日。按月份而论，有九月的“不返校野餐会”，科德角露营，十一月的手工艺品交易会，五月节，六月的演讲之夜等等。这些铭刻在日历中的定期活动具有某种仪式性意义，住在不同城市的家庭得以联系起来，在面对面的情境中，获得完全真实的他人体验和亲近感。

公园日是每周例行的常规活动，在宽敞开放、环境优美的自然空间里，孩子们有的在草地上玩飞盘，有的玩游戏，家长们则三三两两地聚在一起，有的带来椅子，有的把狗也带过来，悠闲地聊天，很多人在这里消磨掉半天时间。非结构化是公园日的特点，它的功能性和情感性是吸引人们前来的重要因素。这是一个典型的“女性时空”，是在家教育的妈妈们于家门外建构的社交场所和后台区域，妈妈们交换着各种信息，在闲聊中落实事情，获得情感支持和一种集体体验，比如哪里有什么免费活动，哪天一起聚一下，家里乱糟糟的该怎么办等等。

图 7-1　海狸溪公园日

互动是平等和互惠性质的，没有领导层和组织者，也没有明确的章程，想去就去，想走就走。但对有些人来说，非结构性和流动性反而会造成压力，难以形成面对面情境中的亲近感。琼丝的孩子去了两三次就不想再去了，“参加的人经常每次都不一样，有时候去了别人已经玩起来了，得打断他们请求加入，这让孩子很不舒服”。阿什莉也不喜欢公园日，理由是不方便，“我们没车，那两个公园不通地铁，得坐公交车，常常得等好久。而且就我的性格而言，没那么外向，每次也不知道会碰到什么人”。阿什莉倾向于立足于萨摩维尔本地的社区，她经常带孩子去家旁边的游乐场，人员的可预期性和固定性使得她熟悉并可以掌控所面临的情境，而这是公园日所缺乏的。

HEIM 是 HH 支持小组向更结构化的组织形态的延伸，它是一家以非营利组织形式运作的草根组织。它的创始人是 HH 支持小组的核心成员莉迪亚和罗蒙娜，罗蒙娜告诉我创立 HEIM 的初衷，“我是 90 年代中期跟莉迪亚认识的，当时我已经在家教育好几年了。我们都在 HH 支持小组，到了 2003 年，我俩都觉得有必要创立一个积极的非宗教性的州组织。当时麻州已经有两个组织，Mass HOPE 和 MHLA，前者是与‘在家上学法律协会’相联系的基督教组织，后者虽然是非宗教性的，但我们觉得它有些事情没有照顾到。总之，我们想自己开创一个新的组织，我们不是复制已有的东西，有三个方面是独有的：监督立法机构；每个县都有联系人，可以提供一对一的电话和邮件支持；编纂保存在家上学的数据库”。罗蒙娜自豪地说，“HEIM 致力于为在家教育的父母提供支持和资源，是人们遇到问题首先求助的地方，……我们的宗旨是使大家变得强大，可以自信地与学校打交道，不必非要加入法律协会，我们自己可以帮助自己”。

罗蒙娜强调 HEIM 的草根性，它完全由志愿者管理，不收取任何费用，依靠自愿捐赠来维持运行。会员制度纯粹是形式上的，但会员证还是有用的，比如在博物馆等机构出示可享受优惠。HEIM 也是线上线下双轨道运行，它有专门的网站，现实中每月组织一次沙龙，就某个专题进行讨论，还放映与在家上学相关的电影。莉迪亚和罗蒙娜也是 HH 邮件组的管理员，所有 HEIM 的活动都在邮件组里通知，所以，支持小组和 HEIM 在功能上是交叉重叠的。

同支持小组一样，HEIM 有极强的包容性，成员资格不具排他性，这从她们对我的接纳可以看得出。所有的沙龙和活动都免费开放，除了沙龙需要提前预定位置，其他活动都是直接出现在现场即可，没有任何基于宗教、年龄等条件的限制。这与阿什莉在威斯康辛州遇到的基督徒在家教育团体不同，“他们不接受非基督徒家庭，只有很少的活动对所有在家上学的人开放”。除了包容性，HEIM在组织架构上表现出反等级制的特点，每个人都被看作独立的个体，有自主选择的权利，没有领导层和权威，罗蒙娜等五位董事扮演的是负责组织协调的志愿者角色。因此，加入HEIM与否，以及参与哪些活动，全凭自愿选择。退出和加入一样简单，事实上，加入本身不经任何程序，退出也同样如此，只需不再关注它，或者取消订阅HEIM的电子邮件。

每年九月份，HH小组让大家填一个基本信息表格，以确认继续留在组里，不填则表示自动退出。我对罗蒙娜说，“感觉HEIM和HH很有无政府主义的感觉啊”。她不置可否，“可是我们有共同的兴趣”。在家上学这个事实似乎是唯一将这些背景、种族各异的个体结合在一起的纽带了。米切尔·史蒂文斯也有类似的发现，他认为相比基督徒在家教育者的等级制架构，“非学校教育者”（unschoolers）的组织更像一个圆形，完全平等的个体在在家教育的共同引力下被聚拢到一起。[①]

我曾经问莉迪亚可否去参观一下HEIM，她笑着说，“HEIM只是一个信箱！”作为一个纯粹志愿性的非营利组织，HEIM没有专属的物理空间，为的是将运行成本减至最低。这样一来，它的各项职能被分散到其他空间里执行，往往都是在志愿者的家里。我认为，社团家庭化是当代美国社会结社的一种重要的形式，特点是随意、灵活、低成本，还能满足参与者对共同体温馨情感的诉求。上一章提到的艾

---

① Mitchell L. Stevens, *Kingdom of Children: Culture and Controversy in the Homeschooling Movement*, Princeton and Oxford: Princeton University Press, 2001.

丽莎组织的家长支持小组和 HEIM 的沙龙都是家这一私人空间对外开放为公共空间的例子。

对比虚拟空间的生产性（每天邮件组都有大量的邮件）和支持网络所提供的丰富活动，真实的社会空间并不活跃。我参加过四次 HEIM 的沙龙，每次都不到十个人，联想到 HEIM 的影响力：覆盖全州范围，在许多人心中是首先想到的支持资源中心，我不解地问罗蒙娜，“麻州在家上学的孩子不是有很多吗？怎么来的人这么少？是不是沙龙有人数限制？”罗蒙娜耸耸肩说道，“在客厅举行（地方没那么大），上限是 15 个人，但说实话，每次报名的确实没有很多人”。由于参加人数太少而不得不取消活动的事也时有发生。琼丝告诉我，“以前 HH 支持小组有一个家长会议，每周一晚上在阿灵顿中心的广场上举行，当然是自愿的。前些年有很多父母参加，后来人越来越少，这两年干脆取消了”。琼丝在家里办了一个免费的阅读小组和乐高小组，来的人也不多。

是什么造成了这种现象？不止一个受访人表示对这一问题的关注，而大家的回答也基本一致，“太忙了！”在一次 HEIM 的沙龙上，有一位新手妈妈就表达了这样的困惑，现在波士顿的资源非常多，有形形色色的班可以参加，每一种看上去都很有价值，该如何选择呢？这个问题触发了莉迪亚的回忆，“二十年前，在家上学的人比现在少很多，也没有什么资源，孩子们有什么需要，家长们就想办法实现它。大家通力合作，资源互惠免费，比如你上写作课，我上数学课，彼此之间也很亲密。公园日结束之后，几个孩子常常恋恋不舍，再约到某个人家里一起读书或者游戏。而现在，大家没那么多时间了，即使你提出每周聚一下，也发现别人的时间早就预定了”。阿什莉希望在自由化的波士顿也有像威斯康辛州那样的基督徒在家上学社区，但来了以后发现，这里的孩子在家上学的理由各式各样，没有像宗教信仰一类的共同纽带。而且波士顿可供使用的资源很丰富，人们都尽力为自己的孩子选择最好的，没有必须聚在一起的需要。显然，商业资本的介入改变了在家上学的面貌，莉迪亚所怀念的那种温馨已大大褪色。接下来的一节进一步分析当今家庭之间关系网络的特点和动力机制。

二、松散共同体：支持小组的动力机制

支持小组和HEIM共同为在家教育的家庭营造了一个全方位的支持网络，构成人际互动所依托的背景框架，它们与传统的自愿性社团一样，具有以下特征：人与人之间完全平等，自愿结合，契约原则。同时，与许烺光观察的美国社团活动相比，它们有一些非常不同的特质：首先，社团活动并不以寻求成功为目的，而是强调它的工具性和实用性。人们加入支持小组主要是为了获取信息，解决特定问题，以及获得一种归属感；再者，社团以共同兴趣为基础，对所有希望加入的人开放，它具有包容性和非排他性，而传统社团是排他性的，“社团成员的资格不是自动获得的，而是依赖个人的努力：那些未能参加社团的人就产生了无所依附的恐惧”[①]，因此，传统社团往往与阶级身份联系在一起，参加适当的社团，以获得或维持社会声望。显然，支持小组仍是热爱结社生活的美国人的一种结社形式，但其功能和活动内容却发生了很大的变化。接下来我将分析支持小组内部以家庭为单

① 许烺光：《宗族、种姓与社团》，第251页。

位的人际关系的联合和分裂，并进一步探讨它的动力机制。

爱玛住在麻州的梅尔罗斯，在罗蒙娜家的沙龙上，她与罗蒙娜谈笑风生，看起来非常老友的样子。她曾经在青岛教过好几年的英文，主动问我要不要采访她。一周后，在波士顿市中心的一个咖啡厅里，我们聊了一个多小时。按她的话来说，支持小组是一个很方便的工具，她的女儿和罗蒙娜的女儿同在莎士比亚戏剧社，这也是沙龙上两个人聊天的主题，私下里两人没有更多的来往。爱玛常常开车送女儿到各个地方参加活动，送到就离开，有时跟其他家长聊几句，但仅此而已。她觉得并不存在一个在家上学的共同体，只是一个“网络”或“圈子”（network）。但她承认这个圈子的存在对她在家教育的顺利进行非常重要，“我知道我不是孤单的，有很多跟我一样的人在做这种‘另类’的事。而且有什么问题，也有地方问，人们都很友好”。访谈结束后，爱玛匆匆赶往附近的一个写作小组，这是她自己每周见面的兴趣小组，爱玛说对她来说这才是有重要意义的共同体。

住在萨摩维尔的莫妮卡也是HH支持小组的成员。她认为，确实存在一个在家上学共同体，但组织性不强，“我从邮件组里了解一些有用的信息，跟附近的家庭有时见面，孩子一起玩”。莫妮卡告诉我，“共同体对我的作用主要是一种情感的支持吧，有一种归属感。我认识一个人，是从威斯康辛州搬来的[①]，她说那里的基督徒在家教育很有组织，有自己的合作社、自己的乐队和图书馆等等，非常自上而下的。我们这里没有，不过我并不需要这么有组织的社区，我喜欢目前的这种自由”。

---

① 与莫妮卡的谈话过了一个月，我遇到了阿什莉，我猜测莫妮卡指的应是阿什莉。

“Community”是我在美国听到的使用频率极高的词汇，鲍曼写了一本同名的书，中文译名是“共同体”。霍布斯鲍姆（Eric Hobsbawm）指出，最近几十年来，“共同体”这个词在各种场合被不加区别地使用，含义极为空泛。① 在家教育的父母们也一样，大多数人把他们所处的群体称为“在家上学圈子”（homeschool community），从他们的表述来看，这个词在两个层面上被使用。在理想层面上，“community”与外部有明显界线，内部联系紧密，互相依赖，有很强的感情色彩，正是在这个意义上，爱玛否认它对于在家教育群体的适切性。在现实层面上，“community”可以指代泛泛的边界不明晰的“群体”或“圈子”，如莫妮卡对它的使用。

社会学意义上的共同体概念来自滕尼斯，被描述为与“社会”相对的温馨圈子，里面的成员互相依存互相接纳，它是情感性的，拒绝理性的算计。在我们这个时代，流动性、不确定性和风险性大大增强，人们愈发渴望归属于某个群体，但同时，这也是一个要求“为自己而活”的时代，身份认同成为个体的理想。许多人不愿意为了确定性而牺牲个体的自由，因而共同体越来越难以达成，它的含义也愈发被浪漫化。个体与共同体的矛盾在在家上学的群体中表现得尤为突出，这与在家上学的教育哲学有关，其核心是独立思考，拒绝从众。阿什莉观察到，“表面上看，大家志趣相投（都在家教育），但奇怪的是，有时候在一起不但不会自动产生凝聚力，反而彼此之间的差异更显突出。学校作为一种机构却往往有不同的效果，你看，那些家长

---

① Eric Hobsbawm, *The Age of Extremes*, London: Michael Joseph, 1994, p.428. 转引自鲍曼：《共同体》，第12页。

彼此间没什么共同之处，但学校要有个什么活动，大家都朝着一个目标努力，结果就会有更团结的感觉”。

爱玛与莫妮卡不同的表述下指涉的是同一客观事实，即“在家上学圈子”以松散的共同体形式存在，处于不断的运动之中。在支持小组这个大的框架之下，有许多自发组成的小的共同体，不断有人加入和退出，彼此之间没有必须履行的责任和义务，也没有明确的纲领和原则，人与人之间的联系呈现出松散、偶发和随机的特征。完全平等的个人之所以能够聚集在一起形成共同体，往往是因为个人某种工具性的需要，为了某种特定的目的。我在这里对“共同体”一词的使用是指从外在形式上看，它有理想中共同体的样子，但实质上却缺乏相互的依赖和可以共享的体验。或者说，它是人们想象中的共同体。①

在很多方面，松散的共同体与鲍曼所描述的美学共同体相似，又被形容为“钉子共同体”，它可能是围绕着问题而形成的，“假如一个焦点可以被当作‘钉子’，个人经历和处理的担忧和关注的事情被许多个体暂时地挂在上面，那么所有动因、事件和利害关系，不久又从这上面取下，再挂到其他地方，……美学共同体的共同特征是它们的参与者之间联系的草率、敷衍以及短暂。这种联系是脆弱的，短命的。既然事先就认识并认可它们可以根据需要来放弃，那么这种联系也就不会造成多大的不便，并且很少或者不会引起恐惧”②。钉子共同体不是真正的共同体，作为一种替代品，它首先满足了个体身份认同的需要，又为面临不确定性的个体提供一种集体性的保障。我认为在家教育的父母们在寻求联系的时候，不一定是草率和敷衍的，但对

① 贝拉在《心灵的习性》一书中对“共同体”和“生活方式圈子”的区别有详细的甄别和分析。

② 鲍曼：《共同体》，第87页。

联系的暂时性是了解的，当孩子或父母的需要有变化，松散共同体的纽带随时可以瓦解。可以预料，若爱玛的女儿不想继续在戏剧社，开始喜欢别的活动，爱玛估计会重新建立新的共同体，她与戏剧社那些父母的联系很有可能中断。

作为一个组织，松散共同体的民主化甚至无政府主义倾向造成了事实上的“群龙无首”，莉迪亚和罗蒙娜等组织者的权威更多地停留在象征意义上。事实上，冲突也时有发生，在一次沙龙上，有一位叫黛米的妈妈讲起她带孩子参加公园日的经历，“一开始玩得挺好，后来来了两个大一点的孩子，玩闹升级，变得粗野起来。我知道我们第一次来，最好啥都别说，但作为一个妈妈，我还是想管一下。结果，有几个妈妈就很不高兴，说话有点教训的口气，我可不想受到别人评判（I feel judged），就再也没去了”。

在这个案例中，冲突起源于破坏了“不要评判他人”的社交原则，黛米与其他妈妈的感受是一致的，都是由于感到被评判进而觉得被冒犯。松散共同体的心理基础是个人完全自由和人与人完全平等，谁都没有权利评判他人，也没有义务妥协让步，尤其是对一个第一次见面的人。由于松散共同体处于流动的状态，社会学意义上的共同体所必需的熟稔难以建立，相互包容和默契一致更停留在高高的理想层面。缺乏权威的调停也是导致不欢而散的重要原因。

听了黛米的经历，罗蒙娜回应道：

> 公园日上演了太多的不和了！虽然听起来不可思议，但事实就是这样，共同体的建立非常不容易。我们常常像戴着玫瑰色眼镜，想象大家如在乌托邦一样充满田园诗的祥和，但事实

是，与他人建立关系是很麻烦的事情。一旦进入一个群体，就不可避免地遇到我们不喜欢的人或事。在家教育的爸爸妈妈们都是些意志坚定的人，或者说很固执，这就使得参加支持小组的旅程像踏上蛮荒的西部一样充满着未知和挑战。以前参加阿灵顿的活动时，有个人说了一句话特有道理，他说，怎样建立共同体？就是当你最不想见到的人出现的时候。所以，重要的是学会妥协，也许，最理想的结果是，我们最不想见到的那个人最后成了我们最离不开的人。

罗蒙娜自己也知道，在个体和共同体的张力面前，她的话显得有多苍白无力。艾丽莎的话听起来有些极端，但也不无道理，“在美国就是这样，根本没什么共同体，但每个人都极其渴望它”。支持小组涵盖所有人群，这一点在互动的情境中往往成为矛盾的导火索。在更大的社会文化结构中的种族、宗教、性倾向等因素的交织作用下，松散共同体的异质性和脆弱性更加凸显。蕾切尔说起几年前邮件组里的那场风波仍记忆犹新：

你知道“同性恋和异性恋联盟”（Gay & Straight Alliance）吧？里面都是十几岁的孩子，有些人是同性恋者，有些不是，加入联盟是为了支持他们同性恋的家人和朋友。有一个妈妈在公园日前一天在邮件组里发了个帖子，说她的女儿是联盟成员，想第二天在公园和同伴们卖自制的糕点，为这一事业筹款，大家可以前去支持。过了一会儿，一个妈妈说话了，特别伤人，她说如果有人跟她一样，对同性恋这个事情感觉不舒服，明天她另外组织爬山的活动，就不用去看那个蛋糕义卖了！我当时看了特别震惊，真的，太糟糕了，发帖子义卖的是家长没错，可组织活动的都是些孩子啊！对孩子太残酷了。随后很多人纷纷出来说话，有的支持孩子们，有的攻击同性恋，有的表示自己就是同性恋妈妈，感到被冒犯，有的质问支持同性恋的考虑过群里有穆斯林吗？总之，这场争执让很多人感觉不安，最后管理员出面，她重申了邮件组礼貌原则，说谁要再发表仇视的不当言论，就把他 / 她清理出去，这才算平息下来。

在这场风波中，邮件组所营造的虚拟空间绝非一块超脱于差异的净土，相反，虚拟空间里距离感消弭的假象容易给人一种后台的错觉，从而放弃表演，展现更真实的自我，邮件组人群本身的多样性得以凸显。面对面互动因其情境的真实性反而促使人们更多地考虑体面社交原则，言语行为更为克制。

对波士顿的在家教育者来说，多样性和差异性在很多情形下成了一把双刃剑，一方面，他们为此感到自豪，视之为有利于教育的宝贵资源，另一方面，多样性并不总是令人愉悦的特质，尊重多样性意味着“政治正确”的言论和包容的心态。而上述的例子表明，在一个充满异质性的群体中，这是极难办到的，因为不管以哪种立场出现，总会有不同立场的人感觉受到了评判。除了性取向和宗教，种族和族群都可能成为在家教育群体分化的因素，以下例子中对“多样性”的讨论所引发的争议就与此有关。

泰瑞在波士顿公共电台主持一个与在家上学有关的节目，她在 HH 邮件组里声称，新一期节目将以“在家上学的多样性”为题，欢迎大家畅所欲言。一个叫查理的爸爸自我介绍是白人，高中教师，非常重视“多样性”在教育中的作用。他的女儿5岁，一直在蒙台梭利学校，今年准备在家上学，他的一句话引起了大家激烈的反应，“我女儿的学校里，白人学生占少数，这是它的主要好处”。一个叫琳达的妈妈回复，标题为“多样性意味着反白人吗？”她毫不客气地写道，“你的反白人言论让我很生气，你试着把这句话中的‘白人’换成其他种族或性取向，看看是什么效果”。

另一个妈妈响应琳达的意见，她说，“我有同感。另外，刚才还有个妈妈说的话也让人不舒服，她说某某舞蹈学校什么肤色的人都有，是她所生活的白贝尔蒙特[①]的避难所（a haven from the whiteness that is Belmont）。同样这句话，你把‘白’和‘贝尔蒙特’用下列一组词代替，看看感觉怎么样：黑和洛克斯贝里（blackness and Roxbury），天主教和南波士顿（catholicness and Southie），犹太性和牛顿（Jewishness and Newton）[②]，受到了冒犯？感到刻板印象？”眼看争论升级，安德鲁以管理员的身份出面建议大家不要在邮件组里讨论这个话题，面对面地讨论更好。

类似的分歧和争吵在邮件组里时有发生，例如有个妈妈说孩子在学校的时候经常受到一个自闭症儿童的欺负，马上就有一个妈妈责问她怎么定义自闭症，她的孩子就有自闭症，因而她感觉这个妈妈的措辞伤害到了她。若以一个孤立的个案来看，可能觉得她太过敏感，但通过我对HH邮件组两年的跟踪观察来看，尽管争议的焦点有所不

① 贝尔蒙特位于剑桥附近，是以白人占多数的非常富裕的城市。

② 洛克斯贝里是波士顿黑人文化的中心，南波士顿是爱尔兰天主教徒的主要居住区，犹太人在牛顿人口中占很高比例。

同，类似事件却时有发生。虚拟空间看似处于社会规则之外，但实质上仍受制于美国文化中普适性的规则，如个人完全自由的理想，人与人完全平等的思想，人际互动中的体面规则，言论的“政治正确”。但从极端的角度来看，“政治正确”意味着尊重所有人，意味着什么都不能说，谈话无法深入有效地进行，这也正是虚拟共同体看似无边界无限制，却仍无法结成紧密的联系的原因。在虚拟共同体中，自由与限制的张力表现得特别明显。

缺乏紧密的联系就无法形成共同体之存在所必需的凝聚力和集体情感，而这些本来是共同体可资利用的宝贵资源。因此，当某件事需要共同的参与和努力时，召集者往往发现，他/她无法诉诸集体的情感，而作为个体，他/她也缺乏足够的权威以成功地动员大家。下面事例中克莱尔的尴尬正在于此。事情的起源是莎莉收到阿灵顿学区的一封信，要求她提供每门科目的材料。她在邮件组里问大家是否都收到了这样的信，以及如何应对，结果今年阿灵顿的家庭都收到了，罗蒙娜建议她不要理会，不必回复。

有一个叫克莱尔的妈妈认为应该与阿灵顿的学区长面对面谈一谈，了解此要求背后的顾虑，增进双方了解，避免关系对立。她建议大家周一晚在阿灵顿社区图书馆见面商讨此事。虽然处于相同处境的家庭多达五十多个，但最后出现的人只有三个。之后克莱尔将大家商讨的结果发布在邮件组里，询问有没有人愿意与她一起去见学区长，有兴趣的家长可以私邮告知什么时候有空，她汇总后选择一个大家都方便的时间。

我作为旁观者，一直关注事件的进展，四天过去了，没有看到克莱尔发布任何消息。于是我给她写了一封邮件，介绍自己的研究者身份后，问她事情怎么样了，她很快回复，“坦白说，毫无进展，根本不可能和其他人达成任何共识。我感觉来自社区的支持非常微弱，我自己还在联系学区长，时间还没定”。五天后，克莱尔在邮件组发了一篇长文，总结她和学区长见面的情况。在这里，我所感兴趣的不是他们会面的具体内容，有哪些成果，而是这一事件中各位家长的反应和他们之间的互动。

我没有再写信追踪克莱尔的内心感受，但我可以想象她一个人去见学区长的时候，“在家上学圈子”对于她应该不是一个温馨共同体的形象。在她兴奋地向大家汇报学区长是如何亲切，以及学区长介绍的虚拟学校学习资源时，从邮件组里传出的声音是非常不一致的，比如罗蒙娜含蓄地表示，在这样一个既不是学期初也不是学期末的时间收到学区的这样一封信，事实上很正常（意图引起焦虑），提醒大家学区长所说的虚拟学校本质上是公立学校。罗蒙娜警惕的态度背后表明她认为学校当局试图拉拢在家教育的父母，破坏他们的独立性。

由此可见，要达成统一行动非常困难，因为引起分歧和隔离的因素实在太多了。除了政治倾向、种族、宗教等大的组织原则，教育理念、生活方式等都可以在人们之间筑起壁垒，这个名单还可以很长很长。蕾切尔就给我讲了这样一个例子，她女儿在好朋友（也是在家上学）的生日聚会上被传染了疾病，问题是那个孩子全家是基督教科学派，他们不打疫苗，相信疾病靠上帝来诊治，不看医生。蕾切尔的女儿在毫不知情的情况下被传染，接着蕾切尔和她的先生也相继生病，蕾切尔非常生气：“那个孩子的妈妈后来才打电话告知实情……家里的收入主要靠我先生，可他病了三个星期没法工作！”

后来蕾切尔送女儿去参加一个历史兴趣小组，受上次事件影响，她问那些家长，“这里的孩子都打疫苗了吗？”结果每个人都感觉受到了冒犯，好像蕾切尔侵犯了她们的隐私，因为打不打疫苗是公民的自由。也正因为在家上学的群体如此多样，而很多时候冲突如此容易发生，又难以调和，才有本章开头那位新手妈妈的困惑。访谈中，许多妈妈都提到在家教育最大的挑战就是怎样找到自己的圈子（find your tribe），很多人尝试在支持小组所营造的支持网络下发展自己的小团体或者说亚团体。

许烺光半个世纪前对美国社团的洞察在我的研究中仍旧具有解释力，“这些社团不断地产生、分裂、合并、增值，这一持续不断的过程正是美国社会动力的秘密所在……使美国人分裂或联合的因素有许多，性质也各不相同：抽象的和理念的、具体的和实际的、历史的或地域性的、极右的或极左的，事实上纯粹感情的、私人的，甚至是人为的”。许烺光认为这些动态发展的根本原因在于美国人自我依赖的思想，也就是说，自己与其他人都不同，两者有着不可转换的关系。①

如果说在家教育的群体有什么不同，我认为这种联合和分裂的速度和态势表现得更为剧烈。邮件组的意见分歧总会有第三方力量——管理员的介入得以暂时平息，但由支持小组分化出来的亚团体则不同，因为它的建立纯粹是出于自我需要和工具理性，他们不是相互依赖的，不需要时间培植情感，因此导致它凝聚和瓦解的潜在力量往往同样直接和巨大。

除了直接退出或解散，在苏西分享的故事中，我们看到家长们如何尽量巧妙而不失体面地解除某人的成员资格。苏西和其他三个家

① 许烺光：《宗族、种姓与社团》，第 268 页。

庭组成了一个科学俱乐部，四家的孩子在一起学习了好几个月。有一天，最初发起俱乐部的妈妈，也是主讲人，告诉大家因为自己有事，以后这个俱乐部就不办了。晚上苏西却接到那位妈妈的电话，说下周继续。她解释道自己的孩子不喜欢其中的某个孩子，所以她特意想了这么个办法，让那家人“不失自尊地”退出。

以支持小组为核心的松散共同体并非在家教育群体的专属，在小团体研究领域的权威社会学家罗伯特·乌斯诺（Robert Wuthnow）看来，这是当代美国社会人际联系的特征，他发现，整整有40%的美国人“目前参加某个经常见面并给成员以支持和关心的小团体”，如匿名戒酒会等自助小组、业余爱好小组，乌斯诺把小团体运动文学化地称为美国社会“静悄悄的革命”。他强调，“这些小团体所创造的社区与过去人们生活的社区大不一样。这种社区流动性更强，更关心个人情绪……他们建立的社区一般并不脆弱，人们感到了关心……但从另一角度而言，小团体并不像很多支持者所希望的那样，能够很有效地培植社区。……把成员连接在一起的社会契约只包含了最低限度的义务：想来就来；想说就说；尊重所有人的观点；不要批评；不满意就悄悄走”①。

这些小团体与公共生活之间的联系并不紧密，它们的存在是为了满足团体成员某种特定而又共同的目标。在社区参与普遍下降的趋势下，小团体为什么日渐流行呢？乌斯诺将原因归于现代“渗透性的制度机构”（porous institutions）②，也就是说，家庭等传统制度越来越给

---

① 转引自罗伯特·帕特南：《独自打保龄》，第171页。

② Robert Wuthnow, *Loose Connections: Joining Together in America's Fragmented Communities*, p. 58.

人不稳定的碎片化的经历和体验，作为应对策略，人们倾向于建立无须长期承诺的临时性的关系，以满足社交和安全需要。

从性质上来说，艾丽莎加入的RR就是这样一种心理援助团体，爱玛视之为共同体的写作小组与她所形容的在家教育圈子亦没有本质差别，也许前者在这个阶段对她的生命意义更大一些。乌斯诺关于小团体的著作完成于20世纪末，他敏锐而正确地观察到了小团体正逐渐取代邻里等需要终生参与的社会联系。进入21世纪以来，这种松散的共同体似有更迅猛发展的趋势，例如“见面聚”（Meetup）社交网站的兴起[①]，使得小团体成为建构美国社会联系的日渐重要方式，它的扩展将进一步深刻地形塑美国人的他人体验和自我认同。

我将简要介绍我在田野中对“见面聚”所做的一些观察，不仅仅因为发现这种交往方式在美国人生活中的盛行，还因为许多在家教育家庭在支持小组之外利用它构建关系网络，接下来的民族志记述希望能够进一步揭示小团体运作的形式和人际连接的特征。加入“见面聚”最初是艾丽莎的建议，她说我初来乍到，如果想短时间内认识更多人，更了解美国生活，可以加入这个社交网站，她认识的许多人都通过“见面聚”加入了不同的群体。整个过程非常简单，全部在网上操作。

我根据自己的兴趣加入了五个群体，有的需要交年费（10美元），大多不需费用，一般每周都有组织活动。观望了两周之后，我决定尝试一下，参加了户外小组到伊普斯维奇（Ipswich）的海滨游

---

① Meetup目前是世界上最大的地方群体网络，Meetup为人们相互联系提供了一个在线论坛，人们分享自己的兴趣，然后在自愿的基础上，在真实的世界里组成面对面交往的团体，创始人为斯科特·海费曼（Scott Heiferma）。通过登记人们的兴趣和住地，Meetup可以确定潜在的群体并帮助他们聚到一起。

玩。伊普斯维奇距离我生活的布鲁克兰车程大约两小时，没有公交到达。之前在网上的交流中，组织者建议大家拼车，就这样我认识了同住布鲁克兰的凯莉。在她开车一起前往伊普斯维奇的路上，她告诉我“见面聚”是2001年911事件之后成立的，当时人们普遍缺乏安全感，希望建立更多的社会联系，“见面聚”就是这样一种文化背景下的产物。凯莉在中学教书，参加了关于读书、古典音乐、跑步等“见面聚”团体，但没有参加志愿服务组织，“因为没有时间”。到了目的地，大部分人都是第一次见面，一起徒步，气氛非常融洽。凯莉说活动结束后，大多数人都不会再联系。

由此看来，这种临时组成的共同体正契合了人们在这个流动的时代进行交往的需求，其本质上是自利性的暂时性的同类相聚的小圈子，而且大部分联系都流于表面。但在社区衰落的今天①，它的意义在于通过真实世界的交往重新激发社会资本的创造，要想使团体正常运行，每个人必须遵守起码的互惠准则。如上文中的活动要想成行，拼车或像凯莉免费搭我的行为都是必需的，这种不损耗个人利益的利他主义是只需要个人稍稍努力就可以办到的。

像“见面聚”这样的交往形式起码提供了一个建立更深层次的人际连接的基础。同样，正如HEIM的负责人多次强调的，在家教育支持小组的作用是进一步建立关系网络的组织框架，仅仅挂在邮件组里并不会神奇地产生深层次的共同体，现成的共同体只是一个幻想，重要的是投入时间与经历以建立真正的友谊。许多在家教育的妈妈表达了对真正共同体的渴望，合作社就是体现这一努力的自组织形式。

---

① 这是社会学家罗伯特·帕特南在《独自打保龄》中的观点。

第二节　合作社：跨越家庭的共同体

在家上学一开始是家庭的个体行为，尤其在它未被合法化前。逐渐地，家庭之间以交换技能的形式出现联合，几个家长根据自己的专长和兴趣组织不同的活动小组，如文学、历史、数学、逻辑等等，有些人收取象征性的费用，有些则视之为互惠网络。这些合作社性质的联合除了对于孩子有明显的教育功能，还可以使作为交往的单位的整个家庭更深地了解彼此，生活交叉在一起，培植出共同体所需要的相互依赖性和内聚力。

一、家庭互助小组

罗杰告诉我，他的女儿乔迪的教育很大一部分依赖于家庭之间的资源共享，“我们有几家人总是一起做事情，典型的一周是这样的：周一，去一个人家里学数学，周二来我家学写作，周五参与一个科学项目。很幸运，我们有这样的一个社区，很多父母愿意比如说，‘嗨，我是作家，我可以给孩子们上写作课’。有一个朋友是厨师，愿意教孩子们烹饪”。

南希与卡米尔两家人就是一个小型的合作社，按南希的话来说，“孩子们非常亲密，事实上我们两个家庭之间特别亲密，我和卡米尔已经成为好朋友。从埃米莉 4 岁的时候我们在一个在家上学的活动上认识就一直来往”。卡米尔每个周二带着三个孩子到南希家，从上午十一点一直待到晚上九点才离开，这段时间被结构化地划分为不同的功能：十一点到十二点半为写作课，南希强调她的作用不是教师，而是引导者（class leader）。一点到两点为午餐时间，两点南希带孩子们去上舞蹈课，卡米尔去接受咨询，晚上六点回来吃饭。然后是朗读课，南希带孩子们一起朗读。九点卡米尔带孩子离开。

据我观察，两家妈妈和孩子在一起的时空安排具有大聚合、小分离的特点，即从宏观的角度看，大家始终融合在一起，但从微观的角度看，家庭之间和个体之间有先定的界限和足够的空间，如此可共享一种集体体验和亲密感，又不丧失个人的自由。这从以下几个方面可以看出来，首先写作课南希收取“一点”（a little bit）费用，再者食物和厨具各家自备。当天卡米尔带来了事先做好的类似炒饭的东西，她一边从南希家的橱柜里拿出锅和盘子刀叉，一边对我解释，这些都是她寄放在南希家的，每个周二用来加热食物。南希家则是她的先生准备了午饭。到了就餐时间，所有的人围坐在长餐桌上一起吃，卡米尔还特地向我介绍，她的食材都是自家地里种的，问我想不想尝一尝，我也把自带的食物与他们分享。南希先读了报纸上一则关于素食对健康的意义的新闻，大家边聊边吃边讨论孩子们创作的小说，南希时不时委婉地点评，比如丽兹总是喜欢用 and then, and then，大家笑着说她掉到 and then 的坑里去了。接着孩子们自告奋勇地大声读自己写的一段，加布里埃尔不想读，也没有人勉强他，整个饭桌上欢声笑语一片，每个人都很开心。

卡米尔是法国人，英语对她来说是第二语言，南希是土生土长的美国人，曾在公立学校任教多年，因此南希的语言技能和教学经验构成了卡米尔看重的宝贵资源。卡米尔经常邀请南希一家去她的农庄小坐，蔬果种植、自然空间构成了卡米尔家独特的资源。南希曾讲过家里就埃米莉一个孩子，担心她孤单，因此我猜测卡米尔三个年龄相仿的孩子也是打动她的一个因素。经济独立而又资源互惠，界限分明而又情感融合，在以家庭为单位（主要是妈妈和孩子）的大量频繁的互动基础上产生了丰富的社会资本和“深厚信任”[①]。

我采访南希的时候，她和卡米尔刚一起带孩子度假归来。下个月南希将独自带卡米尔的大女儿伊琳和埃米莉一起参加在罗德岛举行的一个交换城市活动。社会信任与利他行为密不可分，这也产生了更高的社会效率，因此，卡米尔可以放心地把孩子留在南希家，自己去做心理咨询。在后来的访谈中，卡米尔表示在她遭受情感重创时，只有南希来看望并帮她做饭洗碗。上文提到的罗杰与薇妮之间的互助也有类似的情感色彩，与罗杰一样，薇妮从中国收养了两个女儿，两家孩子年龄相仿，很早就玩得很好。薇妮是单亲妈妈，经济上比较困窘，必须工作以维持整个家庭开销。她充满感激地说，“要不是罗杰的帮助，我根本没办法让孩子在家上学，每次罗杰开车带他女儿去上课或参加活动，都接上我女儿一起”。

因此，共同体中培植起来的人际关系可以超越契约原则，而更近于帕特南所说的互惠原则，前者的工具性给人以一种冷峻的感觉，而后者在帕特南的描述中，近似于利他主义，即托克维尔所说的“合情合理的自利”。[②]换言之，当他人需要帮助的时候，我们不会在施以援手之前，先说好对方何时以何种方式报答我们，我们只是希望，将来的某一天，当我们陷于困境时，也能得到这种无偿的帮助。毋庸置疑，与共同体相联系的确定性和温暖特质是人们所向往的，但这种心

---

① 罗伯特·帕特南认为，“‘深厚信任’针对的是辐射范围较短的信任，涵盖的仅仅是那些同被信赖者关系紧密的，从社会学上讲，‘单薄信任’针对的是辐射范围长的信任，涵盖了多数同被信赖者社会联系较远的人们”。参见《独自打保龄》，第151页。

② 转引自 罗伯特·帕特南：《独自打保龄》，第149页。

理上的确信不是简单的工具性的互动所能产生的，它只能在时间的滋养中自然地生长出来。

南希说她建立这种互助合作关系的努力植根于她对共同体的怀念之中，“我觉得‘见面聚’不是共同体，而是一种网络，（共同体）不仅仅是去见个面，而是经历好长的时间，有时要好几代人，一起工作，互相帮助。我是在宾夕法尼亚的一个小镇长大的，很小，彼此都认识，镇里有很多社区活动，消防也是由志愿者来管的。去年夏天我回去一趟，走在大街上，有时人们从阳台上跟我打招呼，‘嗨，南希，你好吗？’二十多年不见了，还记得我的名字呢”。

南希感慨邻居间的社会联系在当代的美国已经削弱了许多，《圣经》中的要求，“像爱自己一样爱你的邻居”，面临比从前更大的困境。她比较印度和美国的不同，“我一个印度朋友说他上高中的时候，有一次放学晚了几个小时，从公交车上下来的时候发现整栋楼的人都在那儿等他，焦急地问他跑哪儿去了。这在我们简直难以想象，整栋楼哦！当然，波士顿也不缺乏团结互助，去年爆炸案发生的时候，人与人之间表现出来的关心真让人感动。但总的来说美国人崇尚的是个人主义，我想经济收入是个很大的因素，越富有就越孤立，相反，经济困难就得互相依赖。有时候我想其实不需要每家都有一个铲雪机，附近的几家人完全可以共用一台啊”。

南希觉察到，几家人成立合作社也好，一起上某个课也好，应该努力在满足特定需要的同时，创造“玩的时间”，这是从经验中得来的认识。“以前埃米莉和几个孩子上过一个陶艺班，每个人都很好，孩子和家长都很友好，但一段时间下来，埃米莉并没有跟哪个孩子有很深的友谊。后来我有机会在家里组织了一个读书小组，跟其他家长讲好，每次下课后让孩子们在院子里自由自在地玩一个小时，我们大人在一边闲聊。”

南希所说的“闲聊”和“玩耍”恰恰因为它的无目的性才能培育那种非正式的社会联系，进而产生深厚的友谊，但这往往耗费大量的时间。乌斯诺认为松散人际网络的缺点正在于它们纯粹的工具性，谁会愿意再像以前那样，听一个与自己没什么共同爱好的邻居一直讲他的关节炎呢？[①]

家庭之间的互助小组还与阶级身份密切相关，哪些家庭可以成为联合的对象，是个体的自愿选择，但往往基于家庭间相似的惯习与品味，如南希与卡米尔都属于家境富裕的中上层阶级，受过良好的教育。格蕾丝在选择组班前，常常在家里办百乐餐（potluck），以了解各家父母和孩子的习性爱好，感觉契合的才考虑结成互助小组。

从受访人的主观感受而言，互助小组比 HH 支持小组具有更强烈的共同体意义。更准确地说，支持小组是一种“共同体和生活方式圈子的混合物”[②]。它的形成是精心选择的同类相聚，与托克维尔预言过的都市生活下的小圈子相似，用罗伯特·贝拉的话说，是“仅相互接触但决不相互渗透的许多小世界”[③]。其内部的亲密关系作为在家教育的情感资源，也不能说完全排除了功利性的盘算。

二、“探索者”合作社

1999 年，几个在家上学的家庭一起在麻州创建了“探索者”

① Robert Wuthnow, *Loose Connections: Joining Together in America's Fragmented Communities*, p. 207.

② 罗伯特 · N. 贝拉等：《心灵的习性》，第 414 页。

③ 罗伯特 · N. 贝拉等：《心灵的习性》，第 237 页。

（Explorers）合作社，这意味着在家上学的空间组织形式发生重大变化，开辟了家以外的专属的物理空间。“探索者”是麻州规模比较大的非宗教性合作社，发展至今，有七十多个家庭加入，分别来自麻州和相邻的康涅狄格州、新罕布什尔州。类似这样的合作社是家庭互助小组模式的延伸，共同之处在于知识技能互惠，不同之处在于空间的固定性以及来源于但又超越于个体家庭的权力运作。凝聚家庭之间的纽带因而有一些不同。

这种大规模有组织的合作社为何出现以及如何运行呢？主要是源于对共同体的需要，尽管由父母引导的在家上学已经能够顺利进行，但许多人感觉到缺乏稳定的社区支持和集体认同感，他们创造了“探索者”这个有形的社会空间，目的是为成员提供必要的支持和资源，根据孩子的兴趣制定个性化的课程和活动。从观念意识和权利义务的界定上来看，它的成员资格受制于一套更严格更明确的规范体系，在接下来对“探索者”合作社的民族志记述中，我所关注的是它地理空间的样态与功能，个体被组织起来的方式，以及试图实现的民主参与模式和共同体意识。

我是在南希的介绍下走进“探索者”合作社的。一开始想在合作社的对外开放日去参观，但到达那里并不容易，从波士顿坐通勤火车到郊外的车站后，还需半个小时的车程，没有公交车到达。我在邮件组里求助，也搭不到便车。南希是个很热心的人，她给我出了另外一个更好的主意，她每周三带孩子去那里上课，可以带我同去，观察合作社真实的一天是怎样度过的，但需要事先征得当天其他家庭的同意，很快她高兴地告诉我没问题。

于是，在五月一个晴朗的日子里，我随南希和她的女儿埃米莉来到“探索者”合作社。汽车一路驶过两边茂密的树林，来到一片开阔的露天停车场。一座长长的平房建筑屹立在小山坡上，俯瞰着周围大片的绿草地，合作社的周边再没有其他建筑。这是一座红色砖房，在初春的晴空下，和四周的草地森林相映成一幅梦幻般的图画，异常美丽。房子里面设施非常齐全，是家与教室的混合体。中间的大房间类似客厅，摆放着许多桌椅和沙发，房间一侧是厨房，有炉子和冰箱，边上有许多小房间作为教室，还有图书馆、储物间、活动间等。周三的上课时间是中午一点到晚上七点，当时还不到一点，有些人在加热午餐，也有人在闲聊，还有人坐在角落的沙发里看书。孩子们在周围跑来跑去，一派生机勃勃、悠闲舒适的景象。大家事先知道我的到来，都很矜持和客气，对我打个招呼，然后继续忙自己的事。

在我看来，合作社的地理位置是在家上学与外界关系的隐喻，合作社混融于自然之中，有意与外界保持适当的距离，这种独立天然的姿态使合作社的实践具有了某种乌托邦的意味。“探索者”合作社是如何运行的呢？它是一个志愿性的非营利组织，由在家上学家庭共同管理并提供资金支持。每年两期，每一期有十三周，每周四天，在家上学的家庭可以选择每周固定的一天来，一期的费用是 565 美元，如果一周来两天，则多交 300 美元，这些钱用来支付房屋租金和公用物品开支。需要特别指出的是，收费以家庭为单位，也就是说，有四个孩子的家庭与有一个孩子的家庭缴纳相同的费用，这项规定既能减轻多子女家庭的财务负担，又能确保家庭的集体参与。实在有经济困难的家庭可享有助学金，也可以选择承担更多清洁工作，以抵消一定数额的费用。

大多数家庭都选择每周来一天，课程和活动由那一天参加的家庭在每一期开始的时候共同商议决定，能否上某一门课取决于孩子的兴趣和能力，而不是年龄。一般来说，老师由当天的家长或者家里年龄较大的孩子充当，本质上是一种技能互惠，有时候也会请外面的老师。有一些家长若不提供课程，也被期望以别的方式参与合作社的管理，如帮那些去上课的家长看管他们的小孩子，维持合作社的卫生和秩序等等，因此，每位家长都不会闲着，对合作社的日常运作都负有责任。每天有一位家长作为义务管理员，负责当天的日常管理。我去的那天，管理员是朱莉，吃晚饭的时候，她在客厅向大家宣布一些活动事宜。吃完饭，每个人都帮忙将桌椅复归原位，扫地擦洗。

尽管合作社与学校同样有实体的物理空间，但本质上不是学校，它不对孩子的表现打分，没有固定的课程，上什么课完全由个体自主决定。合作社也不是托管机构，所有的家长都必须和孩子在一起，对自己孩子的教育负有完全的责任。它的运作摒弃了学校的等级制权威结构，采取人人平等参与的民主组织形式，个体有权利参与决定与自身有关的事务，同时对他人和合作社有相应的职责，活动的安排等事宜也有赖于相互的协商。在将合作社建构成道德共同体的过程中，互相依赖共同合作的共同体意识很自然地生长出来。

周三的合作社包括十几户家庭，课程[①]有神话传说、波士顿历史等。卡米尔在厨房上法国烹饪课，南希负责写作课，今天天气好，她和孩子们一时兴起到外面草地上上课了。另一边的草地上，几个孩子正在学习戏剧表演。我在一个房间里看朱莉的大女儿菲比带着六七个孩子一起围着圆圈跳莫里斯舞（Morris dance），大的十二三岁，小的

① 合作社课程表见附录二。

七八岁的样子，每个人举着一个木棍，跳得有模有样。菲比从三年级开始在家上学，去年被麻省大学阿姆赫斯特分校录取，偶尔跟着妈妈和弟弟过来。趁他们休息的间隙，我跟菲比聊了几句，她告诉我莫里斯舞是英国传统的民间舞，美国很多学校也学这种舞蹈，她在社区组织的舞蹈活动上也认识了一些高中的同龄人。对于她来说，在家上学最大的好处就是能够做自己真正感兴趣的事，并且与不同年龄的人自信地相处，像现在在大学里，她跟教授聊天很自然，不觉得紧张，而她的很多同学做不到这一点。

随后我参与了孩子们的“野外生存”课，一个叫梅伊的妈妈带领着七八个孩子在外面的山坡和树林里教大家如何辨别各种植物，有一个爸爸在旁辅助，很感兴趣，也一起随行。当天的主题是可直接食用的植物，梅伊一边讲解一边拿起一片叶子放在嘴里，我们每个人也吃了一片，有点苦，还不错。走了几步，她又指着一种植物说得把外面的毛毛剥掉煮至少五分钟才能吃，以及为何如此处理。就这样走几步讲一下，大家都听得聚精会神，不时有孩子提问或评论，有的还联想运用以往学过的知识，引来一阵阵惊叹或笑声。有两个孩子才四五岁，并不是很懂的样子，但一路跟着哥哥姐姐们，蹦蹦跳跳玩得很开心。

合作社活动开展的方式在许多方面是对学校教学范式的扬弃，最明显之处在于它的民主化，摆脱了权力 / 知识对身体的规训，教育的重心从规范化变革到个体化，旧有的分类框架——如按年龄大小学习某一种知识——被打破。合作社本身的空间布局虽有明确的功能区域的划分，但运行方式形塑了人们的认知和实践，继而使界线模糊易于穿透。厨房和室外可以成为上课的场所，教室和图书馆也可以用来放松心情，如蓝佩嘉所说，“空间不单纯是固定的物质场域，而是透过人们认知与经验时空关系的方式造就了空间的样态”[①]。合作社的空间样态所造成的后果就是人们前台和后台体验的趋近，这进一步影响了家庭之间的联系和个体的心理感受。

在合作社生机勃勃的动态图景中，也有大量安静悠闲的时刻，通常被人们之间的互动占据着。相比公立学校五分钟的课间休息时间，这里的课程安排非常放松，两门课之间间隔十五分钟或半个小时。晚餐一个多小时，而且并不是所有的家长和孩子都忙着上课。沙发上，大厅里，靠着墙，到处都有人闲聊。阳光和煦，我加入了在门口坐着的一群妈妈之中，大家晒着太阳，看着草地上踢球的孩子，互相开着玩笑，显得非常惬意。也许因为我引起的话题，朱莉拉过她 10 岁的女儿问，“你想不想上学呀？”小姑娘一下子搂住妈妈的脖子，笑着说，“不，你才想上学呢！”其他几个妈妈也跟着笑起来，有一个说，“我儿子说学校就像军队一样呢”。

瑞娜·科恩（Rina Cohen）指出集体八卦与玩笑在这样的情景中所具有的意义，“笑话跟笑声对个人而言不只是纾解紧张的机制，也是允许参与者重新诠释经验、分享彼此确认（reassuring）的沟通，并且提供凝聚力和支持，把个人经验转化为集体经验”[②]。借由玩笑和闲谈，在家教育的父母们在非正式的交往网络中强化了集体认同感和归属感。朱莉摸着身边跑过的小孩子的头，说感觉这里就像一个大家庭，有时候也会像一家人那样发生争执，但总的感觉非常温暖。

合作社的情感色彩已经对它的成员们产生了切实的吸引力，晚上七点是合作社关门的时间，我看到草地上还有三三两两的家长和孩

---

① 蓝佩嘉：《跨国灰姑娘》，第 208 页。

② 转引自蓝佩嘉：《跨国灰姑娘》，第 219 页。

子在谈话玩耍。在帮南希把东西收拾到车上的时候，我听到南希说，“上周大家聊得好开心，八点多了都还不愿意走呢”。卡米尔的大女儿伊琳则告诉我，她每周最盼望的日子就是星期三，因为可以来合作社，“是因为有埃米莉这个好朋友吗？”我问。“不全是，”她摇摇头，“还有别的好朋友，而且好几个家长也很有意思，比如丹尼尔，你真应该去采访一下他！”

与上一节的家庭互助小组不同，“探索者”合作社的成员资格不是个别家庭所决定的，也就是说，你一个人可能自己不会选择合作社的某些家庭，但在这个组织内，你的意见只是几十分之一，这就意味着，包容差异性是合作社生活的必要条件。而在长期的相处中，与同质的小圈子不同的相互理解相互支持等共同体特有的品质往往得以一点点形成，使之成为道德意义上的共同体。在我和南希第一次谈话时，她提到合作社里大多数人都是中产阶层，但有一个叫阿曼达的妈妈很不同。阿曼达有四个孩子，都不到10岁，在跟丈夫分居，经济非常拮据，“有时到了付不起水电费的地步”。南希说她私下觉得阿曼达真应该让孩子去上公立学校，那样会更好一些，三个月后我们再次聊天时，她说跟阿曼达有过几次谈话，能够理解她为什么坚持在家教育了。我想，若不是合作社的定期相处，很难说南希会有动力或机会与阿曼达有更多的相处。

事实上，合作社的社交功能是父母们最看重的，也是吸引他们前来的重要原因。卡米尔和孩子们都很喜欢“探索者”，对她们而言，这主要是一个交朋友的场所，不但有利于孩子的社会化，也能满足整日忙碌的父母们的社交需要。塔拉在夏威夷长大，半年前因为先生工作的关系从加州搬到麻州的图克斯伯里。在这里，她一个在家上学的家庭都不认识，虽然也参加支持小组，积极地交朋友，但常常很难约时间。来“探索者”，就是为了建立稳定的友谊。

我从其他家庭那里也听到了类似的言论，杰西卡家刚搬到佛蒙特州，趁她回来处理事务的机会，我在一个公园里见到了她和两个女儿。之所以搬家，她告诉我其中一个原因是波士顿在家上学的孩子太忙了，共同体的感觉不强，她认为相比乡下地区，这点在城市特别突出，“我的家乡北卡罗来纳州也有很多在家上学的孩子，那里的人们经常一起做事，比波士顿感觉亲密多了。我们在佛蒙特州跟邻居交往也很多，我的女儿经常与隔壁的孩子一起玩，不像这里，要是约见面，经常得来回写好几封邮件才搞定”[①]。在田野访谈中，绝大多数家庭都知道“探索者”的存在，许多人表示出向往，但如阿什莉所说，“太远了，像我们这样的无车一族没法去”。有些人在邮件组里表达了希望在波士顿附近建立类似合作社的愿望。

相比家庭之间自发的交往，“探索者”为他们的互动提供了结构性的框架，包括固定的地理空间，定期的见面时间，经协商达成、共同遵守的章程规则。与个体不得不服从的集体模式相比，合作社有一种“我们”取向，即由个性组成的集体性，贝克称这种第二现代性下的新伦理为合作个体主义或利他个体主义。他在书中引用凯普（Keupp）的话，“个体化的增长并未大规模地破坏团结关系，而是催生了一种新型的团结。它更多是出自自愿而非义务感，因悲天悯人的道德情怀所激发的情况比较少。高度的自决权和机会的多样性似乎导

① 我回国后不久，一个在波士顿住了十几年的华人朋友也回国了，她说主要是因为那里人与人之间的“community”太弱了，“比如说小朋友约玩耍时间（playdate），事先要打电话之类的联系半天，麻烦得很”。

致人们丧失了方向。于是反过来出现了黏合社会网络的要求，希望以此获得归属感和生活的意义”[①]。

这种新伦理如何才能形成？其动力机制为何？贝克并没有详细地说明，只是寄希望于人们的“道德冲动”。[②]在我看来，个体化的增长确实提高了人们对共同体的渴望，但最终形成的共同体往往是像前文所述的松散共同体，或者鲍曼所述的“钉子共同体”。彰显利他个体主义的共同体的形成终究不能依靠措辞含糊的“道德冲动”，或想当然地以为是个体化时代的自然产物。

“探索者”合作社作为这种伦理的典范，是一种成员自治的组织，有些类似新英格兰地区的乡镇。托克维尔认为，参与地方自治的体验能够激发出公共责任感，乡镇精神即自由精神和公共服务精神的合体。加入“探索者”这一志愿性社团，是否能够如乡镇一样，实现个人利益向公民意识的转变呢？很难，如贝拉所说，“现代都市的结社生活，并不产生属于‘殷实而独立的乡镇’结社生活的那种对公共利益负有社会义务和责任习俗的第二性语言”[③]。缺乏这种道德认识的社会基础，“探索者”的利他精神也主要只是体现于共同体内部，目的是为成员提供稳定的关系网络和心理支持。一旦涉及到边界之外的其他人，个人的选择则往往成为首要的原则，如它的地理位置所隐喻的那样，与外界保持着某种程度上的疏离。[④]丹尼尔在后来的访谈中提

① 乌尔里希·贝克、伊丽莎白·贝克-格恩斯海姆：《个体化》，第196页。

② 乌尔里希·贝克、伊丽莎白·贝克-格恩斯海姆：《个体化》，第247页。

③ 罗伯特·N. 贝拉等：《心灵的习性》，第236页。

④ 这从我与这些家庭的互动可见一斑，当我询问是否可以采访他们时，只有那位来自夏威夷的妈妈爽快地答应了，其他家长都表现得客气而又疏远，虽然愿意留下联系方式，但之后除了丹尼尔接受采访以外，其他的都不了了之。

到合作社对面有一个公益活动，我问他的女儿是否参加，他说，志愿者精神是不能强迫的，他不会发表任何意见，一切由孩子自己决定。

不过，在“探索者”建立起来的友谊往往延伸到更深层次的私人生活中，南希与卡米尔两家密切的交往即是一例。另外，卡米尔给孩子请来辅导数学的老师是朱莉，有些妈妈和较大的孩子常常临时照看不同家庭的小孩子，这些服务往往以有偿的形式出现，由此，人与人之间构筑起来的轮廓分明的界线不致破坏，而同时带来更多的社会资本和更强的关系纽带。

值得说明的是，纵然我对“探索者”的描述给人一种悠闲温馨，甚至世外桃源的感觉，但不应该把它美化为远离在家上学市场化趋势的避风港。合作社的许多家庭除了每周来一天，其他时间一样四处奔波，为孩子处心积虑地创造各种机会，如卡米尔和南希异常忙碌的日程安排。朱莉也笑言，对她来说，“homeschool”毋宁改成“汽车学校”（car school）更合适。

小　结

传统的关系网络常常依托于先在的地理区域，以自然形成某种共同经验，如邻里之间、同学校友、工作同事。在家上学家庭的联合，则打破了地域的限制，往往以自我需要为准绳，如共同的教育理念、孩子的兴趣、生活方式的相似等等，这种以自我为导向的关系可能是短期的、暂时的，但也有可能导向更深入持久的亲密关系。

与一般的美国人相比，许多在家上学的家庭更珍视个性和身份认同，但也更强烈地渴望共同体的支持。他们在两者的张力中试探游走，以各种各样的形式结成社团与他人联合。以松散共同体形式存在的支持网络在功能上主要是信息流通的平台，无论从领导层的权威作用还是组织形式上都呈现出非结构化的符号意义，每个人都竭力地维护个体的自由，同时又小心翼翼地维持与他人的边界。许多家庭尝试通过技能互惠结成更为紧密的关系纽带，一种利他个人主义的精神在合作社的实践中浮现出来。在各种形式的关系网络背后，自我利益始终是推动家庭联合和分裂的首要因素，但利他精神也往往有限度地表现出来。

不愿受组织束缚的人们在合作社这种有一定组织化的组织内感受到共同体的美好，由此值得进一步探索的问题是，人到底需要多少自由，或者说是否需要放弃一些自由以实现情感上的安全和确定性？现代生活中的个体以何种形式结合才能实现美好的生活？

结　论

从 20 世纪六七十年代的萌芽，八九十年代的争取合法化斗争，直到 21 世纪以来的快速发展，在家上学还在以令人难以预料的方式继续发展着，围绕着这一教育形式产生的分歧和争执也将继续形塑这一群体的面貌。与其他尝试性的生活方式一样，在家上学亦受到当代美国更广泛的政治、经济和文化的影响。尽管它的未来走向仍不能明确地预测，我将在这一部分强调本研究中的一些重要议题，并试图在对它们的进一步讨论中提出自己的一些观点。

第一节　阈限生活方式

人类学对于分类有很丰富的研究，列维·斯特劳斯在对神话和仪式的研究中发现，人类的思维方式具有二元对立的特征，如冷和热、上和下等。埃德蒙·利奇进一步指出，既不属于 A 类也不属于 B 类的事物处于模棱两可和边缘的位置，通常被视为禁忌，禁忌被赋予神圣的珍贵的特性，也有肮脏的不可触摸的意义。[①] 范·杰内普发现所有的通过仪式（rites de passage）都有着标识性的三个阶段：分离阶段、阈限阶段以及聚合阶段。其中阈限阶段处于两种结构的中间地带，既不在这里，也不在那里。[②] 阈限没有明确的类别归属，它既是边缘的、无力的，却也孕育着产生新的结构的力量。

在家上学的许多方面都有阈限性的特征。首先，它所建构的社会空间穿越于家和外界之间，使两种不同属性（私领域和公领域）的空间的界线变得稀薄和可穿透。很多在家教育者都指出"在家上学"这一称谓已经变得不恰当，因为他们学习的场所既在家里，也在广阔的社会和世界中，重构的"学习"观念使这一教育形式的实施场所难以像传统的教育一样被归类。其次，家长（大多为母亲）的角色也不再单一，当教育回归家庭，他们既是家长，又是老师，既担当亲职的抚育工作，也是孩子教育的负责人。第三，在家上学的初始阶段，被称为"去学校化教育"（deschooling），这是一个既摆脱了学校的学习模式，但又未正式进入新的模式的阶段，表现为时间和空间上的无结构和无组织。第四，在家教育就像是个人生命历程中的一个过渡期。很多妈妈选择辞职，全职在家，但她们不同于一般的家庭主妇，也没有打算完全退隐于工作世界，而是为下一个人生事业做准备。第五，随着国家和市场对在家上学的进一步接纳和介入，越来越多的混合教育形式出现，在家上学变得越发难以归类了。比如安迪的女儿正式登记

---

① Edmund Leach, "Anthropological Aspects of Language: Animal Categories and Verbal Abuse," In his *New Directions in the Study of Language*, edited by Eric H. Lenneberg. Cambridge, Mass.: MIT Press.

② 维克多·特纳：《仪式过程：结构与反结构》，黄剑波、柳博赟译，北京：中国人民大学出版社，2006年，第95页。

为“在家上学”，但又在剑桥公立高中上课。很多在家上学的孩子参加学校的运动队和管弦乐队，商业性质的自主学习中心也吸引了不少需要工作的家长。

社会生活需要有明确的分类，才不致陷入无序，生活在社会中的人出于身份认同的需要，一般也会诉诸不同类别。但这些家庭的生活方式是主动的选择，这种以阈限性为特征的生活方式拒绝归类，在界线的模糊中具有了利奇所说的“禁忌”的边缘性，其蕴藏的力量来自于它的流动性和灵活性。这种选择尤其对全职在家的妈妈而言意义重大，在当今精细化母职和工作女性的双重文化期待下，在家教育母亲的身份在一定程度上弥合了母职和自我之间的割裂，使她们获得更强大和更整全的自我。

阈限生活方式与我们所生活的时代有内在的关联性，非常契合我们这个社会的流动性逻辑。明确类别和归属所需的承诺和忠诚经常意味着投入大量的时间与精力，很难应对随时出现的不确定性。对在家上学的家庭来说，边缘位置带来诸多好处，能最大限度地整合有利资源，又能及时抽身，避免可能的损失。在与国家的关系上，边缘性可以捍卫父母教育的独立和自由，免受国家的过度干预；在与社会的关系上，边缘性有助于维持在家上学家庭为之骄傲的反文化身份，以特立独行的姿态为“自由”做出最佳诠释。但另一方面，阈限生活方式更多地是以自我利益为导向的，关注的是个人权利的维护和为个体争取更多的可能性。这种自我实现式的伦理将重点放在权利上，没有足够地考虑对他人和对共同体的义务。

第二节　在家上学作为“自由”的实践

在家上学原本就是人类的传统，只是在进入现代性的时空之后，出现了新的社会结构，工业化社会生产力的发展，导致了学校教育的产生。同时，教育的政治功能受到民族国家的重视，公立学校在历史上被大规模推行。由此在人类历史上出现了两种文化传承方式：学校教育和家庭教育，随着现代性的推进，学校教育成为现代人生活中支配性的教育形式。正是在这一背景下，在家上学（homeschooling）才区别于一般的家庭教育，作为一种反传统和替代性的教育形式，它的兴起才在学理上具有了研究的意义。

“个人自由”在现代性的语境下获得前所未有的重要性，关于教育理想的主流叙述便是培养自由的人，即具有理性反思能力和自主支配能力的个体。这既是为了自我的实现，也是为了培育出民主社会所需要的公民，由此，以“自由”为旨归的教育就融合了个人和社会这两个维度上的要求。基于波士顿城区的田野调查，我认为，在家上学本质上是以“自由”为旨归的教育实践，换言之，在一部分中产阶级家庭看来，正是因为“自由”的教育理想不能很好地在学校体制下实现，所以才由父母取代老师，家庭替代学校，由家长全权负责孩子的教育。因此，在家教育与学校教育在培养目标上并不冲突，差别在于实践的路径。

从宏观层面上看，处于第二现代性之下的美国社会有以下特征：民主福利国家衰退，标榜市场化的新自由主义崛起，技术理性愈加支配学校教育，整个教育发展为一套标准化的体系。许多家长选择在家教育，目的就是摒弃“标准的个人”的培养模式，追求个性化教育，即培养“特殊的个人”。在家教育与新自由主义的关系颇为微妙，一方面，它反对新自由主义的市场逻辑和消费伦理，认为这种意识形态支配下的个人被进一步拉向异化的深渊，自由成为一种不可能实现的悖论。但另一方面，它又秉承新自由主义的某些思想，将个人的权利放在首位，认为个人先天地拥有一个超验的自我，个人的自由选择最终决定社群的状态。①

在当今的个体化时代，传统的功利型个人主义在新自由主义的推波助澜下，使社会朝着令人担忧的分离文化的方向发展，对教育的影响则是为了文凭而学习的成功哲学的盛行。而在家上学据以对抗的意识形态工具正是美国文化传统中的表现型个人主义，通过对“自然天性”、“好奇心”等价值的重视，试图在以家庭为主导的环境中实施自然教育，以实现自主意义上的自由教育，而这恰恰反映了对美国文化信条的维护。

我的田野工作在很大程度上依赖于访谈，对受访人的话语进行分析很重要，但更重要的是在日常的参与观察中，考察话语与实践之间的一致性和可能的断裂与矛盾。许多人在访谈中表示出对统治实践的质疑，对资本主义和消费主义的不满，标榜在家上学是对国家主流意识形态的反叛。尤其在考察在家上学在美国历史上的发展时，家与国的对抗性更加明显，自下而上的合法化斗争即为一例。

然而当我们考察其教育行动，包括教育选择和教育工作，却发现在家上学诚然有与国家对抗的成分，如迫使修改国家立法，对国家权力高度警惕，要求完全取消管制等等，但事实上，在家上学的教育理想和教育行动与国家利益是完全一致的，否则国家不会同意修改立法

① 俞可平：《社群主义》，北京：中国社会科学出版社，2005 年，第 57 页。

将其纳入制度框架。从根本上来说，符号暴力的性质并没有发生变化，反映的仍是优势阶层的利益，只是经过国家的权威委任之后，在家上学的教育代理人从国家（学校）变成父母，从教育内容和形式上更为体现了传统美国理想和核心价值的回归。因此，与其说在家上学与国家对抗，毋宁说是与现代学校体制弊端的对抗。访谈中，安迪所说的一句话可谓一语中的，“越是严厉的抨击者，实际上越爱国”。这也帮助我们从某个维度理解为什么美国对在家上学总体上采取放任的态度。

第三节 另一种形式的文化再生产

为了实现自主意义上的自由，在家教育所追求的是依靠自然教育的路径，从表述上看，这与卢梭意义上的消极自然教育如出一辙。家长们诉诸自然化的话语，将“好奇心”、“直觉”建构为学习的核心要素，家庭因其贴近自然的状态而成为理想的教育场所。与现代专业化教育有言传而无身教的缺陷相比，在家教育的最大优势在于“身教”：通过时间的投入，文化资本得以更充分地不知不觉地在代与代之间传递。

然而，依据布迪厄的再生产理论，所谓的自然教育也是象征暴力的一种形式。考察这种教育的权威表现形式，以及它是怎样在权力关系中掩盖这一事实的，就成了本研究的一个中心议题。首先，在亲子的相处模式上，权力转化为我称之为“影子权威”的形式，父母的权力退隐，给孩子以更多的话语权，从而实现民主化的亲子关系，而这种关系也作为一种情感资本，使家庭作为一种学习共同体更好地进行教育的实践。其次，家被重新建构为学习的场所，家中从物品的选择和摆设，到时间和空间上的安排，无不体现了父母们“自然有机”的原则，以此保证文化习得过程中的不知不觉和潜移默化。

与那些把孩子送到学校，又忙着带孩子奔波于各种课外班的家长不同，我所研究的这一群体在访谈中表现出对“协作培养”逻辑的排斥，认为那代表了一种精英主义倾向的功利主义哲学。而在家教育的特别之处，也是优势所在，除了自然教育的哲学主张，还在于通过惯习在家庭中的潜移默化，使孩子习得一种自由的文化趣味和贵族风度。不仅如此，在家教育的父母为孩子安排的学习网络往往延伸至家庭之外，他们为孩子寻找各种资源，奉行的也是以好奇心为导向的“自然”原则。但如文中所述，孩子接触到的事物，往往在中产阶级父母的审美趣味所预设的范围之内，比如科学、艺术之类，所以，这种天性在很大程度上是调动优势阶层资源培养出来的结果。从这个意义上来说，在家教育至少在客观上有一种阶层区隔的象征意义，表现了一部分新小资产阶级在中产阶级这个笼统群体里的排他性区分。

在家教育无疑也是一种社会文化的再生产，回到导论中的研究问题，在家教育究竟反映了怎样的内在逻辑：新自由主义市场逻辑，还是表达性逻辑？我认为这种非此即彼的二元预设并不能充分解释我所研究的群体。许多家长虽然在表述中厌恶新自由主义的市场化庸俗倾向，但事实上对其并不绝然排斥，比如充斥在他们话语中的“选择的自由”逻辑，以及在这种逻辑支配下，将孩子送去社区大学、自主学习中心等政府主导和商业性质的机构。受其所处阶层的意识形态限制，这些中产阶级的父母虽然表现出对抗资本主义的主体性，但事实上摆脱不了资本主义以种种形式施加的控制，从而经常呈现出一种共谋的结果。

因此在我看来，在家教育本质上是一种修正式的精英教育，摆脱了统一、低效和异化的公立教育，并反思功利主义导向的私立教育，是一种更精致、更高效率和更具人文色彩的阶层再生产。这种教育能够更有效地利用优势阶层的经济社会资源，培养出更符合中产阶级（精英阶层、甚至贵族阶层）审美趣味的孩子。其中所谓“特立独行”的教育内容，并不与主流文化相悖，反而往往能够帮助他们在未来更易获得成功，并延续其阶层地位。虽然从个人选择上来说无可厚非，而且可能培养出更具情感融合的公民，但从一种更批判的角度来看，中产阶级所引领的具有“自由”特点的生活品味，事实上会进一步拉大他们与下层阶级的距离。

在市场力量显现之前，这一群体往往能在以自然教育为特点的实践中，既培养孩子的自由品味，还能让孩子取得主流意义上的成功，但随着商业资本的介入，许多托管机构（自主学习中心）纷纷兴起，导致上述两点出现了分离。这些机构在一定意义上等于另一种形式的学校，在家教育所特有的优势——文化资本在家庭中潜移默化的传递——受到削弱，自由文化的养成也会打折扣。这是导致在家教育群体出现分歧和争执的深层原因，进一步说，市场化的趋势很可能使这一群体出现象征性的区分，其现实表征是教育方式的差异，除了是否接受托管机构，还包括是否使用固定的教材等等。

第四节　愈分化，愈合作

在家教育反映了某些新自由主义的逻辑，突出表现在将个人权利和个人自由放在至高无上的地位，但在实际操作上，又使用了社群主义的办法。由于教育本质上是一种集体行为，一定会涉及到建立与他人的联系，本研究分析了在家教育各种形式各种层次上的社交网络，指出它们的积极意义在于维系了日渐淡薄的家庭观念和社区意识。尤其是在家庭领域，学习作为一种组织原则形塑和重塑了亲子关系，我所观察到的亲子关系，正如许多家长自己提到的，是在大量的互动基础上表现出来的充满活力的和民主的关系。

回应导论中提出的问题，在家教育的群体有没有构成一个特殊的社会或共同体？随着在家上学孩子的增多，在家教育正从一种哲学和文化意义上的社会运动朝着单纯的替代性教育形式的方向发展。这一群体具有很强的异质性，按一些报道人的说法，除了在家上学这一点相同以外，有时很难找到其他的共同点。缺少了连接的纽带，共同体的构造变得更加艰难。

我在本书中分析了为何在家教育出现分化，以及家庭联合的各种形式。一个重要的原因是美国的心理文化取向造成了真正的共同体难以形成。自我依赖、人与人之间完全平等以及社会连带的契约原则，深刻地形塑了美国人的结社生活和人际联系，使得人与人之间缺乏永久性的联系，也带来社团不断形成又不断分裂的倾向。美国文化传统中根深蒂固的个人主义在进入个体化社会之后似乎遇到了更大的困境，流动性产生了两个后果，一个是可以更灵活地游走于不同的事物之间，不受传统范畴的制约，另一个后果则是由于承诺的缺乏造成的不确定性和焦虑感。在家教育家庭的支持网络就是在这样的个体化社会背景下结成的，我称之为“松散共同体”，是指它貌似共同体，也寄托了人们对于共同体的美好想象，但实质上却更近于鲍曼所描述的

“钉子共同体”，或者也被称为“美学共同体”，为了某个特定的需要而产生，它的存在仅仅是暂时的、工具性的，因而缺乏真正共同体所要求的相互之间道德上的承诺。

我还观察到了另一种共同体形式的存在，并对它的发展抱乐观态度。合作社是一些家庭自愿结合在一起形成的自组织，它的特点是有一个固定的专门的物理空间，由所有参与的家庭共同协商制定章程，经同意取得合法性，是一种民主形式的组织结构。在合作社里，个人被视为平等的有自主管理能力的个体，他 / 她为自己负责，并且愿意约束自己的一部分自由，以使他人也享有同等的自由。个人认可下的固定时间和空间的合作社参与，是保障人际互动以及共同体意识形成的重要条件。合作社的文化发展出了一种“利他主义伦理”，或“合作主义伦理”，既关注个体发展，也关心他人和集体。[①] 虽然不能将这种伦理理想化，以为它一定同时具有社会公益意识和公共服务精神，但至少我在田野中发现，相比于上文的“钉子共同体”，合作社似乎满足了人们对于共同体的渴望。

波士顿地区的在家上学将来会如何发展，仍需拭目以待，因为有多重力量正在对它施以影响。但是也许存在两种平行的趋势：在家上学将更深地卷入市场化大潮之中，这一群体将出现更加细分的分化；另一方面，人们对于情感连接的需求会更加迫切，从而会有更多如合作社形式的组织出现。

---

① 乌尔里希·贝克、伊丽莎白·贝克-格恩斯海姆：《个体化》，第 246 页。

附录一

Interview Questions about Homeschooling:

关于在家上学的访谈问题：

1. Background information: race/ethnicity, marital status, age, education, religion, political views, family size, kids' age, length of time in homeschooling, degree of urbanicity, etc.

背景信息：种族 / 族群，婚姻状况，年龄，受教育程度，宗教信仰，政治倾向，家庭人数，孩子的年龄，在家上学的持续时间，居住地城市化程度，等等。

2. What led you to home school?

促使你选择在家教育的原因是什么？

3. How does your family background or growing experience affect your decision to homeschool? How do your family or friends react to your homeschooling? Do you have any strategies of justifying yourself?

你的家庭背景和成长经历对你在家教育的决定有哪些影响？你的家人和朋友对此有何反应？你如何为自己的做法辩护？

4. Whose idea is it to homeschool? You, your spouse or your kids?

在家上学最初是谁的想法？你，你的配偶还是你的孩子？

5. Who is mainly responsible for homeschooling in your family, dad or mom? Is he or she currently working?

在家教育主要是爸爸还是妈妈负责？他 / 她目前有工作吗？

6. What do you think of school system? Public schools? Private schools? Do you agree to Common Core State Standards? Do you consider schools primarily a moralizing and socializing institution, or teaching institution?

你对学校有何看法？对公立学校和私立学校怎么看？你认同全国统一课程大纲吗？你认为学校的主要职能是什么，道德教化和社会化还是教学？

7. What do you think of alternative education forms, self-directed learning centers, for example?

你对其他替代性教育形式有何看法，比如自主学习中心？

8. How long would you like to homeschool your kids?

你打算在家教育多长时间？

9. Do you teach your kids yourself? If yes, is there any role ambiguity by adding the teacher role? How would you describe your role in the whole process?

你自己教孩子吗？母职再加上教职会不会造成角色模糊？你如何描述自己在在家教育中的作用？

10. What is your kids' homeschooling schedule like?

孩子每天的日程安排是怎样的？

11. Have you signed them up for a home school co-op? Are you planning to or have you already signed them up for community college, learning center, etc.?

孩子参加在家上学合作社了吗？是否已经或打算上社区大学、自主学习中心？

12. Do you find yourself and your kids in a home school community? How supportive is it?

你是否觉得处于在家上学共同体之中？是否感到有帮助？

13. Which home school organization or support group do you find most helpful? In what ways?

你觉得对你最有用的在家上学组织或支持小组是什么？在哪些方面有帮助？

14. Do your kids attend school (take classes or use school facilities) while being homeschooled? What are their friends mainly from, school, homeschool community, or the larger world?

在家上学期间，你的孩子是否参加学校的某些课程或使用学校的某些设施？孩子的朋友主要来自哪里：学校、在家上学的孩子还是外面的世界？

15. What effect has homeschooling had on your life, such as your family relationship, self-identity?

在家教育对你的生活有什么样的影响？比如在家庭关系和自我认同方面？

16. What is your goal of educating your kids? What do you attach importance to: academic excellence, moral characters, social skills, or all? What kind of person would you like them to be? What kind of life is good life? Is homeschooling part of your efforts to build a good life?

你教育孩子的目标是什么？你最看重以下哪些方面：学业成绩、

道德品质、社交技能？你希望孩子以后成为什么样的人？你认为什么样的生活是好的生活？在家教育是好生活的一部分吗？

17. Do you think homeschooling is a countercultural option? If yes, how would you describe American mainstream culture?

你认为在家上学是一种反文化实践吗？如果是，你如何描述美国的主流文化？

18. Do you think homeschooling is an option for middle class elite Americans?

你认为在家上学主要是中产阶级美国人的教育选择吗？

19. People tend to think that public schools are the best places to give children civic education. Do you think public schools are doing a good job in this aspect? How would you define a "good citizen"? How important do you think it is for your kids to be civic-minded? What have you done in your homeschooling practice regarding civic education? How involved are you and your kids in local community?

一般认为公立学校是孩子接受公民教育的最好场所，你觉得公立学校在这方面做得如何？你如何定义“好公民”？培养孩子的公德心是否很重要？在这方面你做了哪些事情？你们一家人对地方社区的参与度如何？

20. What do you think of the laws and requirements regarding homeschooling in your state? Are they liberal, parent-friendly?

你认为本州关于在家上学的法律法规对家长友好吗？

21. Do you think homeschooling is growing popular and accepted? Do you ever feel lonely or alienated from the community? How do you

deal with the possible physical, emotional burnout, and pressure?

你是否认为在家上学正在日益普遍化并为人们所接受？你是否有孤独或与社区格格不入的感觉？你如何应对可能出现的身心疲惫甚至透支？

22. What is your most challenging experience during homeschooling? Why was it so difficult? What did you do to address it?

在家教育期间，最有挑战性的经历是什么？你是如何解决的？

23. What is your favorite part of homeschooling?

你最喜欢在家教育的哪个方面？

24. Where do you see yourself going once your homeschooling careers are over?

等孩子长大不再在家上学了，你个人有什么打算呢？

25. How do you define parenting responsibilities, and parent-children relationship in America?

你如何看待美国的亲职责任和亲子关系？

26. Could you tell me the most influential writer, work, or philosophy on you?

有没有对你影响最大的作家、作品或哲学思想？

27. Homeschooling may be defined as a women's movement. How do you see women's role in today's American family and society?

在家教育可以被看作是一场女性运动，你如何看待女性在当今美国家庭和社会中的作用？

28. What is your kids' curriculum like? Anything different from that in school? What underlies your decision to choose such a curriculum?

孩子在家上学有课程表吗？与学校的课程表有何不同？为什么你们会选择这样的课程安排？

29. What activities do your kids participate in? How do they relate to your goal of educating them?

孩子们参加的活动有哪些？这些活动与你的教育目标有什么样的关系？

30. What do you do regarding moral education of kids? How do you cultivate values like empathy in kids? How you instill conceptions of obeying the law? Legal education, for example, anti-drugs education (in the sixth grade in school)?

你是如何培养孩子的道德价值观的？比如同理心、守法、禁毒教育（学校六年级会开展此类教育）？

附录二

“探索者”合作社周一和周三的活动表

（图中合作社名称已隐去）

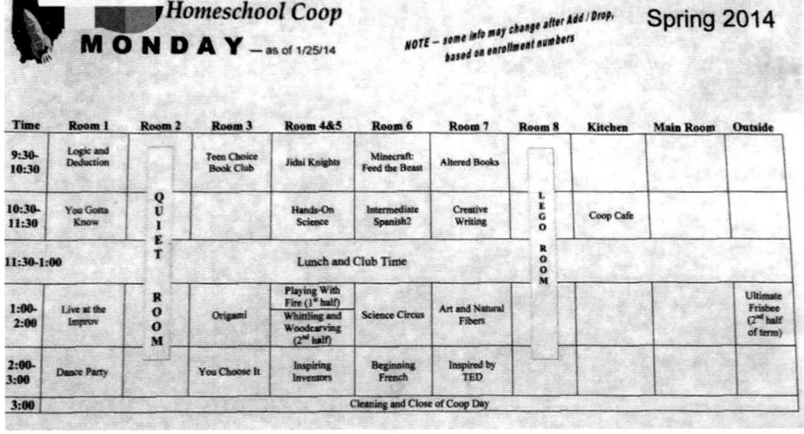

Homeschool Coop

MONDAY — as of 1/25/14

NOTE – some info may change after Add / Drop, based on enrollment numbers

Spring 2014

Time	Room 1	Room 2	Room 3	Room 4&5	Room 6	Room 7	Room 8	Kitchen	Main Room	Outside
9:30-10:30	Logic and Deduction	QUIET ROOM	Teen Choice Book Club	Jidai Knights	Minecraft: Feed the Beast	Altered Books	LEGO ROOM			
10:30-11:30	You Gotta Know			Hands-On Science	Intermediate Spanish2	Creative Writing		Coop Cafe		
11:30-1:00	Lunch and Club Time									
1:00-2:00	Live at the Improv		Origami	Playing With Fire (1st half) / Whittling and Woodcarving (2nd half)	Science Circus	Art and Natural Fibers				Ultimate Frisbee (2nd half of term)
2:00-3:00	Dance Party		You Choose It	Inspiring Inventors	Beginning French	Inspired by TED				
3:00	Cleaning and Close of Coop Day									

Homeschool Coop

wednesday

Spring 2014

Time	Room 1	Room 2	Room 3	Room 4&5	Room 6	Room 7	Room 8	Kitchen	Main Room	Outsi
1:00	Phys Ed		Kiddos Crafts	Improv	Code Academy	Psych 101				
2:00-2:15	15 min break									
2:15	Mapping the World With Art	[illegible]	Ooey Gooey Sticky Fun	Playing with Fire (1st half)	Minecraft	Paper N' Bead (1st half) Yarn Craft (2nd half)	LEGO ROOM			
				Ultimate Frisbee (2nd half)						
3:15-3:45	30 Minute Break									
3:45	Wilderness Survival		French Cooking	Morris Dancing	More ASL	Wall Street				
4:45-6:00	Dinner									
6:00	Boston		Writing	Mythologies	U Choose It	Cozy Storytime				
7:00	Close of Coop day									

参考文献

中文部分

[1] 爱弥儿·涂尔干（法）：《道德教育》，陈光金、沈杰、朱谐汉译，上海：世纪出版集团，2006年（原书最早出版于1922年，以下仅以数字表示）。

[2] 安东尼·吉登斯（英）：《亲密关系的变革》，陈永国、汪民安等译，北京：社会科学文献出版社，2001年（1997）。

[3] 安东尼·吉登斯（英）：《现代性的后果》，田禾译，南京：译林出版社，2000年（1990）。

[4] 安妮特·拉鲁（美）：《不平等的童年》，张旭译，北京：北京大学出版社，2010年（2003）。

[5] 保罗·彼得森（美）主编：《平等与自由：学校选择的未来》，刘涛等译，北京：教育科学出版社，2012年。

[6] 保罗·威利斯（英）：《学做工》，秘舒、凌旻华译，南京：译林出版社，2013年（1977）。

[7] 贝蒂·弗里丹（美）：《女性的奥秘》，程锡麟、朱徽、王晓路译，广州：广东经济出版社，2005年（1963）。

[8] 彼得・伯格、托马斯・卢克曼（美）：《现实的社会构建》，汪涌译，北京：北京大学出版社，2009 年（1967）。

[9] 查尔斯・泰勒（加）：《自我的根源：现代认同的形成》，韩震译，南京：译林出版社，2012 年（1990）。

[10] 丹尼尔・贝尔（美）：《资本主义文化矛盾》，严蓓雯译，南京：江苏人民出版社，2012 年（1976）。

[11] 戴安・拉维奇（美）：《美国学校体制的生与死：论考试和择校对教育的侵蚀》，冯颖译，北京大学出版社，2014 年（2010）。

[12] 段颖：《对 Cultural Citizenship 的理解与汉文翻译》，《西北民族研究》2009 年第 3 期。

[13] 斐迪南・滕尼斯（德）：《共同体与社会：纯粹社会学的基本概念》，林荣远译，北京：北京大学出版社，2010 年。

[14] 费孝通：《生育制度》，北京：商务印书馆，1997 年。

[15] 费孝通：《百年北大与文化自觉》，中华校园网（www.54youth.com.cn），1998 年。

[16] 费孝通：《美国人的性格》，上海：华东师范大学出版社，2013 年。

[17] 格雷戈里・贝特森（英）：《纳文》，李霞译，北京：商务印书馆，2008 年（1936）。

[18] 赫伯特・马尔库塞（美）：《单向度的人：发达工业社会意识形态研究》，刘继译，上海：上海译文出版社，2014 年（1968）。

[19] 黄志辉：《卷入与多重支配》，中山大学博士学位论文，2013 年。

[20] 霍华德・贝克尔（美）：《局外人：越轨的社会学研究》，张

默雪译，南京：南京大学出版社，2011年（1963）。

[21] 康德（德）：《论教育学》，赵鹏等译，上海：上海人民出版社，2005年（1904/1971）。

[22] 克里斯托弗·拉希（美）：《精英的反叛》，李丹莉、刘爽译，北京：中信出版社，2010年（1995）。

[23] 拉尔夫·瓦尔多·爱默生（美）：《自立》，蒲隆译，北京：法律出版社，2009年。

[24] 蓝江、董金平：《生命政治：从福柯到埃斯波西托》，《哲学研究》2015年第4期。

[25] 蓝佩嘉：《跨国灰姑娘》，长春：吉林出版集团有限责任公司，2011年。

[26] 李猛：《指向事情本身的教育：奥古斯丁的〈论教师〉》，《教育与现代社会》，上海：上海三联书店，2009年。

[27] 李荣山：《现代性的变奏与个体化社会的兴起——乌尔里希·贝克“制度化的个体主义”理论述评》，《学海》2012年第5期。

[28] 刘云杉：《平等与卓越的张力——美国社会变迁中的教育》，《清华社会科学》第2卷第1辑，北京：商务印书馆，2020年。

[29] 罗伯特·帕特南（美）：《独自打保龄》，刘波译，北京大学出版社，2011年。

[30] 卢茨，转引自宋红娟：《情感人类学述评》，《国外社会科学》2014年第4期。

[31] 卢梭（法）：《卢梭全集》第6卷，李平沤译，北京：商务印书馆，2012年（1762）。

[32] 罗伯特·N. 贝拉（美）：《心灵的习性》，周穗明、翁寒松、

翟宏彪译，北京：中国社会科学出版社，2011 年（1985）。

[33] 麻国庆：《家与中国社会结构》，北京：文物出版社，1999 年。

[34] 麻国庆：《中国人类学的学术自觉与全球意识》，《思想战线》2010 年第 5 期。

[35] 玛格丽特 · 米德（美）：《萨摩亚人的成年 —— 为西方文明所作的原始人类的青年心理研究》，周晓虹等译，北京：商务印书馆，2008 年（1928）。

[36] 玛丽 · 道格拉斯（英）：《洁净与危险》，黄剑波、卢忱、柳博赟译，北京：民族出版社，2008 年（1966）。

[37] T. H. 马歇尔（英）：《公民身份与社会阶级》，郭忠华、刘训练编，南京：江苏人民出版社，2008 年。

[38] 马歇尔 · 伯曼（美）：《一切坚固的东西都烟消云散了：现代性体验》，徐大建、张辑译，北京：商务印书馆，2003 年。

[39] 麦克尔 · 赫兹菲尔德（美）：《什么是人类常识：社会和文化领域中的人类学理论实践》，刘珩、石毅、李昌银译，北京：华夏出版社，2005 年。

[40] 那培思（美）：《对云南大理白族的表述与自我表述的再思考》，赵玉中、蒋晓军译，《西南民族大学学报（人文社科版）》2008 年第 8 期。

[41] 尼克 · 史蒂文森（英）：《文化公民身份：全球一体的问题》，王晓燕、王丽娜译，北京：北京大学出版社，2011 年（2003）。

[42] 欧文 · 戈夫曼（美）：《日常生活的自我呈现》，冯钢译，北京：北京大学出版社，2008 年（1959）。

[43] 彭昉：《不以物喜？消费社会中的人、物及其意义》，http://

www.cc.ncu.edu.tw/~csa/journal/ 52/journal_park 399.htm。

[44] 皮埃尔·布尔迪厄（法）：《区分：判断力的社会批判》，刘晖译，北京：商务印书馆，2015 年（1979）。

[45] 齐格蒙特·鲍曼（英）：《共同体》，欧阳景根译，南京：江苏人民出版社，2003 年（2001）。

[46] 齐格蒙特·鲍曼（英）：《流动的时代》，谷蕾、武媛媛译，南京：江苏人民出版社，2012 年（2006）。

[47] 邱天助：《布尔迪厄文化再制理论》，台北：桂冠图书股份有限公司，2004 年。

[48] 渠敬东：《现代社会中的人性及教育：以涂尔干社会理论为视角》，上海：上海三联书店，2006 年。

[49] 任军锋：《民德与民治》，上海：上海人民出版社，2011 年。

[50] 沈奕斐：《辣妈：个体化进程中的母职与女权》，《南京社会科学》2014 年第 2 期。

[51] 宋红娟：《情感人类学述评》，《国外社会科学》2014 年第 4 期。

[52] 托克维尔（法）：《论美国的民主》，董果良译，北京：商务印书馆，2003 年（1840）。

[53] 韦恩·厄本、杰宁斯·瓦格纳（美）：《美国教育：一部历史档案》，周晟、谢爱磊译，北京：中国人民大学出版社，2009 年。

[54] 威廉·古德（美）：《家庭社会学》，魏章玲译，台北：桂冠图书股份有限公司，1988 年（1964）。

[55] 维克多·特纳（英）：《仪式过程：结构与反结构》，黄剑波、柳博赟译，北京：中国人民大学出版社，2006 年（1968）。

[56] 维维安娜・泽利泽（美）：《给无价的孩子定价：变迁中的儿童社会价值》，王水雄、宋静、林虹译，上海：格致出版社，2008 年。

[57] 乌尔里希・贝克、伊丽莎白・贝克-格恩斯海姆（德）：《个体化》，李荣山、范璟、张惠强译，北京：北京大学出版社，2011（2001）年。

[58] 吴康宁：《破除学校神话，走向学习化社会——〈去学校化社会〉译者导读》，《教育学报》第 13 卷第 5 期，2017 年 10 月，第 121—128 页。

[59] 许烺光：《彻底个人主义的省思：心理人类学论文集》，许木柱译，台北：南天书局，2002 年（1960）。

[60] 许烺光：《宗族、种姓与社团》，黄光国译，台北：南天书局，2002 年（1963）。

[61] 薛涌：《培养精英》，南京：江苏文艺出版社，2010 年。

[62] 杨靖：《爱默生教育思想研究》，北京：中央编译出版社，2015 年。

[63] 应星等编：《教育与现代社会》，上海：上海三联书店，2009 年。

[64] 俞可平：《社群主义》，北京：中国社会科学出版社，2005 年。

[65] 约翰・杜威（美）：《民主主义与教育》，王承绪译，北京：人民教育出版社，1990 年。

[66] 詹姆斯・科尔曼（美）：《教育机会均等的观念》，载张人杰主编：《国外教育社会学基本文选》，上海：华东师范大学出版社，1989 年。

[67] 詹姆斯・D. 马歇尔（美）：《米歇尔・福柯：个人自主与教

育》，于伟、李姗姗等译，北京：北京师范大学出版社，2008 年。

[68] 张鹂（美）：《城市里的陌生人：中国流动人口的空间、权利与社会网络的重构》，袁长庚译，南京：江苏人民出版社，2014 年。

[69] 郑震：《空间：一个社会性的概念》，《社会学研究》2010 年第 5 期。

[70] 周晓虹：《〈白领〉、中产阶级与中国的误读》，《中国纺织》2007 年第 10 期。

[71] 周星：《沉思放谈人类学》，载高丙中、龚浩群主编：《中国人类学的定位与规范》，北京：北京大学出版社，2010 年。

[72] 朱世达：《关于美国中产阶级的演变与思考》，《美国研究》1994 年第 4 期。

[73] 资中筠：《美国十讲》，桂林：广西师范大学出版社，2014 年。

英文部分

[1] Ahn, Junehui. 2010. “The Myth of American Selfhood and Emotion: Raising a Sociocentric Child among Middle-Class Americans.” *Journal of Anthropological Research* 66 (3): 375-396.

[2] Apple, Michael W. 2000. “Away with All Teachers: The Cultural Politics of Home Schooling.” *International Studies in Sociology of Education* 10 (1): 61-80.

[3] Aurini, Janice and Scott Davies. 2005. “Choice without Markets: Homeschooling in the Context of Private Education.” *British Journal of*

Sociology of Education 26 (4): 461-474.

[4] Ball, Stephen. 2003. *Class Strategies and the Education Market: The Middle Classes and Social Advantage*. London: Routledge Falmer.

[5] Bartholet, Elizabeth. 2020. "Homeschooling: Parent Rights Absolutism VS Child Rights to Education & Protection." *Arizona Law Review*, Vol. 62: 1.

[6] Bobel, Chris. 2002. *The Paradox of Natural Mothering*. Philadelphia: Temple University Press.

[7] Bof, Adriane and Pet Peters. 2000. "Elite Cultures." *Anthropology Today* 16 (2): 24-25.

[8] Bourdieu, Pierre. 1986. "The Forms of Capital." In J. Richardson, ed., *Handbook of Theory and Research for the Sociology of Education*, pp. 241-258. New York: Greenwood.

[9] Bourdieu, Pierre and Jean-Claude Passeron. 1990. *Reproduction in Education，Society and Culture*. London: SAGE Publications.

[10] Colfax, David and Micky. 1988. *Homeschooling for Excellence*. New York: Warners Books, Inc.

[11] Collom, Ed and Douglas E. Mitchell. 2005. "Home Schooling as a Social Movement: Identifying the Determinants of Homeschoolers' Perceptions." *Sociological Spectrum* 25: 273-305.

[12] Demos, John. 1970. *A Little Commonwealth: Family Life in Plymouth Colony*. New York: Oxford University Press.

[13] Dill, Jeoffry. 2012. *Culture of American Families: Interview Report*. Institute for Avanced Studies in Culture, University of Virginia.

[14] Donnelly, Michael P. 2011. "Homeschooling." In Charles L. Glenn, Jan De Groof, and Cara Stillings Candal, eds., *Balancing Freedom, Autonomy and Accountability in Education*, pp. 199-220. Oisterwijk: Wolf Legal Publishers.

[15] Dubois, W. E. B. 1990[1903]. *The Soul of Black Folk.* New York: Vintage Books/Library of America.

[16] Fineman, Martha and Karen Worthington, eds. 2009. *What is Right for Children? The Competing Paradigms of Religion and Human Rights*. Farnham: Ashgate Publishing.

[17] Gaither, M. 2008. *Homeschool: An American History*. New York: Palgrave MacMillan.

[18] Glanzer, Perry L. 2013. "Saving Democratic Education from Itself: Why We Need Homeschooling?" *Peabody Journal of Education* 88 (3): 342-354.

[19] Glenn, Charles L. 2011. *Balancing Freedom, Autonomy and Accountability in Education*, Wolf Legal Publishers.

[20] Glenn, Charles L. 2012. "Can Families be Trusted?" Keynote address at Global Home Education Conference, Berlin.

[21] Glenn, Charles L. 2002. *The Myth of the Common School.* Oakland: Institute for Contemporary Studies.

[22] Goode, William J. 1960. "A Theory of Role Strain." *American Sociological Review* 25 (4): 483-496.

[23] Greenhalgh, Susan. 1998. "Book Review of the Cultural Contradictions of Motherhood." *Population and Development Review*

24 (1): 173-174.

[24] Gutman, Amy. 1987. *Democratic Education*. Princeton: Princeton University.

[25] Gutterson, D. 1992. *Family Matters: Why Homeschooling Makes Sense*. New York, San Diego, London: Harcourt Brace Jovanovich.

[26] Hays, Sharon. 1996. *The Cultural Contradictions of Motherhood*. New Haven: Yale University Press.

[27] Herzfeld, Michael. 1992. *The Social Production of Indifference: Exploring the Symbolic Roots of Western Bureaucracy*. New York: Berg.

[28] Hochfield, Arlie. 1989. *The Second Shift: Working Parents and the Revolution at Home*. New York: Avon Books.

[29] Holt, John. 1981. *Teach your Own: A Hopeful Path for Education*. New York: Delacorte Press.

[30] Howell, Charles. 2013. "Hostility or Indifference? The Marginalization of Homeschooling in the Education Profession." *Peabody Journal of Education* 88 (3): 355-364.

[31] Illich, Ivan. 1971. *Deschooling Society*. New York: Harper & Row, Publishers.

[32] Jones, Howard Mumford, ed. 1966. *Emerson on Education: Selections*. New York: Teachers College Press.

[33] Karam, John T. 2001. "Book Review of Flexible Citizenship: The Cultural Logics of Transnationality." *Anthropological Quarterly* 74 (1): 45.

[34] Kunzman, R. 2005. "Homeschooling in Indiana: A Closer Look." *Education Policy Brief* 3 (7): 2-4.

[35] Lamont, Michele and Annette Lareaur. 1988. "Cultural Capital: Allusions, Gaps, and Glissandos in Recent Theoretical Developments." *Sociological Theory* 6 (2): 153-168.

[36] Laricchia, Pam. 2012. *Free to Learn: Five Ideas for a Joyful Unschooling Life*. Ontario: Living Joyfully Enterprises.

[37] Leach, Edmund. 1964. "Anthropological Aspects of Language: Animal Categories and Verbal Abuse." In Eric H. Lenneberg, ed., *New Directions in the Study of Language*, pp. 23-63. Cambridge, Mass.: MIT Press.

[38] Lines, P. M. 2000. "Homeschooling Comes of Age." *The Public Interest*, July (140): 74-85.

[39] Lois, Jennifer. 2013. *Home Is Where the School Is: The Logic of Homeschooling and the Emothional Labor of Mothering*. New York: New York University Press.

[40] Lubienski, Christopher, Tiffany Puckett and T. Jameson Brewer. 2013. "Does Homeschooling 'Work'? A Critique of the Empirical Claims and Agenda of Advocacy Organizations." *Peabody Journal of Education* 88 (3): 378-392.

[41] Lyman, Isabel. 2000. *The Homeschooling Revolution*. Amherst, Mass.: Bench Press International.

[42] Macdonald, Cameron L. 2012. "Shadow Mothers: Nannies, Au Pairs, and the Micropolitics of Mothering." *American Journal of Sociology* 117 (4): 1251-1253.

[43] Marks, Stephen R. 1977. "Multiple Roles and Role Strain: Some Notes on Human Energy, Time and Commitment." *American Sociological*

Review 42 (6): 921-936.

[44] Mayberry, Maralee, et al. 1995. *Home Schooling: Parents as educators*. Thousand Oaks, Calif.: Corwin.

[45] Medlin, Richard G. 2013. "Homeschooling and the Question of Socialization Revisited." *Peabody Journal of Education* 88 (3): 284-297.

[46] Messerli, Jonathan. 1972. *Horace Mann: A Biography*, New York: Knopf.

[47] Moffatt, Michael. 1989. *Coming of Age in New Jersey: College and American Culture*. New Brunswick, New Jersey: Rutgers University Press.

[48] Murphy, Joseph. 2012. *Homeschooling in America: Capturing and Assessing the Movement*, Thousand Oaks, Calif.: Corwin.

[49] Ong, Aihwa. 1996. "Cultural Citizenship as Subject-Making: Immigrants Negotiate Racial and Cultural Boundaries in the United States." *Current Anthropology* 37 (5): 737-762.

[50] Ortner, Sherry. 2005. "Subjectivity and Cultural Critique." *Anthropological Theory* 5 (1): 31-52.

[51] Ray, Brian D. 2011. "2.04 Million Homeschool Students in the United States in 2010." Salem, OR: National Home Education Research Institute.

[52] Ray, Brian D. 2013. "Homeschooling Associated with Beneficial Learner and Societal Outcomes but Educators Do Not Promote It." *Peabody Journal of Education* 88 (3): 324-341.

[53] Ray, Brian D. 2005. "A Homeschool Research Story." In B.S. Cooper, ed., *Home Schooling in Full View*, pp. 1-19. Greenwich, CT: Information Age.

[54] Reay, Diane. 2005. "Beyond Consciousness? The Psychic Landscape of Social Class." *Sociology* 39 (5): 911-928.

[55] Reay, Diane. 2000. "A Useful Extension of Bourdieu's Conceptual Framework?: Emotional Capital as a Way of Understanding Mothers' Involvement in Their Children's Education." *Sociological Review* 48 (4): 568-585.

[56] Reich, Rob. 2002. "The Civic Perils of Homeschooling." *Educational Leadership* 59 (7): 56-59.

[57] Reich, Rob. 2002. "Testing the Boundaries of Parental Authority over Education: The Case of Homeschooling." *Nomos*, vol. 43, 2002, pp. 275-313.

[58] Rosaldo, Renato. 1994. "Cultural Citizenship in San Jose, California." *Polar: Political and Legal Anthropology Review* 17: 57-63.

[59] Roseberry, William. 1989. *Anthropologies and Histories: Essays in Culture, History, and Political Economy*. New Brunswick, New Jersey: Rutgers University Press.

[60] Stevens, Mitchell L. 2001. *Kingdom of Children: Culture and Controversy in the Homeschooling Movement*. Princeton and Oxford: Princeton University Press.

[61] Stevens, Mitchell L. 2003. "The Normalization of Homeschooling in the USA." *Evaluation and Research in Education* 17 (2-3): 90-100.

[62] Stevenson, Nick. 1997. "Globalization, National Cultures and Cultural Citizenship." *The Sociological Quarterly* 38 (1): 41-66.

[63] Stevenson, Nick. 2011. *Education and Cultural Citizenship*.

London: SAGE Publications Ltd.

[64] Suárez-Orozco, Marcelo M., et al. 2011. "Migrations and Schooling." *The Annual Review of Anthropology* 40: 311-328.

[65] Taylor, Bob Pepperman. 2010. *Horace Mann's Troubling Legacy: The Education of Democratic Citizens*. Lawrence, KS: University Press of Kansas.

[66] Wang, K., Rathbun, A., and Musu, L. (2019). School Choice in the United States: 2019 (NCES 2019-106). U.S. Department of Education. Washington, DC: National Center for Education Statistics, p. 36. Retrieved [2/20/2021] from https://nces.ed.gov/pubsearch.

[67] Wharton, Amy S. and Rebecca J. Erickson. 1995. "The Consequences of Caring: Exploring the Links between Women's Job and Family Emotion Work." The Sociological Quarterly 36 (2): 273-296.

[68] Wuthnow, Robert. 1998. *Loose Connections: Joining Together in America's Fragmented Communities*. Cambridge, Mass.: Harvard University Press.

致　谢

本书是我主持的国家社会科学基金项目“美国中产阶级家庭‘在家教育’的人类学研究”的成果之一，也是对我生命中一段特殊时光的纪念。游走在异文化的田野，经常会激起思想上的碰撞和情感的涟漪，我希望将这些故事和我的思考分享给更多的人。书中人们的想法和做法或许不同寻常，但其中蕴含的情感并不陌生，比如对孩子深切的爱和责任，面临教育选择时的挣扎和困惑、勇气和坚持。故事中的每个人都在以自己的方式对这个充满不确定性的时代做出回应。

田野两个字既散发着泥土的芳香又透出脱俗的诗意，令我着迷。然而，当我这样一个人类学新手怀着对田野的浪漫想象，猛然间被空投到遥远的异域，却不可避免地陷入有无数计划等待实施却无计可施的境地。感谢所有接纳我的在家上学家庭，异国他乡，萍水相逢，是他们的慷慨、善意和尊重化解了我的不知所措，激发了我对抚育和教育问题的持续好奇，在无数一来一回的对话中，问题得以厘清，讨论被不断深化。我们的观点或有分歧，但同为家长，我感佩于这些父母对孩子教育的用心。为人父母对他们而言是一项严肃的事业，不仅需要爱与付出，更需要智慧和担当。衷心感谢所有受访家庭的信任，愿意拿出大量宝贵的时间，将私人世界敞开一角与我分享。在此尤其向安迪夫妇表示最真挚的谢意，从 2013 年相识至今，我们的交流涵盖美国教育和社会文化的方方面面，极大地促进了我对研究主题的思考。若没有他们始终如一的支持，这项研究势必会单薄不少。

还要感谢波士顿大学人类学系的魏乐博（Robert Weller）教授和南希·史密斯-赫夫纳（Nancy J. Smith-Hefner）教授，他们是 2013—2014 学年我在波士顿大学访学期间的导师。那一年我刚到波士顿不久，魏乐博教授就赶赴中国做研究，我们在田野之初和即将结束时见了两面，他耐心听取了我的田野计划和田野汇报，从当地人和人类学者的角度提出很多有趣的富有针对性的建议。史密斯-赫夫纳教授在那一年也对我的研究给出诸多建设性的意见，感谢她百忙之中抽出时间与我讨论。2014 年我还旁听了亚当·库伯（Adam Kuper）教授一学期的人类学理论课，他在课堂上自有一种绅士风度，课下谈吐幽默待人平和。从库伯教授身上，我感受最深的是他将学问与生活浑然交融的人格魅力。在波士顿我还遇到很多美好的人，如贾育红、余芳、郭仕鹏、Pong Louie 和乔宁、冀荣夫妇，还有一同访学的刘晓丽、雷庆锐、陈京弈、陈沛等老师，深深地感谢你们的无私帮助和温暖陪伴。

自 2012 年在中山大学读博以来，我在人类学这一领域的成长得益于许多人的帮助。首先，感谢我的导师麻国庆教授，我从麻老师一次次富有洞察力的点拨和教诲中，渐渐开始学着以人类学的视角观察周围的世界。博士学位论文每个关键环节都离不开麻老师的悉心指导。论文完成，麻老师做了非常细致的批阅，令我深受启发。感谢中大人类学系的所有老师，我从他们的学识中获益良多。我的论文选题和写作都得益于陈志明教授的耐心指导，陈老师的博学、风趣和治学之严谨亦令我印象深刻。段颖教授在我的学习道路上总是给予关键的支持，从一开始，我就很幸运地在段老师的课上以及与他多次的讨论中一点一点地进步，并萌发了到海外做研究的想法。论文写作过程中不时冒出问题，每一次在段老师这里都得到及时的回应和富有启发性的解答。

感谢北京大学的高丙中教授以及他发起组织的“海外民族志工作坊”，正是在工作坊的学习中，我第一次听到有关美国“在家上学”的介绍，并最终确立为论文研究主题。赴美前夕，高老师热情地为我介绍教育人类学的同行和美国的朋友。在研究的各个阶段，高老师都不吝给予推动和支持，这份慷慨而温暖的情谊始终让我铭记于心。

还有很多老师和同学在本书的写作中给我鼓励和宝贵建议，在此表示由衷的感谢。他们是范可教授、刘谦教授、刘志扬教授、张文义教授、乐梅老师、李荣荣博士、梁文静博士、我的师姐刘莉、同学童莹，尤其是我的师妹叶葳，她的令人惊叹的洞察力和观点给我许多启发。还要感谢我的好友孙牧，她的关心和支持对我至关重要。感谢商务印书馆和责任编辑张双龙，他审稿认真细致，提出诸多中肯意见。

最后也是最重要的是感谢我的家人，这几年在读书和工作中辗转，时常感到压力和焦虑，幸有家人支持，否则研究难有成果。我的先生以他一贯的勤勉和乐观激励着我，我的儿子参与并见证了整个田野过程。他在当地小学就读一年，这使我从家长的角度对美国教育体制的运作有了更切身的体会。每天放学后儿子总是乐于分享学校生活，他的观察真实有趣，经常激发我新的思考。每每回想起那段母子相伴的异国岁月，心中总不免感慨，多亏了他的理解和陪伴，我才能专注于研究。岁月更迭，当初遇到的那些困难和挑战都已化作成长的印记，如雨后的花朵，在回忆中熠熠生辉。

尚文鹏

2021 年 4 月 26 日